普通高等教育"十三五"规划教材

邮政与快递运营管理

周晓光　韦凌云　杨萌柯　编著

北京邮电大学出版社
www.buptpress.com

内 容 简 介

本书结合当前邮政快递企业在运营管理过程中的高层次专业人才需求,针对性地设置了教学内容。本书主要内容包括邮政与快递运营管理概述、邮政与快递业务内容、邮政与快递企业运营管理、邮政与快递作业流程与管理、邮政与快递组织流程分析与管理、邮政与快递运营质量管理与控制、邮政与快递客户服务管理,共 7 个章节。

本书可作为我国新开设的邮政工程、邮政管理专业指定教材,亦可作为物流工程、物流管理、电子商务等相关专业的教学用书,还可作为企事业单位培训教材,同时可供相关研究人员、从业人员阅读参考。

图书在版编目(CIP)数据

邮政与快递运营管理 / 周晓光,韦凌云,杨萌柯编著. -- 北京:北京邮电大学出版社,2018.8(2024.8重印)

ISBN 978-7-5635-5557-4

Ⅰ.①邮… Ⅱ.①周…②韦…③杨… Ⅲ.①邮政管理-运营管理②快递-运营管理 Ⅳ.①F616 ②F618

中国版本图书馆 CIP 数据核字(2018)第 172889 号

书　　　　名:	邮政与快递运营管理
著作责任者:	周晓光　韦凌云　杨萌柯　编著
责 任 编 辑:	刘　颖
出 版 发 行:	北京邮电大学出版社
社　　　　址:	北京市海淀区西土城路 10 号(邮编:100876)
发　行　部:	电话:010-62282185　传真:010-62283578
E-mail:	publish@bupt.edu.cn
经　　　　销:	各地新华书店
印　　　　刷:	河北虎彩印刷有限公司
开　　　　本:	787 mm×1 092 mm　1/16
印　　　　张:	13.5
字　　　　数:	331 千字
版　　　　次:	2018 年 8 月第 1 版　2024 年 8 月第 2 次印刷

ISBN 978-7-5635-5557-4　　　　　　　　　　　　　　定价:35.00 元
・如有印装质量问题,请与北京邮电大学出版社发行部联系・

前　言

随着国民经济的飞速发展及移动互联网的迅速普及,我国邮政快递业进入蓬勃发展阶段。2015年,我国快递业务量达206.7亿件,同比增长48%,稳居世界第一;快递业务收入达2 760亿元,同比增长35%。"十二五"期间,全国快递服务企业业务量持续快速增长,市场规模从2011年的36.7亿件增长到2015年的206.7亿件,年均增长率超过50%。但快递服务业高层次的专业人才匮乏,成为制约快递物流企业发展的关键因素,大力推进邮政快递专业人才培养已成为邮政行业落实科教兴国战略的重要工作内容。

本书结合当前邮政快递企业在运营管理过程中的高层次专业人才需求,针对性地设置了教学内容。本书共7章:第1章,邮政与快递运营管理概述,主要介绍邮政快递运营管理相关概念、理论、要素和内容;第2章,邮政与快递业务内容,主要介绍邮政与快递管理的对象,即具体的产品业务内容;第3章,邮政与快递企业运营管理,主要介绍邮政快递企业的运营模式、组织架构与管理;第4章,邮政与快递作业流程与管理,主要介绍国内、国际邮政与快递作业流程与管理;第5章,邮政与快递组织流程分析与管理,主要介绍对现有流程的优化方法、评估和管理;第6章,邮政与快递运营质量管理与控制,主要介绍运营质量管理方法、控制方法和过程管理;第7章,邮政与快递客户服务管理,主要介绍邮政快递客户服务质量与顾客满意度管理、快递服务营销、客户投诉管理与服务补救等客户服务管理内容。具体的章节编写人员如下:第1章主要由韩伟伟负责,第2~4章主要由周晓光和杨萌柯负责,第5、6章主要由韦凌云负责,第7章主要由孔德婧和刘洁负责。

本书可作为我国新开设的邮政工程、邮政管理专业指定教材,亦可作为物流工程、物流管理、电子商务等相关专业的教学用书,同时可供相关研究人员、从业人员阅读参考,亦可用于企、事业单位培训。

由于笔者水平有限,加之时间仓促,书中可能出现不完善和谬误之处,敬请读者批评指正。

目　　录

第1章　邮政与快递运营管理概述 ································· 1
　1.1　运营管理基本概念 ··· 2
　　1.1.1　运营管理的对象 ······································ 3
　　1.1.2　运营管理的目标 ······································ 4
　　1.1.3　运营管理的范围 ······································ 4
　　1.1.4　运营系统的类型 ······································ 4
　1.2　运营管理理论与实践的发展 ································· 6
　　1.2.1　运营管理理论的发展 ·································· 6
　　1.2.2　运营管理理论在邮政与快递领域中的应用 ················· 7
　1.3　邮政与快递运营管理的概念 ································· 14
　　1.3.1　邮政与快递运营管理的基本概念 ························ 14
　　1.3.2　邮政与快递运营管理的特点 ···························· 15
　　1.3.3　邮政与快递的区别 ···································· 15

第2章　邮政与快递业务内容 ····································· 17
　2.1　邮政与快递主营业务 ······································· 18
　　2.1.1　邮政与快递业务基本分类方法 ·························· 18
　　2.1.2　国内邮政速递业务种类 ································ 19
　　2.1.3　国际及港澳台邮政快递业务种类 ························ 23
　2.2　邮政速递增值业务 ··· 27
　　2.2.1　邮政速递代收货款业务 ································ 27
　　2.2.2　其他增值业务 ·· 28
　2.3　邮政与快递电子商务 ······································· 36
　　2.3.1　邮政电子商务 ·· 36
　　2.3.2　快递电子商务 ·· 40
　思考与讨论 ··· 42

第3章　邮政与快递企业运营管理 ································· 43
　3.1　邮政与快递企业主要运营模式 ······························· 44
　　3.1.1　直营模式 ·· 45
　　3.1.2　加盟模式 ·· 47

3.1.3　混合模式 ·· 49
　3.2　邮政与快递企业组织架构与管理 ··· 51
　　3.2.1　企业基本组织架构 ·· 52
　　3.2.2　网点组织管理 ·· 65
　思考与讨论 ·· 70

第4章　邮政与快递作业流程与管理 ·· 71
　4.1　国内邮政与快递作业流程与管理 ··· 73
　　4.1.1　收寄作业流程与管理 ··· 74
　　4.1.2　配送中心作业流程与管理 ·· 85
　　4.1.3　物流运输作业与管理 ··· 94
　　4.1.4　投递作业流程与管理 ··· 102
　4.2　国际邮政快递作业流程与管理 ··· 110
　　4.2.1　国际邮政快递基本作业流程 ·· 110
　　4.2.2　国际邮政快递报关作业与管理 ··· 123
　思考与讨论 ·· 130

第5章　邮政与快递组织流程分析与管理 ·· 131
　5.1　组织流程分析的基本方法 ·· 134
　　5.1.1　流程绩效的三个度量指标 ··· 134
　　5.1.2　流程分析的基本法则——律特法则 ······································· 135
　　5.1.3　邮政快递流程分析案例 ·· 136
　5.2　流程能力评估 ··· 137
　　5.2.1　具有单一种类流程单位的流程能力评估 ································ 138
　　5.2.2　具有多种类流程单位的流程能力评估 ··································· 143
　　5.2.3　邮政与快递流程能力评估案例分析 ······································· 145
　5.3　流程劳动力成本评估和改进 ·· 146
　　5.3.1　流程劳动力成本的计算、评估 ··· 146
　　5.3.2　基于流程劳动力成本的改进策略 ·· 151
　5.4　运营管理绩效分析 ··· 155
　　5.4.1　生产准备与运营管理绩效 ··· 155
　　5.4.2　排队问题与运营管理绩效分析 ··· 160
　思考与讨论 ·· 170

第6章　邮政与快递运营质量管理与控制 ·· 172
　6.1　质量问题与变动性 ··· 173
　6.2　统计过程控制中的控制图与质量管理 ··· 174
　6.3　流程的改进 ·· 180
　思考与讨论 ·· 183

第 7 章 邮政与快递客户服务管理 …… 184

7.1 快递客户服务概述 …… 185
- 7.1.1 快递客户服务的概念 …… 185
- 7.1.2 快递客户服务的特征 …… 185
- 7.1.3 快递客户服务的内容 …… 187

7.2 快递服务质量管理 …… 188
- 7.2.1 服务质量的概念 …… 188
- 7.2.2 服务质量的维度 …… 189
- 7.2.3 顾客满意与服务质量 …… 191
- 7.2.4 快递顾客感知服务质量评价方法 …… 192

7.3 快递服务营销与关系营销 …… 194
- 7.3.1 快递服务营销分析 …… 194
- 7.3.2 快递服务关系营销分析 …… 198

7.4 快递服务失误与服务补救 …… 199
- 7.4.1 服务失误概述 …… 199
- 7.4.2 顾客对服务失误的反应 …… 200
- 7.4.3 快递服务失误 …… 200
- 7.4.4 快递服务的顾客抱怨行为 …… 201
- 7.4.5 服务补救 …… 202

参考文献 …… 205

第1章　邮政与快递运营管理概述

【本章学习目标】

1. 掌握运营管理的概念；
2. 了解运营管理理论发展的历史；
3. 掌握邮政与快递运营管理的概念。

【引例】

亚马逊的运营管理

亚马逊是全球最大的电子商务公司。作为中国电子商务领袖，亚马逊中国为消费者提供图书、音乐、影视、手机数码等28大类、超过260万种的产品，通过"货到付款"等多种支付方式，为中国消费者提供便利、快捷的网购体验。亚马逊中国秉承"以客户为中心"的理念，并承诺"天天低价，正品行货"，致力于从低价、选品、便利三个方面为消费者打造一个可信赖的网上购物环境。亚马逊中国拥有业界最大最先进的运营网络，目前有10个运营中心，分别位于北京(2个)、苏州、广州、成都、武汉、沈阳、西安、厦门、昆山，总运营面积超过40万平方米。这些运营中心主要负责厂商收货、仓储、库存管理、订单发货、调拨发货、客户退货、返厂、商品质量安全等问题。同时，亚马逊中国还拥有自己的配送队伍和客服中心，可以为消费者提供便捷的配送及售后服务。通过亚马逊中国的不懈努力和消费者的大力支持，亚马逊中国每年都保持了高速增长，用户数量也大幅增加，成为电子商务企业中的佼佼者。

(1) 自建配送中心

在公司创立后的第三年，亚马逊就开始投资自建物流配送中心。目前，亚马逊在美国的11个州建有19个配送中心，在英、法、德等欧洲国家，以及日本、中国等亚洲国家也都建有配送中心。同时通过电子数据交换系统(EDI)，顾客可以随时查询订购状况，追踪自己的包裹。亚马逊认为，这种直接物流分配模式对于B2C网站来说，虽然可能意味着成本增加，但对于全程掌控消费者的体验来说却至关重要。继北京之后亚马逊中国又分别在上海(后迁至苏州)、广州建立了仓库，这样的布局不仅满足了业务量较高的当地消费者的需求，也有利于亚马逊对全国市场的覆盖、布局与协调。目前，亚马逊已完成了对全国一、二、三级30多个城市的覆盖，三地仓库的建立大大减少了配送时间和配送成本。

(2) 与第三方物流公司合作

美国亚马逊通过"邮政注入"减少送货成本。亚马逊使用自己的货车或由独立的承运人将整卡车的订购商品从亚马逊的仓库送到当地邮局的库房，再由邮局向顾客送货。这样就可以免除邮局对商品的处理程序和步骤，为邮局发送商品提供便利条件，也为自己节省了资金。首先，这种方式能将物流业务从网站的主体业务中剥离，最大限度地降低了物流给网站带来的成本压力，使网站能够集中优势资源进行市场开发和提高核心竞争力。其次，它将配送外包给专业的第三方物流公司，增强网站在国内众多的干线配送上的物流能力。同时，它具有灵活的扩展性，开拓新的区域时只要在该地区选择优质的物流提供商即可完成区域布局，实现远程物流配送服务。在美国，亚马逊的配送业务主要通过外包给 FedEx、UPS 和 DHL 来完成。2000 年，亚马逊与网络快运公司 Kozmo 达成合作协议，推出 1 小时内将书、光盘和玩具等商品交付给顾客的服务。

亚马逊在选择第三方物流公司时，首先根据地区经济发展状况和订单量来选择与之合作的第三方物流公司的数量；同时在确定合作公司后，又根据地区差异确定绩效考核的具体标准。亚马逊对第三方物流公司的管理，包括对物流供应商的选择、财务管理、质量管理等，以及实现订单分拆等新业务要求时，均以消费者满意度为考评指标。这样做的意义在于：一方面企业实现了对消费者体验和需求的即时掌控和跟踪服务；另一方面也有利于最大限度地在满足消费者体验的同时有效地控制成本、提高运营管理效率。

(3) 信息技术的投入

春节期间，年货呈现出网购大趋势，对于大量订单带给消费链的压力，许多快递公司出现爆仓的局面，而亚马逊拥有一贯强大的 IT 系统支持，在特殊时期，完善强化内部管理，进行流程控制，减少在不必要的环节上的浪费。亚马逊一流的物流系统和 IT 系统，使得库存在全国范围内得到最有效、最流畅的调配、调动，从而保证了后续运输、物流、快递的流畅，最终带给用户的是最便捷、最快速的网购体验。

1.1 运营管理基本概念

运营管理是指为了实现企业经营目标，提高企业经济效益，对生产运营活动进行计划、组织和控制等一系列管理工作的总称。

其中，生产是以一定生产关系联系起来的人们利用劳动资料，改变劳动对象，以适合人们需要的过程，也是社会组织将它的输入转化为输出的过程。产出可分为有形产品和无形产品两大类，人们习惯把提供有形产品的活动称为制造型生产，而将提供无形产品即服务的活动称为服务型生产。过去，有的学者把有形产品的生产称作"Production"（生产），而将提供服务的生产称作"Operations"（运营），而近几年来更为明显的趋势是把提供有形产品的生产和提供服务的生产统称为"Operations"（运营）。

1.1.1 运营管理的对象

运营管理的对象是运营过程和运营系统,实际上是对运营系统的所有要素和投入、运营过程、产出和反馈等所有环节的全方位综合管理,如图 1-1 所示。

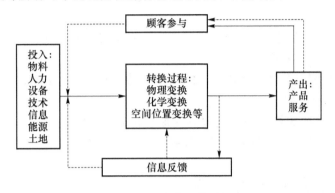

图 1-1 运营管理的对象

运营过程是一个"投入—转换—产出"的过程,是一个劳动过程或价值增值的过程,它是运营的第一大对象,运营必须考虑如何对这样的生产运营活动进行计划、组织和控制。在这个过程中投入一定的生产要素,经过一系列多形式的转换,使其价值增高,最后以某种形式的产出提供给社会。转换过程中投入的生产要素包括人、财、物、信息、顾客、工厂或服务机构,通过转换过程将投入资源转换成有形产品或无形服务的产出。

运营系统是指上述转换过程得以实现的手段,把低价值体的生产要素集合转换为高价值体的产出。运营系统也有狭义和广义之分。狭义的生产运营系统,有时也称为制造系统,是指直接进行产品的生产加工或实现服务的过程,其工作直接决定着产品或服务产出的类型、数量、质量和生产运营计划与控制等子系统。广义的生产运营系统包括制造系统、研究开发系统、生产运营的供应与保证系统等。

一些典型组织的运营管理过程如表 1-1 所示。

表 1-1 典型组织的投入、转换和产出

组织	主要投入	转化的内容	主要产出
工厂	原材料	加工制造	产品
运输公司	出发地的物资	位移	目的地的物资
修理站	损坏的机器	修理	修复的机器
医院	病人	诊断与治疗	恢复健康的病人
大学	高中毕业生	教学	高级专业人才
咨询公司	情况、问题	咨询	建议、办法、方案

1.1.2　运营管理的目标

运营管理的目标是高效、低耗、灵活、准时、安全、低成本地生产合格产品和(或)提供客户满意的服务。运营管理的任务是通过合理组织生产过程、有效地利用生产资源,以期实现以下目标。

(1) 为实现企业的战略目标,全面完成生产计划所规定的任务,包括完成产品的品种、质量、产量、成本和交货期等各项要求。

(2) 不断降低物耗,降低生产成本,缩短生产周期,减少在制品和库存,压缩占用的生产资金,提高企业的经济效益。

(3) 提高运营系统的柔性,更好地适应不断变化的市场需求。

因此,运营管理是企业竞争力的根本源泉,在企业经营中具有重要的作用。

1.1.3　运营管理的范围

现代企业的生产经营规模不断扩大,产品本身的技术和知识密集程度不断提高,产品的生产和服务过程日趋复杂,市场需求日益多样化、多变化,世界范围内的竞争日益激烈,这些因素使运营管理本身也在不断发生变化。尤其是信息技术突飞猛进的发展,为运营增添了新的有力手段,也使运营学的研究进入了一个新阶段,使其内容更加丰富,范围更加扩大,体系更加完整。

狭义的运营管理仅局限于生产运营系统的运行管理,实际上是以生产运营系统中的生产运营过程为中心对象。广义的运营管理不仅包括生产运营系统的运行管理,还包括运营战略的制订、运营系统的设计以及运营系统的运行等多个层次的内容,把运营战略、新产品开发、产品设计、采购供应、生产制造、产品配送直至售后服务看作一个完整的"价值链",对其进行集成管理。

运营管理决策范围可以分为3个层次。

(1) 运营战略决策:包括产品与品种选择、竞争策略与重点选择、生产的组织方式设计与选择等。

(2) 生产过程与生产系统管理决策:包括设施选址、生产能力规划、产品设计、工艺路线确定、设施布置、工作分析等。

(3) 生产运行决策:包括生产计划与调度、现场管理、采购与供应管理、库存管理、质量管理、设备管理、环境与安全管理等。

1.1.4　运营系统的类型

1. 生产运营系统

生产运营系统可以根据生产的连续程度、生产计划的来源、物流的特征、产品品种和生产数量等来划分,如表1-2所示。

表 1-2 生产运营系统类型

划分依据	运营类型
生产的连续程度	(1) 连续型生产:物料均匀、连续地按一定工艺顺序移动,在运动中不断改变形态和性能,最后形成产品,如玻璃制造。 (2) 离散型生产:物料离散地按一定工艺顺序移动,在运动中不断改变形态和性能,最后形成产品,如汽车制造。
生产计划的来源	(1) 备货型生产:没有接到用户订单时,运用市场预测的方法安排生产,以补充成品库存,以库存满足用户订货的需要。 (2) 订货型生产:按照用户的特定要求进行生产。 (3) 订货装配型生产:产品的零部件按照市场预测的方法安排生产,成品按照用户的特定要求进行装配
物流的特征	(1) V 型生产:企业原材料种类很少,经过基本相同的加工过程转换成种类繁多的最终产品。 (2) A 型生产:通用性强,生产系统有柔性,加工过程复杂多样,生产管理复杂。 (3) T 型生产:分为加工和装配两部分,加工路线和装配时间比较短,库存高,交货状况参差不齐
产品品种和生产数量	(1) 大量生产:生产品种单一,产量大,生产重复度高。 (2) 成批生产:介于大量生产和单件生产之间,品种不单一,每种都有一定的批量,生产有一定的重复性,又分为大批生产、中批生产和小批生产。 (3) 单件生产:生产品种繁多,每个品种仅生产一台,生产的重复程度低

2. 服务运营系统

服务运营系统可以根据系统所提供的服务内容、与顾客的接触程度、服务对象与服务行为及资源的密集度等来划分,如表 1-3 所示。

表 1-3 服务运营系统类型

划分依据	运营类型
服务内容	(1) 与产品移动有关的服务:批发零售、运输、储藏。 (2) 与人的移动有关的服务:观光住宿、交通。 (3) 与货币移动有关的服务:银行、证券、保险。 (4) 与情报移动有关的服务:出版、通信、广播、IT。 (5) 与公共设施有关的服务:电力、煤气、自来水。 (6) 与娱乐设施有关的服务:电影院、游乐场。 (7) 与专业技术有关的服务:咨询公司、律师事务所
与顾客的接触程度	(1) 高度接触:律师事务所、理发店。 (2) 低度接触:自动售货机、电影院
服务对象与服务行为	(1) 有形的对人服务:美容、游泳馆、餐厅。 (2) 无形的对人服务:教育、广播。 (3) 有形的对物服务:洗衣店、货运。 (4) 无形的对物服务:金融、法律事务所
资源的密集度	(1) 大量资本密集服务:航空公司、高档酒店。 (2) 专业资本密集服务:医院、汽车 4S 店。 (3) 大量劳动密集服务:学校、零售、快递。 (4) 专业劳动密集服务:律师事务所、会计事务所

1.2 运营管理理论与实践的发展

1.2.1 运营管理理论的发展

生产运营管理的发展史如表1-4所示。

20世纪初,被称为"科学管理之父"的美国工程师F.W.泰勒首先提出科学管理运动,他将科学的定量分析方法引入生产管理中。他认为提高作业效率的关键在于为每一项工作制订完善而又公正的标准,科学法则决定每人每天的工作量及管理人员的职责。为了制订科学的作业程序和标准,泰勒首创了将时间研究结合到工具的设计和改进中去,以提高总体效率的管理方法。随着科学管理运动的普及,生产管理摆脱了经验管理的束缚,开始成为一门独立的科学。1913年,福特在自己的汽车工厂里安装了第一条汽车组装流水线。由于采用专业化分工和流水作业,极大地提高了劳动生产率,同时结合零部件的标准化生产,使生产成本大幅度降低。流水线生产方式代表了一种大批量的、规模经济的生产方式,至今,仍以其高效率、标准化和在制品库存低的优点被广泛应用。受此影响,那些小批量、多品种生产性质的企业也寻找多种途径,试图通过采用成组技术、模块制造方式或柔性制造单元,使多品种、小批量的制造车间能够接近流水作业的生产方式,以提高效率和性能。

随着经济发展、技术进步以及社会工业化、信息化的发展,一味地提高生产率,以及对人的经济性进行定义遭到越来越多的反对。管理学家开始重视对人的研究,梅奥等人的"霍桑试验"得出"人是社会人"的结论。企业在生产运营中要重视人的积极作用及人际关系的改善。与此同时,人们除了对各种有形产品的需求之外,对相关服务的需求也逐渐提高。随着社会分工的出现,原来附属于生产过程的一些业务和服务过程相继分离并独立出来,形成后来的流通、零售、金融、房地产等服务行业,使社会第三产业比重越来越大。因此,对提供无形产品的运营过程进行管理和研究应运而生。

20世纪50年代,统计质量控制技术和工人参与质量管理改进的思想传播到日本。在20世纪60~70年代的实践中,日本企业进一步发展了这一思想,并将其与日本文化相结合,创造出全面质量管理(TQC)体系,为树立日本企业在国际市场的领先地位奠定了坚实的基础。

进入20世纪70年代,计算机技术的发展使计算机开始大量进入生产过程。开始计算机仅仅在设计和制造领域得到应用,随后被广泛地应用于生产管理。计算机软件的应用,为生产管理提供了规范化的管理模型。

到了20世纪90年代,业务流程再造、供应链管理、核心竞争力、学习型组织等管理学新的思想为生产运营管理提供了新的理论和方法,准时化生产方式(JIT)在世界范围内得到推广应用。随着各种先进生产管理方法在全球先进制造企业中的广泛推行,各工业化国家主要制造企业的生产运营管理方式也日趋接近,并逐渐形成一种潮流,这种趋势被称为世界级制造方式(world class manufacturing,WCM)。从21世纪开始,随着电子商务和移动互联技术的发展,大数据、3D 打印等技术对生产运营管理影响也逐步显现出来。

表 1-4 生产运营管理的发展史

年代	概念	工具	创始人
20 世纪初	科学管理原理	时间研究与工作研究概念的形成	F.W. 泰勒
	工业心理学	动机研究	弗兰克和吉尔布雷斯
	流水装配线	活动规划表	亨利·福特;亨利·甘特
	经济批量模型	EOQ 应用于存货控制	F.W. 哈里斯
20 世纪 30 年代	质量控制	抽样检查和统计表	休哈特·道奇;罗米格
	工人动机的霍桑实验	工作活动的抽样分析	梅奥;提普特
20 世纪 40 年代	复杂系统的多约束方法	线性规划的单纯形法	运筹学研究小组;丹奇克
20 世纪 50~60 年代	运筹学的进一步发展	仿真、排队论、决策理论、数学规划、PERT 和 CPM 项目计划工具	美国和西欧许多研究人员
20 世纪 70 年代	商业中计算机的广泛应用	车间计划、库存控制、项目管理、MRP	计算机制造商,尤其是 IBM 公司的约瑟夫·奥里奇和奥利弗·怀特(主要的 MRP 革新者)
20 世纪 80 年代	服务质量和生产率、制造战略(JIT、TQC)和工厂自动化	服务部门的大量生产作为矩阵武器;制造业的看板管理,CIMS(CAD/CAM)和机器人等	麦当劳餐厅;哈佛商学院教师;丰田的大野耐一、戴明和朱兰以及美国工程师组织
	同步制造	瓶颈分析和约束优化理论	格劳亚特
20 世纪 90 年代	全面质量管理	ISO 9000、价值工程、并行工程和持续改进	国际标准和技术学会、美国质量控制协会(ASQC)和国际标准化组织
	业务流程再造(BPR)	基本变化图	哈默
	电子企业	因特网、万维网	美国政府、网景通信公司和微软
	供应链管理	SAP/R3、客户/服务器软件	SAP 和 Oracle
21 世纪初	电子商务、移动互联技术	因特网、万维网	亚马逊网、淘宝网、京东网等

1.2.2 运营管理理论在邮政与快递领域中的应用

运营管理理论可以广泛应用在企业的运行模式设置、流程管理、流程优化分析、质量控制、客户管理中。本节将基于邮政与快递行业介绍运营管理理论在流程管理、客户管理和电子商务中的应用。

1. 流程管理在邮政运营中的应用

中国邮政是一个典型的劳动密集型的传统企业。从目前整个企业管理方式来看,采取的是自上而下的垂直管理模式,即层级管理模式,集团公司—省公司—地(市)局—县局—支局;从业务运营流程整体来看,整个流程则由分散在不同地区、不同部门的一个个子流程组成。以函件业务的运营流程为例,其整体的运营流程由收寄流程、分拣封发流程、运输流程和投递流程4个子流程组成。除本埠互寄的函件外,通常函件的4个子流程是由分布在不同地区的不同部门各负其责。由于是不同的利益主体,每个部门只关心与自己利益相关的流程,其结果是没有人对邮件运递的整体流程负责。因此,经常出现每个子流程的运营效果很好,但是整体运营效果不佳的情况。而用户最关心的恰恰是整体运营流程的效果,如邮件是否准确、及时、安全到达目的地。所以,整体运营流程是客户价值所在,企业应更关注整体运营流程的效果。

随着运营理论的发展和邮政企业多年的实践,邮政企业不再盲目引进,而是将企业的一切"流程再造"工作围绕现有业务流程展开,全面审视邮政企业在成本、质量、服务和速度等方面存在的问题,进行有效的流程管理,促使邮政企业实现服务和效益的提升。为此,邮政集团公司和各省公司都投入了大量的人力、物力开展流程再造工程,以确保投入的有效性。

坚持常态管理 强化流程管控
——西安中心局全面提升市内进口邮件分拣质量

西安邮区中心局积极贯彻落实集团公司关于深化推进网运转型升级改革、提升网路运行质量的相关要求,以提质增效为主题,以提升市内进口邮件分拣质量为抓手,通过完善管理制度、规范操作流程、加强环节联动、强化业务培训,促进进口邮件分拣质量和服务水平显著提高,分拣准确率由流水化作业初期的85%提高到现在的98%以上。

每到邮件高峰来临,邮件分拣质量很容易下降。如何解决这个问题?西安邮区中心局通过完善管理制度、规范操作流程、加强环节联动、强化业务培训,确保市内进口邮件分拣准确率稳中有升。该局在不久前举行的全国网运电视电话会议上做了经验介绍,受到一致好评。

(1) 开展提升活动,完善管理制度

为全面提升进口市内包状邮件分拣处理质量和效率,西安中心局以开展"进口西安市内包状邮件分拣处理质量提升活动"为契机,着力改进处理中心操作流程、强化信息处理、加大分拣资料库建设力度,并做好电子地图分拣管理系统推广上线工作。

"电子地图分拣管理系统上线初期,邮件格口匹配率较高,达到97%左右,邮件预处理量少了很多,由原来每日1万多件减少到2 000件左右,但邮件格口匹配正确率较低,基本在89%左右,两者没有同步提高,造成邮件落错格数量较大。"该局信息预处理员白秀霞说。

为提高进口邮件落格准确率,该局设立专职信息预处理岗位,抽调业务精、责任心强的员工,每班次2人24小时对进口包状邮件进行信息预处理,保证邮件预处理率达到100%,并强化对预处理模块中"已匹配格口"的邮件信息审核检查。同时,成立了分拣资料库建设及电子地图分析小组,开展疑难名址收集整理、别名维护、非标地址经验库维护确认工作,并在网运信息管理系统的"分拣资料库"中抓取电子地图匹配不正确的数据明细,逐条在电子地图生产查询中分析错落原因,提出解决办法,建立电子地图匹配错误日报表。然后,通过 QQ、微信等方式及时反馈给投递部门增加"白名单"或修正电子地图施画区域。

电子地图分析小组人员还实时将信息反馈至由省邮政分公司运营部、市邮政分公司、各发投公司、名址中心、中心局建立的"投递名址电子地图交流群",逐步提升电子地图的匹配率和正确率,加快处理和传递的速度、效率。

(2) 强化业务研判,规范操作流程

"大家一定要注意,不能把邮件扫描后就直接装托笼,一定要低下头看邮件信息,人工做一遍拣选,要把格口名、绑定日期和绑定数字在笼车条签上写清楚,以便装发环节归堆核数,保证信息与实物相符。"邮件处理中心作业一班班长郭颖对市内分拣员一再强调。

由于进口市内邮件的格口匹配对收寄名址的标准化要求高,而电商收寄的名址大多为电商平台约定的网络定位地址,与邮政匹配标准化名址不符,速递收寄快递包裹邮件的名址信息标准化水平较低,邮件错落格口占比达15%左右。

为进一步提高邮件处理质量,减少邮件错分,该局对集团下发非直连格口的"落格绑定""新型扫描绑定""动态扫描绑定"3个操作模块进行研判,选择了解绑邮件方便、适合人为拣选的"新型扫描绑定"作为进口非直连格口操作模块。通过对多点邮路每个卸交站设立单点临时邮路与格口绑定,控制扫描绑定笼车,PDA 提示落格信息,校验错落邮件,保证拣选过程中信息与实物一致。在每三个市内非直连格口增加一个固定存放错格邮件的笼车,由专人对错格邮件进行处理。邮件量不大时,将邮件人工送入正确格口;邮件量大时,使用"格口查询"功能修改格口二次上机。在装车环节,要求认真核对笼车条签,逐件扫描异形邮件,强化市趟装发作业规范,防止掉漏、错装。通过邮件实物到达前的"信息审核",邮件落格后的"实物审核",实现双审核和双把关机制,使分拣准确率有效提高。

(3) 完善沟通机制,加强环节联动

"上个月,我们组织北线的北关、方新村、经开、徐家湾和西线的土门、劳动路、三桥投递区域进行分拣业务考试和考后讲评,并安排分拣资料库相关人员对劳动路、土门、高新发投公司进行走访交流,确认最新分拣资料,对咬界等疑问地址,重点标注确认,同时查看市内各频次交接情况,对市内分拣质量、易错分路段和验单进行交流分析,随后有针对性地加强分拣人员培训,降低邮件错分率。"西安中心局邮件处理中心副经理陈鹏介绍说。

邮件处理中心除每月走出生产现场、前移投递环节,了解交流生产中存在的问题外,还邀请发投公司领导及业务人员参观邮件处理中心,开展业务交流。在省分公司的大力支持下,他们建立了与省内各地市分公司、西安市发投公司、省名址中心的信息反馈机制;每月召开专项分析例会,邀请省分公司运营部和市场部、省信息技术局、市分公司、省包裹局、省名址中心参加,通过各环节联动,集中协调,高效解决运行中的问题。

同时,该局还成立了生产质量攻关小组,小组人员每日两次、每次不少于 2 小时走入生产现场,对生产情况进行走动式检查,对投递部门退回的错分邮件及错落格口邮件跟踪分析、综合会诊、专人登记、专人处理。他们专题研究分析分拣资料库，针对难点问题进行攻关，对名址维护不全的反馈给省名址中心，提出改进意见，使分拣资料库不断完善和优化；对错误率比较高的投递局逐件分析，每日至少分析3个投递局数据，拿出解决方案，并及时对分拣员开展培训，分拣处理质量有了大幅提高。通过环节联动，逐步扭转了这些投递局错投较多的局面。

(4) 强化业务培训，打造全能队伍

"我是去年以第十名的成绩成为市内包状邮件分拣岗位全能工的，通过参加单位组织的全能工业务培训，不管是分拣格口，还是异形件、批改退和信息预处理等工作，我都可以很好地完成，业务能力提高了，收入也增加了。"邮件处理中心作业三班分拣员刘月自豪地说。

为了提升西安市本城邮件分拣效率，也为了旺季生产时能灵活调整作业组织，西安邮区中心局建立了市内包状邮件分拣岗位全能工队伍，制订了全能工队伍用工晋升加分、奖金待遇提高等方面的规定，激发了员工爱岗敬业、努力提升自身业务素质的工作和学习热情。经过两次对现有邮件分拣员的考评、培训和选拔，该局市内分拣全能工由30人增加到50人。同时，建立动态考核机制，根据生产实际需要，每半年一次对员工进行理论知识及业务操作考试，保证员工的学习热情不减，确保全能工能够在旺季等特殊时期胜任包状邮件处理岗位的工作。

该局强化全员培训，建立了班组、生产中心、中心局三级培训体系，班组长和业务骨干每日利用班前会、班中休息等时间对生产人员培训，生产中心领导及业务管理人员每个月对各岗位生产人员集中培训，中心局相关职能部室每个季度对生产中心相关人员进行培训。根据流水化生产对各生产岗位的不同要求制订不同的培训计划，还要求外包公司全员参与相关环节的培训，做到不分内外、一视同仁，使全体生产人员业务技能明显提高。

资料来源：谢琳. 坚持常态管理 强化流程管控——西安中心局全面提升市内进口邮件分拣质量. 中国邮政网[EB/OL]. http://www.chinapost.com.cn/html1/report/18034/2276-1.htm. 2018-03-16.

2. 客户管理在快递企业中的应用

目前我国的快递业还处于初期发展阶段，管理理念比较落后，在服务、售后、速度等方面与国际快递巨头还有很大的差距。在快递企业的客户关系管理中还存在着如下很多的问题。

(1) 公司高层并没有对客户关系管理足够重视

现代快递企业能够成功的非常重要的两个因素是拥有先进的信息系统和完善的运输网络，但是将客户关系管理作为企业的核心竞争力的企业是少之又少。正如快递企业、公司在运输网络、信息系统、销售等方面花费大量财力、物力、人力，但是对于客户关系管理系统的建设，却不够重视。

(2) 公司软/硬件更新速度不够

随着整个快递行业的发展，公司业务的增加，客户要求的提高，以前的公司硬件设备因为没有及时按照要求更新，造成快件的分拣延误和出错，从而引起客户的不满和投诉。而且目前纸质面单上客户信息的泄露也成为快递公司急需解决的问题之一。而在软件层面上，目前的软件不能对公司的客户数据进行深入挖掘和分析,从而难以挖掘出客户的最大价值。

(3) 客户信息无法在各个部门之间共享

从目前快递企业客户关系管理的运作情况来看,每个部门都有各自的使用系统,而且每个部门都会将相关的资料输入以备查询,但各个部门之间缺乏交流与资源共享。

(4) 对客户缺乏足够的分析且缺乏相应的服务

首先,在快递企业中,只有客户售后服务的某些环节能够体现客户关系管理,但是这些环节与客户关系管理相距甚远,缺乏理论性与系统性。另外,由于对公司的客户缺乏足够的分析,不能正确衡量客户的需求、满意度、潜在价值、信用度和风险度等指标,使得公司提供的服务没有针对性,并且对公司的服务所产生的效果无法进行科学的评价。服务于的观念和技术上都无法达到客户关系管理的要求。

如果这些问题不能解决,将严重影响企业今后的发展,因此企业迫切需要建立一个完善的客户关系管理系统。

以客户关系管理的相关理论为基础,并结合一定的研究方法,对快递企业在客户关系管理上存在的问题进行分析。公司可以以相关理论为基础,以软/硬件为支持,以客户的信息为核心构架出快递企业的客户关系管理系统,从而解决现存的问题,提高公司的客户服务质量和竞争力。具体来说,快递企业主要要做到以下几点。

① 以客户关系管理的相关理论为依据,对客户能给公司带来的价值进行分析,对客户进行细分,将客户分为几个层次,并采取相应营销和服务方法。

② 在公司的客户关系管理体系框架中,以客户信息和市场信息作为主导因素,推动整个客户关系管理体系的运转。

③ 建立先进的软/硬件支持系统,利用信息分析技术,对客户数据进行分析和挖掘,整合公司资源,实现客户资源的共享,在技术条件上为公司客户关系管理提供支持。

顺丰的客户关系管理

顺丰一直以客户需求为核心,提升员工的业务技能和素质,谨守服务承诺,建设快速反应的服务团队,努力为客户提供更优质的服务。全天候不间断地提供亲切和即时的领先服务。从客户预约下单到顺丰收派员上门收取快件,1小时内完成;快件到达顺丰营业网点至收派员上门为客户派送,2小时内完成,实现快件"今天收明天到"(偏远区域将增加相应工作日)。尽量缩短客户的贸易周期,降低经营成本,提高客户的市场竞争力。

顺丰竭力构建一个专业、安全、快捷的服务模式。专业:专业的流程、专业的设施和系统,并且开通了VIP绿色通道等。安全:全方位的检测体系、严格的质量管控等。快捷:构建了12种服务渠道,使顾客能时刻体验轻松、便捷的顺丰服务,其中包括4种人工服务、8种自助服务,特别是顺丰网站、客户自助端、运单套打程序、顺丰移动助理、顺丰MSG短信通、顺丰短信助理、顺丰电邮助理。利用不断创新的服务模式来赢取客户。

建立VIP信息系统可以有针对性、有目标性地收集重点客户的信息,加强与他们的联系,有利于帮助企业开展快递项目,同时使增值服务的实施有可靠的载体,推动增值服务的开展。

建立信息系统新的模块即客户信息管理和反馈系统,其基本的流程如下。

> (1) 获取客户信息
>
> 获取客户信息有很多方式，主要的两种方式是：传统的获取方式（问卷调查、维修站点、呼叫中心、客户服务）和互联网的客户信息（Web 信息、即时信息、无线信息）。
>
> (2) 建立客户档案
>
> 建立客户档案首先需要完整地记录客户单位信息、联系方式、地理位置、使用物流项目的数量和频率、物流资源的组合情况以及联系人的姓名、职务等；其次做好第三方物流客户关系管理，例如客户订单记录、客户购买行为特征、客户服务记录、客户维修记录、客户关系状况、客户对本公司服务及竞争对手产品的服务评价、客户的建议与意见，并提供充分的客户状况分析。
>
> (3) 对客户进行分类
>
> 对客户进行分类是为了更好的管理。80%的利润来源于20%的核心客户，这些客户在一定意义上支撑着企业的运营，为了对这些客户进行更好的管理，我们必须将客户分类，不能采用"一把抓"，而是应该采用差异化的客户管理，让客户中的忠诚者得到回报。
>
> 五区间客户分类：就是传统的80/20法则的变异。将客户的所有信息按照他们销售额从多到少排列后，再将其平均分成五组（Q1～Q5），每组有20%的客户。其要点在于：阻碍Q5顾客，忽视Q4顾客，争取Q3顾客，全力获取和保留Q1和Q2顾客。
>
> (4) 对客户信息的反馈
>
> 对于重点客户要给予优惠，即VIP服务。信息中心通过对客户信息的反馈，及时地把企业内部已经推出的各种服务以各种形式（Web信息、即时信息、无线信息和电话服务）反馈给客户，让客户感到一种区别对待的优越感，以留住客户。
>
> **资源来源**：顺丰快递客户关系管理分析。

3. 电子商务环境下的快递企业运作特点

电子商务的产生和发展加速了快递业的发展壮大。电子商务的运作使商家与顾客能够简单、快捷、方便地进行交易，但要完成最终的商品交易必须由物流来完成，因此电子商务的发展必将带动快递行业的发展与壮大。电子商务的顾客群已有商家对商家、商家对个人、商家对政府等多种方式。由于电子商务的产生，商家对个人的交易需求量日渐增大，快件的送达速度与能否提供门到门服务成为人们对交易过程中物流服务的基本要求。快递服务极大地满足了人们对交易过程中物流服务的需求。

在传统的快递企业中，大量的人从事简单重复的劳动，人是机器、数字和报表的奴隶。在电子商务的促进下，网络化管理的新型快递企业中这些机械的工作都交给了计算机和网络，既可以减少生产企业库存、加速资金周转、提高物流效率、降低物流成本，又刺激了社会需求，提高了整个社会的经济效益，促进了市场经济的健康发展。这种电子商务环境下的快递企业具备以下特点。

(1) 信息化

通过网络使快递信息化。实行信息化管理是新型快递的基本特征，也是实现现代化和社会化的前提保证。

（2）网络化

物流网络化有两层含义。一是物流实体网络化。指快递企业、快递作业操作设备、交通工具、交通枢纽在地理位置上的合理布局而形成的网络。电子商务的快递要根据市场情况和现有的运输条件，确定各种物流设施和配送点的数量及地点，形成覆盖全国的快递网络体系。二是物流信息网络化。指快递企业、制造业、商业企业、客户等通过网络等现代信息技术连接而成的信息网。

（3）现代化

电子商务的快递业务必须使用先进的技术设备为销售提供服务，这些技术包括条码、语音、射频自动识别系统、自动分拣系统、自动存取系统、自动导向系统、货物自动跟踪系统等，只有采用现代化的配送设施才能提高快递的反应速度，缩短配送的时间。而且随着生产、销售规模的扩大，快递对技术、设备的现代化要求也随之越来越高。

（4）社会化

社会化是电子商务环境下快递行业的一个重要特征。很多传统的物流配送中心往往是某一企业为给本企业或本系统提供物流配送服务而建立起来的，有些配送中心虽然也为社会服务，但与电子商务下的快递运送所具备的真正社会化相比，具有很大的局限性。电子商务的运作模式决定了客户的社会化，也决定了快递行业面向对象的社会化。

第三方物流还是自建物流——电商选择遇难

电子商务使网上购物成为一股热潮，作为中间环节的物流业迅速崛起，一家家物流企业如雨后春笋般冒出来，为社会商品的流通立下了汗马功劳。然而，与发达国家的物流业相比，中国的物流业水平仍然很低，尚未摆脱传统仓储和运输的老套路，在企业和消费者对服务质量日益苛刻的当下，物流企业显得有些力不从心。随着电商数量逐渐增多、规模逐渐庞大，有能力的电商企业是选择自主筹建物流，还是继续委托第三方物流企业，成为其迫切需要考虑的问题。

可以说，物流与电商向来是相互依存的关系，彼此都不能缺少了对方。但存在的主要矛盾是：目前电子商务发展势头强劲，需要成熟的物流服务与之匹配，而现阶段的物流并不能达到这种要求。事实上，中国第三方物流企业的发展状况喜忧参半。据调查，未来几年中国第三方物流企业数量将以每年16%~25%的速度递增，尤其是民营物流企业，前途不可限量。但整个物流行业信息化程度低，从业人员素质有待提升。此外，更多的物流企业规模都是500人以下的中小型企业，500人以上的大型企业仅占13%，这就造成物流覆盖区域小，物流资源利用率低、服务质量参差不齐等问题。国家邮政局2012年对快递服务满意度进行了调研，数据显示：公众对快递服务环节中的受理服务和揽收服务比较满意，满意度分别为81.3分和83分，较2011年有所提升；公众对投递服务和售后服务满意度较差，分值为72.5和63.9分，比2011年分别下降1.9分和4.2分。总体满意度较高的是邮政EMS和顺丰速运这样的大型企业。这个调查暴露出我国物流行业各环节发展不同步的问题，物流企业主要的精力仍然放在受理和揽收这样的前端环节，忽视后期的服务。

> 电商选择第三方物流企业,自然兼顾到价格与服务质量,但是像顺丰这样投递速度快、服务水平高的大型企业,费用相对较高,而价格低廉的中小企业,速度与质量都得不到保证,经常出现商品丢失现象,遇到节假日电商打折促销,物流压力加大,爆仓现象时有发生。由于第三方物流企业的服务水平不均衡,给电商的选择带来更大困难,这也是2012年快递服务满意度调查结果出现分歧的原因所在。实际上,面对消费者的投诉,电商也是有苦难言。
>
> 这种情况下,很多实力雄厚的电商选择自建物流。京东、亚马逊、凡客诚品都有自己的运输团队,这些自建物流的服务质量确实要比第三方物流高一个档次,相信网购过的人有体验。电商自建物流,方便了消费者,为企业带来了良好声誉,但随之而来的巨额投资成为横亘在电商面前的难题,建立一个完善的物流团队,动辄几十亿上百亿元,根本不是一般电商所能负担的。再者,即使投入了资金,如果不能妥善解决管理问题,同样会影响整个企业的运行。一个完善的物流系统需要长时间的经营运作,以商品经营为主要业务的电商能否成功经营一个物流团队还需时间来验证。现在看来,第三方物流企业的成熟尚需时间,电商要不要自建物流,甚至像京东一样,将企业内部物流社会化运作,还有待进一步研究。
>
> 资料来源:赛迪网。

1.3 邮政与快递运营管理的概念

1.3.1 邮政与快递运营管理的基本概念

邮政是利用遍布世界各地的寄递网络,向社会提供传递实物载体信息、传递物品以及其他相关服务的行业。这个概念体现了邮政是一个服务行业,邮政的主体业务是寄递服务。其他服务是利用邮政网络优势和便利而提供的,例如,邮政向社会提供通信服务,但这种通信服务的一个重要特点是信息以实物为普遍服务。因此,邮政向社会提供了普遍服务的义务,即邮政服务网点要普及、资费要低廉、对传播文化类及具有社会公益性质的邮件要给予优惠,并力求做到国家每个公民都能使用邮政。

快递是指具有独立法人资格的货物运输代理企业,是一种将客户的文件、物品或货物,通过自身网络或代理网络,从发件人手中送达收件人手中的最快捷、最安全的运输方式。快递公司通过铁路、公路和空运等交通工具,对客户货物进行快速投递。

邮政与快递运营管理是为了实现邮政与快递企业的经营目标,提高邮政与快递企业的经济效益,对邮政和快递的各业务运营活动进行计划、组织和控制等一系列管理工作的总称。其包括邮政快递作业流程和作业系统的设计、组织、运行、评价和改进等。

1.3.2 邮政与快递运营管理的特点

1. 邮政运营管理的特点

（1）邮政服务对象的广泛性。邮政的服务对象是整个社会，包括政府、企业等组织，也包括每一位公民。

（2）邮政生产过程与消费过程的同一性。所谓邮政的生产过程也就是为用户服务的全过程，邮政服务内容是以寄递服务为主的相关服务，这种服务的特点是邮政的生产过程也是用户的使用过程。

（3）全程全网联合作业。从定义可以看出，邮政提供的服务基于邮政网络，要完成邮政全程生产过程，需要有两个或以上的邮政企业或部门协作配合才能提供完整的服务。全程全网联合作业是邮政最为突出的生产特点。

2. 快递运营管理的特点

（1）充分利用最快捷、最适合本地的各种运输工具，使快件最大限度和最大可能地处于不间断的运送状态，直至快件送达收件人手中。

（2）实现了"线段信息技术与快件运送过程"的完美结合，实现作业标准化、服务合格化的目标。

（3）打破传统的"慢和等"的投递方式，采用"门到门、桌对桌"的方式，即"从发件人委托到收件人签收"的新型的、稳妥的递送方式。

（4）从空运角度讲，快递所占比例正逐年上升，发达国家已占到35%；另一个特征是包裹和货物的比例正在上升，而且包裹所占比重越来越大。

1.3.3 邮政与快递的区别

（1）两者性质不同。快递服务与邮政普遍服务业务的根本区别是两者属于不同社会性质的服务产品：一个是社会提供的公共产品，另一个是商家提供的私人产品。根据万国邮联规定，邮政普遍服务包括邮政对部分信函的专营是履行国家法定义务，以确保向所有公民提供基本通信需求的统一规范、低价普惠的普遍服务，属于公共产品性质（万国邮联同时规定，这种服务各国可委托"由公共或私营部门提供"）；而快递服务（含邮政 EMS 特快专递）均以市场为前提，是市场经济发展的产物，主要为社会有特殊需求和有支付能力的部分成员（多为工商用户）提供个性化、限时送达商业服务，属于私人产品性质，属于竞争性商务服务产品。两者性质不同决定并产生了以下区别。

（2）经营范围不同。邮政的普遍服务业务以私人信件、包裹为主；快递业务以商务文件、资料、小型物品为主。

（3）服务对象不同。邮政的普遍服务面向社会全体成员，以提供社会成员之间基本的通信服务为准则；快递服务则主要针对经济贸易领域内的特殊客户，以个性化的特殊服务为准则。

（4）服务标准不同。万国邮联对邮政的普遍服务有明确的质量要求，邮政的普遍服务注重服务的标准化和统一性；快递服务更注重满足客户的个性化需求，提供"门对门""桌对桌"的便捷服务。邮政业与快递业属于两种不同的服务类型。

（5）传递渠道不同。邮政服务是通过邮局之间的连续投递进行的，国际间的邮政服务通过万国邮联协议进行；而非邮政的国际、国内的快递服务，是通过快递公司自身的跨国或全国的网络进行的，或在两个航空货运代理公司之间进行。

（6）定价机制不同。邮政普遍服务的订价，遵从万国邮联关于让所有人可以接受的低价原则，制订并执行全国统一的具有公益性质的低价的固定资费标准；而快递企业的服务价格，则是遵从价值规律，按照其服务效率与服务程度不同，以市场供求关系决定其价格水平。

（7）企业运行规则不同。承担普遍服务义务的邮政企业作为国家公用事业单位，虽实行企业化管理，但对于出现政策性亏损时，会由国家财政给予专项补贴，因此邮政企业不会倒闭，邮政职工会有调整但不会失业，可有稳定的工作和收入；而快递企业只能按照市场经济的规律运行，实行自负盈亏、自我发展、适者生存、优胜劣汰的规则。快递企业时时面临着市场经济的考验，快递员工的收入只能由企业的效益情况来决定，因此具有一定的不稳定性。

（8）行业监管体制不同。邮政的普遍服务业务属于国家的公用事业；而快递服务属于竞争性的市场化业务。所以在行业管理上，世界上绝大多数国家的邮政部门没有权力管理快递业，也未将快递业务纳入邮政的专营范围。

（9）享受国家政策不同。为保证邮政部门履行好普遍服务的责任，开展普遍服务业务经营，国家给予邮政企业享受各项优惠的政策，如减免税收，邮车通行便利，报关便利，港口与机场等设施使用的便利，允许邮政企业扩大经营范围，对于经营普遍服务业务产生的政策性亏损国家财政给予专项补贴和使用"中国邮政"的专用标识。而快递企业的服务由于属竞争性商业服务，同行企业之间实行公平竞争原则，快递企业必须依法经营、照章纳税，不享受国家特殊的政策优惠。

第2章 邮政与快递业务内容

【本章学习目标】

1. 掌握邮政快递业务的基本分类方法；
2. 掌握不同分类标准下国内邮政快递业务的种类；
3. 掌握国际及港澳台邮政业务种类的主要服务内容；
4. 了解几家快递公司的国际及港澳台业务种类的服务内容和特点；
5. 了解代收货款业务的主要类型和特点；
6. 了解邮政和快递业务的其他增值业务。

【本章学习重点】

1. 邮政快递业务的基本分类方法；
2. 邮政和快递业务按照不同分类方法分出的种类。

【本章学习难点】

1. 快递公司的国际业务分类及主要服务内容；
2. 快递增值业务的主要内容和特点。

【引例】

> **国家邮政局：2017年全国快递业务量累计完成400.6亿件**
>
> 据国家邮政局官方网站2017年1月13日发布的2017年邮政行业运行情况，2017年，邮政行业业务收入（不包括邮政储蓄银行直接营业收入）累计完成6 622.6亿元，同比增长23.1%；全国快递服务企业业务量累计完成400.6亿件，同比增长28.0%。
>
> 2017年，邮政行业业务收入（不包括邮政储蓄银行直接营业收入）累计完成6 622.6亿元，同比增长23.1%；业务总收入累计完成9 763.7亿元，同比增长32.0%。
>
> 12月，全行业业务收入完成653.9亿元，同比增长20.6%；业务总收入完成1 014.1亿元，同比增长29.7%。
>
> 2017年，邮政服务业务收入累计完成1 696.1亿元，同比增长28.4%；邮政寄递服务业务量累计完成236.2亿件，同比增长1.4%；邮政寄递服务业务收入累计完成353.9亿元，同比增长14.8%。

> 12月,邮政服务业务收入完成159.1亿元,同比增长30.4%;邮政寄递服务业务量完成20.6亿件,同比增长3.0%;邮政寄递服务业务收入完成31亿元,同比增长18.3%。
>
> 2017年,邮政函件业务累计完成31.5亿件,同比下降13%;包裹业务累计完成2 658万件,同比下降4.9%;报纸业务累计完成177.1亿份,同比下降1.6%;杂志业务累计完成7.9亿份,同比下降7%;汇兑业务累计完成3 743.7万笔,同比下降35.5%。
>
> 2017年,全国快递服务企业业务量累计完成400.6亿件,同比增长28%;业务收入累计完成4 957.1亿元,同比增长24.7%。其中,同城业务量累计完成92.7亿件,同比增长25%;异地业务量累计完成299.6亿件,同比增长28.9%;国际/港澳台业务量累计完成8.3亿件,同比增长33.8%。
>
> 12月,全国快递服务企业业务量完成42.0亿件,同比增长23.7%;业务收入完成519.8亿元,同比增长20.8%。
>
> 2017年,同城、异地、国际/港澳台快递业务量分别占全部快递业务量的23.1%、74.8%和2.1%;业务收入分别占全部快递收入的14.8%、50.7%和10.7%。与去年同期相比,同城快递业务量的比重下降0.6个百分点,异地快递业务量的比重上升0.5个百分点,国际/港澳台业务量的比重上升0.1个百分点。
>
> 2017年,东、中、西部地区快递业务量比重分别为81.1%、11.6%和7.3%,业务收入比重分别为80.9%、10.8%和8.3%。与2016年同期相比,东部地区快递业务量比重上升0.2个百分点,快递业务收入比重下降0.2个百分点;中部地区快递业务量比重下降0.3个百分点,快递业务收入比重上升0.1个百分点;西部地区快递业务量比重上升0.1个百分点,快递业务收入比重上升0.1个百分点。
>
> 资料来源:中国经济新闻网 http://www.cet.com.cn/wzsy/sjks/1999430.shtml。

伴随经济全球化发展,在信息技术发展较快的今天,除了传统的信函投递、邮件寄递等业务外,邮政与快递企业开始根据用户需求,针对不同的用户特点及应用场所等问题,不断拓展自身业务,使邮政快递企业能够适应消费者的要求,不断地发展。

2.1 邮政与快递主营业务

目前邮政业务众多,其主营业务主要包括国内和国际邮件寄递业务、报刊和图书等出版物发行业务、邮票发行业务、邮政汇兑业务、机要通信业务、邮政金融业务、邮政速递业务、邮政物流业务、电子商务业务、各类邮政代理业务和国家规定开办的其他业务等。本书主要介绍邮政速递业务。

2.1.1 邮政与快递业务基本分类方法

邮政快递业务根据客户需求不同,其业务种类有所区别,同时邮件的传递过程由许多环节共同完成,各环节间的差异也使邮政快递业务存在差异。我国邮政快递业务主要有以下

4 种分类方式。

1. 按照寄递区域分类

（1）国际及港澳台地区业务：主要包括国际速递业务、港澳速递及台湾快件业务。中国邮政通过与其他国家或地区的邮政部门合作，共同完成跨国界和跨区域的邮件寄递；通过与国际上的非邮企业合作，共同完成跨国界和跨区域的快件传递。

（2）国内业务：主要包括省内异地和省际异地业务，通过邮政网点实现邮件的最快寄递。

（3）同城业务：在城市规定的范围内，实现邮件的快速寄递。同城的范围各地有所不同，当前邮政速递广泛推出"大同城"的概念。

2. 按内件性质分类

可分为信函类、文件资料类及物品类特快专递邮件。针对不同的内件性质的邮件，在邮政的内部处理中采取不同的方式、方法。

3. 按时限分类

可分为标准型特快专递和经济型特快专递业务。标准型特快专递邮件以最快的速度处理邮件，特别是长距离运递主要以航空运输为主；经济型特快专递邮件以陆路运递的方式为主，较标准型特快专递邮件的运递时限长 1～3 天。

4. 速递开办的各类业务种类

目前速递开办了多种国内国际业务，主要包括：国内及国际标准快递业务、经济快递业务，次晨达、次日递业务，中速—TNT 快件业务，中速—佐川快件业务，中速—阿迈斯快件业务，中速—赛波快件业务，速递礼品礼仪业务，思乡月业务，五节联送业务，法院专递业务，代收货款业务等。

由于目的和需求不同，邮政速递产品种类及分类方法也不同。对于服务行业而言，面向客户提出的业务应从客户的需求角度出发，建立和完善以时限为主、附加服务为辅的速递产品体系，形成科学的产品层次，对相应的网络组织和运行模式进行优化和调整，并根据市场需求，组合基础产品与附加服务，不断地开发新的业务品种，准确、快速地响应细分的目标市场。

2.1.2 国内邮政速递业务种类

1. 国内邮政速递业务分类

（1）按内件性质分类

国内特快专递邮件按内件性质分为特快专递信函和特快专递包裹两种。

（2）按补偿责任分类

国内特快专递邮件按邮政企业所负的补偿责任分为保价特快专递邮件和非保价特快专递邮件两种。国内特快专递邮件是否保价由客户自愿选择。但是，当内寄物品价值较高时，应提醒客户按保价邮件交寄。

（3）按寄达范围分类

国内特快专递邮件按照寄达范围分为省际、省内异地和同城特快专递邮件 3 种。

（4）其他

国内特快专递邮政公事邮件免付邮费，可以按邮政公事寄递。邮件包括：

① 特快专递业务档案、生产部门交寄的特快专递邮件验单、复验必须递查的查单、查询答复单及其附件；

② 寄退"法院专递"邮件"回执联"的"法院专递回执"；

③ 上缴的特快专递"无着邮件"。

2. 国内邮政速递业务主要种类

（1）国内标准快递业务

国内标准特快专递业务是为了适应邮政速递业务的发展，进一步推进全国邮政网络、业务运行的标准化建设，突出速递"时效性"的本质特点，逐步适应市场竞争而逐渐发展的一项业务。该业务体现了邮政速递产品的竞争优势，也体现了邮政速递服务的整体实力，是目前邮政大力发展的业务之一。

① 国内标准快递业务的定义

国内标准快递业务是中国邮政速递物流股份有限公司的精品业务，以高速度、高质量为用户传递国内紧急文件资料及物品，同时提供多种形式的邮件跟踪查询服务。

目前，国内已有近2 000个市、县开办了此项业务。该业务包括异地标准快递业务和同城标准快递业务。使用国内标准快递业务可以到营业窗口交寄，也可拨打全国统一客服电话11183、11185或当地邮政速递物流公司公布的热线服务电话，邮政速递部门将派专人专车上门收寄，并选择最迅速、最有效的交通运输方式传递，最终由专人专车将邮件投送到收件人。

② 国内标准快递业务的特点

a. 快速

从客户预约下单到揽收人员上门揽收邮件，0.5小时内完成；邮件到达揽投部（站）至投递人员上门为客户派送，2小时内完成。中间各内部处理环节衔接紧密，充分利用自主与委办的航空运力。目前，在全国主要的城市之间可实现邮件"今天收、明天到"（偏远区域将增加相应的工作日）。

b. 安全

邮件全流程跟踪，专人处理、专车运输，提供标准、高质、安全的服务。应用先进的信息系统、手持终端设备和GPS、GIS等信息技术全程监控快件运送过程，保证邮件准时、安全送达。实施严格的速递运行质量指标体系，严格管控。

c. 便捷

提供11183、11185呼叫中心下单、网上自助下单等多种形式服务，可实现业务咨询、业务受理、查询、投诉等功能。提供灵活的支付结算方式：寄方支付、到方支付、第三方支付，现金结算、月度结算、转账结算和信用卡结算等。

d. 可叠加多项增值服务

可提供代收货款、保价、预约投递、返单（实物和电子）、存局候领、短信通知等多项增值服务。为满足特殊的需求并保证服务质量，部分城市推出延长揽投时间的服务，加开小夜班提供夜晚揽收和投递服务。

自国内EMS业务开办以来，邮政速递不断完善产品结构，丰富业务种类，提高服务质量,以满足客户日益增长的需求,适应市场需要。陆续推出了次晨达、次日递、当日递、国内EMS限时承诺服务、国内标准快递等业务。

(2) 国内经济快递业务

① 国内经济快递业务的概念

为进一步明确产品定位,自2013年1月1日起,中国邮政速递物流股份有限公司整合原有的国内经济快递、e邮宝和中邮快货3个经济型产品,推出全新的基于陆路运输的国内经济快递产品——新的国内经济快递。整合后的国内经济快递业务将充分利用邮政现有的运能资源,并整合速递、物流两网资源,主要为电子商务B2B、B2C以及C2C规模客户及商业客户提供时限较稳定的物品类寄递服务。届时,在重点省(自治区、直辖市)间传递时限以及直达邮路时限将进一步缩短。

随着新经济快递的上线,EMS将形成基于航空网运输的标准快递和基于陆运网运输的经济快递两条清晰的产品主线。

国内经济快递业务的各项服务,包括上门揽收、投递、查询、赔偿等,服务标准均按照国内特快专递邮件现行标准执行。此外,经济快递也提供多项叠加服务,包括返单、短信服务、代收货款、一票多件等。

② 国内经济快递业务的收寄客户范围

经济快递服务对象包括在电子商务平台销售产品,并在电子商务平台发起"使用经济快递"电子订单的零散客户,在电子商务平台销售产品且具一定规模的协议客户,以及批量的商业客户。

③ 国内经济快递业务的目标市场与产品定位

经济快递的目标市场:主要针对于快速增长的电子商务市场,具体包括适合寄递的服装、鞋及箱包、饰品及手表眼镜、化妆品、户外运动、数码产品、小型家用电器、居家生活用品、食品及保健品、母婴用品、汽车装饰、图书、音像、乐器等。

经济快递的产品定位:根据电子商务的市场需求,为客户提供时限稳定、价格适中、服务完善的经济型产品。

(3) 速递同城业务

① 速递同城业务的概念

同城特快专递业务是指同一个城市区域内互寄的特快专递邮件业务。同城特快专递业务坚持特快专递"特、快、专"的所谓特性,采用特殊服务方式、专门作业组织,以确保邮件以最快的速度传递,及时准确地投交给收件人。

② 速递同城业务的种类

根据同城速递业务的客户类型及业务特点进行市场细分,可以划分为4类:

- 单证照类市场。客户主要是政府机关、行政事业部门。
- 重点行业类市场。客户主要是银行、保险、民航铁路、文体票务公司以及各通信公司。
- 一般商用及民用类市场。客户主要是分布在各类写字楼、宾馆、饭店的中小型商务公司。
- 个性化增值类市场。客户主要是电子商务公司、网上购物及电视购物公司、证券交易所、报关行等。

这4类业务在市场需求、服务特点以及市场竞争形势等方面均存在一定的差异。各省要结合本省、本地区市场的实际情况,科学排序,制订不同的发展策略,并采取行之有效的措施,进行分类指导和开发,确保时效。

③ 速递同城业务的特点
- 同城速递业务范围相对单一,区域小,市场进入门坎较低,竞争十分激烈,快递企业均在同城市场中参与竞争。
- 同城业务的市场需求量较大,客户注重服务质量和速度,客户需求的及时响应是关键。
- 相对于其他业务种类,同城速递业务以商用为主(B2B市场)。其中,中小企业使用量较高。
- 由于同城业务有固定的业务范围,在经营管理、揽投管理等方面易控制,企业形象对客户使用决策起到重要作用。

(4) 国内快递包裹业务

国内快递包裹业务是指在全国范围内开办的以陆路运输为主的一项包裹寄递业务,主要面向快速增长的电子商务市场,同时也向商务客户和个人消费者提供寄递服务。全国32个省(自治区、直辖市)均受理快递包裹业务,服务时限稳定、价格合理、通达全国、按址上门投递签收。

自2015年6月1日起,邮政推出了新快递包裹业务。新快递包裹业务是在原邮政企业开办的快递包裹、国内小包业务及速递物流公司开办的经济快递业务的基础上,将三项业务进行整合形成的。同时,推出新的快递包裹详情单,邮政企业和速递物流公司全部使用统一标准的快递包裹详情单收寄邮件。

新快递包裹业务的特点:
① 邮政企业和速递物流公司共同开办;
② 资费标准由集团公司集中管控;
③ 客户服务统一由11183受理。

3. 国内快递业务分类

(1) 按投递方式分类

按投递方式可以分为限时投递、贵重物品签约投递、大宗物品集中投递。

(2) 按运输方式分类

按收取方式可以分为空运投递、铁路投递、公路货运投递、海运投递。

(3) 按收取方式分类

按收取方式分为小件上门递送投递、偏远地区自取投递、公司物流直达、协商投递、带仓储延时投递。

(4) 国内快递业务主要种类

① 时效件业务

时效件业务是对快件的时效进行精准管理,从单一标准化服务向定制化服务升级,打造综合物流服务能力,为客户提供精准定制化产品服务。

时效件业务的特点:
- 时效较快、精准。

- 支持所有增值服务。
- 通过国内先进快递业务系统、视频监控系统、GPS全球定位系统和新一代手持终端全程跟踪快件状态,确保客户的快件运送信息在网络上高速运转。

② 同城当天件业务

同城区域当天件是指:在同一个城市范围内,当天取件当天送达的快递服务。

同城件业务的特点:

- 时效保障。满足同城客户高频、即时、个性化小件同城配送需求。
- 安全保障。当同城配送物品发生损坏或遗失时,一经核实即按商家协议约定的赔偿标准赔付,最多不超过商品实际销售价格。

③ 物流普运业务

为满足客户发运大件或较重物品需求而推出的经济型物流服务。

物流普运业务的特点:

- 适用于寄递大件物品,如家电等。
- 提供门到门服务。
- 严格规范包装及操作,保障货物安全。
- 提供送货上楼、货物保管、代收货款、保价、签单返还、委托件等增值服务。

2.1.3 国际及港澳台邮政快递业务种类

1. 国际及港澳台邮政业务种类

国际速递业务是指目前中国邮政部门办理的,以最快捷的方式运输,由业务部门单独进行清关、处理,实行全程传递信息跟踪反馈和提供门到门揽收、投送服务的国际(地区)间信函、文件和物品的快速寄递业务。

(1) 按内件性质分类

国际及港澳台特快专递邮件按内件性质分为3种:信函(letter)、文件资料(document)和物品(parcel)。

中速快件按内件性质分为两种:文件资料和物品。

(2) 按业务分类

国际速递业务根据办理方式、传递渠道、寄达地区和服务要求的不同,主要分为与境外各邮政间办理的国际及港澳台邮政速递业务和与非邮政部门合作办理的商业型快件业务两种。

① 与各国(地区)邮政办理的EMS邮件业务

目前,各国(地区)邮政间办理的国际及港澳台速递业务主要是:国际及港澳台特快专递邮件业务(简称国际EMS业务)。目前,国际EMS邮件业务可分为:

- EMS标准业务。指EMS邮件的基础业务,在所有EMS通达范围内均可以办理。
- EMS承诺服务业务。指邮政部门对寄往指定国家(地区)的EMS邮件,按照公布的邮件全程运递时限向社会用户进行的公开承诺。
- EMS"留学速递"业务。指在特定客户群体中深度开发市场的专项推进业务。

- 国际轻小件邮件业务—国际 e 邮宝业务。依托国际速递邮件的揽收、处理和发运平台,提供了时限稳定和信息可跟踪,价格和成本贴近市场的轻小件邮件寄递服务。

② 与非邮政部门合作办理的中国速递快件业务

中国速递快件业务是指中国邮政与非邮政公司合作的快件业务。中国速递快件业务的英文是"China Courier International Express"(简称"中速快件")。目前,中速快件业务是中国邮政与荷兰 TNT 集团(简称 TNT 公司)、Aramex 国际快递公司(简称阿迈斯公司)、韩国 A. C. E EXPRESS INC 公司(简称赛波公司)等非邮政公司通过签署双边快件合作协议,在中国市场上推出的一种商业性国际出口快件服务。

与 TNT 公司合作办理的商业型快件业务主要有:中速—TNT 全球快递业务(简称中速快件)、中速—TNT 经济快递业务(简称中速经济快件)、中速—TNT 环球空运业务(简称航空重件)。

与佐川环球合作办理的商业型快件业务主要有:中速—佐川快件业务、中速—佐川经济快件业务、中速佐川"收件人付费"业务。

与赛波公司合作办理的商业型快件业务主要有:中速—赛波快件业务。

与阿迈斯公司合作办理的商业型快件业务主要有:中速—阿迈斯快件业务(含经济快递)。

(3) 国际及港澳台电子商务

国际及港澳台电子商务业务,是中国邮政速递物流股份有限公司为适应跨境电子商务以及满足大陆与港澳台之间电商物品寄递的需要,整合邮政速递物流股份有限公司网络优势资源,与主要电商平台合作推出的寄递解决方案。目前,针对跨境电商市场不同的寄递需求,邮政速递物流股份有限公司跨境电商产品以经济实惠的资费及稳定的发运质量吸引了众多的忠实客户,并已发展成为跨境电商的首选物流方式之一。邮政速递物流股份有限公司跨境电商产品有:国际 e 邮宝、国际 e 特快、e 速宝,其特点是线上下单,上门揽收或客户自送,同时邮政速递物流股份有限公司还推出了中邮海外仓(跨境电商出口)和中邮海外购(跨境电商进口)一站式综合物流解决方案。

① 国际 e 邮宝

国际 e 邮宝业务是邮政速递物流股份有限公司为适应国际轻小件物品寄递市场的需要而推出的经济型速递产品,自 2010 年 7 月开办,目前单日最高业务量接近 45 万件,截至 2017 年 7 月增幅 66%,已开通美国、俄罗斯、德国等 32 个路向,是速递物流服务跨境电商市场的主要产品。

国际 e 邮宝的特点:

- 嵌入式物流管理系统,一步到位;
- 邮政报关,通关速度快;
- 全程实时查询,货物无忧;
- 资费灵活,价格贴近市场;
- 时限稳定,旺季有保证;
- 与大型电商平台强强联手,质量可靠。

② 国际 e 特快

国际 e 特快业务是邮政速递物流股份有限公司开发的一款方便电商发货的服务产品,

产品定位结合了EMS与e邮宝二者的长处,是对二者的优化。目前e特快已在日本、俄罗斯、澳大利亚等16个主要国家和地区开通,收寄重量不受2 kg限制,寄递时限更快,信息反馈更完整。

e特快与EMS的相同之处:
- 采用EMS相同的运输方式转运货物,可在EMS网上全程详细跟踪。
- 有异常时,可像EMS一样进行网页查询。

e特快与e邮宝的相同之处:
- 与电商平台或电商卖家系统对接,客户在线打印详情单,提交揽收信息,或上门自送。
- 采取50 g起续重的计费模式,符合电商产品的特点,有效降低卖家的物流成本,提高产品的市场竞争力。

③ e速宝

e速宝业务是邮政速递物流股份有限公司为满足跨境电商卖家个性化市场需求提供的商业渠道物流解决方案,要求申报信息真实准确,须如实填写内件品名、税则号、价值和重量等。

④ 中邮海外仓

中邮海外仓服务已拓展至美、英、德、日、韩、澳等多个国家,以海外仓为节点,以邮航为自主干线运力布局全球网络,为中国跨境电商卖家推出全球海外仓储配送一体化服务,服务内容包括国内仓库接发操作、国际段运输、仓储目的国进口清关、仓储、配送以及个性化增值服务等,并提供了跨境物流整体解决方案。

⑤ 中邮海外购

中邮海外购是邮政速递物流股份有限公司为满足国内消费者"足不出户,买遍全球"的购物需求,通过实现在线制单、海关电子申报、在线关税缴纳、一票到底、全程状态追踪等服务,为境外到中国日益增长的跨境电子商务市场需求提供包裹进口转运、入境申报配送等综合物流服务。

2. 国际及港澳台快递业务种类

国际及港澳台快递业务是快递公司通过与国外代理公司合作,与国外建立快件业务往来。通过整合国外物流资源,为客户提供完善的国际快递服务。

按服务范围分类,国际及港澳台快递业务主要分为港澳台件业务和国际件业务。其中,国际件业务根据不同快递公司的业务拓展范围在服务区域上有所不同。

(1) 顺丰速运

① 按寄达速度

顺丰的国际件业务按寄达速度分为国际标快和国际特惠。

a. 国际标快

国际标快是为满足客户紧急物品寄递需求,以最快速度进行发运、中转和派送的高品质"门对门"国际快件服务。收件范围包括中国大陆及港澳台地区、俄罗斯、美国、新加坡、马来西亚、日本、韩国、蒙古、越南、泰国等;派件范围包括俄罗斯、新加坡、韩国、马来西亚、日本、美国、澳大利亚、加拿大等19个国家。

b. 国际特惠

国际特惠是为满足客户非紧急物品寄递需求而推出的经济型国际快件服务。收件范围包括中国大陆及港澳台地区、新加坡、马来西亚、日本、韩国、美国等；派件范围包括新加坡、马来西亚、日本、韩国、美国、巴西、俄罗斯、欧洲28国等50多个国家及地区。

② 按寄件重量

顺丰国际快件业务按寄件重量分为国际小包和国际重货。

a. 国际小包

国际小包是为跨境电商B2C卖家发送2 kg以下包裹而推出的一款高品质小包类服务。收件范围包括中国大陆及香港地区；派件范围覆盖了全球200多个国家及地区。

b. 国际重货

国际重货是为满足中国大陆客户寄递大重量物品至海外国家的需求而推出的时效稳定，具有较高性价比的国际重货服务。收件范围包括上海、江苏、浙江、广东；派件范围包括美国、日本、马来西亚、韩国、新加坡等国家。

(2) 圆通速递

圆通已在中国香港、中国台湾、韩国、日本、东南亚、欧美、中东、北美洲、非洲等许多地区运作国际快件业务。其中俄罗斯专线业务可分为圆通俄易特快、圆通俄易普快、圆通俄易普达、圆通电商小包。各业务特点如下。

- 圆通俄易特快：时效快，全境到门服务，主要针对急件。
- 圆通俄易普快：价格便宜，时效一般，全境到门服务，收件人自提包裹。
- 圆通俄易普达：价格便宜，主要针对大宗货物及特殊产品。
- 圆通电商小包：价格便宜，重量限制在2 kg以内，可发3C产品。

【案例】

EMS(e邮宝)出现"海关放行"是什么意思？

在查询国际包裹的物流信息是，有时候会出现"海关放行，深圳市"的字样，那么这里的"海关放行"具体是什么意思呢？其实，物流信息中出现"海关放行"的字样，有较大的可能性是没有通过安检，需要缴税，或者退回发件人。

(1) EMS出现"海关放行(held by customs)"是什么意思？

从字面上来说，似乎是包裹已经通过海关了。但这并不代表不会收税，因为有时候会由邮政那边代缴费用，等到送快递的时候再收取费用。而且，一个包裹，可能会进几次海关。例如，先出现"海关放行，北京市"，过几天后再出现"送交海关，天津市"。

如果包裹抵达的第一个近境地不是最终目的地，那么包裹会在国内转到收货地所在地主管海关才会办理清关手续（放行或者补税），途经海关时会显示"海关放行"，到达收货地海关时才会进行查验。如果在收货地显示"送交海关"，那么一般情况下都是要进行补税，邮政也会通知收货人。

(2) e邮宝(EUB)出现"海关放行"是什么意思？

> 国际e邮宝是EMS为跨境电商推出的针对轻小物件的经济型国际速递业务。由于比较经济且速度较快,e邮宝是中国跨境电商出口到美国等地区的首选物流产品。
>
> 但在查询e邮宝的时候,如果在国内段的物流出现"送交海关""海关放行"的字样,那么极有可能是没有通过安检,将会被退回。而如果是正常派送的EUB包裹,在国内段不会出现"海关放行"这一条字样。
>
> 例如,单号LX224826860CN,乍一看是一个签收的单号,但实际上却是一个发往土耳其的EUB国际包裹的单号,但是在中国国内没有通过安检,所以被退回深圳,由发件人签收。目前Trackingmore国际快递查询网,已经可以智能检测这类退回件了。尽早地发现退回件对卖家来说非常重要,可以及时地补发包裹,否则国外买家投诉过多,就会面临被平台关店的风险。

2.2 邮政速递增值业务

2.2.1 邮政速递代收货款业务

1. 邮政速递代收货款业务

国内特快专递代收货款业务,是中国邮政速递物流股份有限公司推出的一项速递延伸服务,为各类邮购公司、电子商务公司、电视直销企业、商贸企业、金融机构等提供快速传递实物、代收货款或其他款项并代为统一结算的综合服务。

代收货款业务将消费者和销售企业的购销风险降到最低,让消费者足不出户就可放心订购本地、异地、国内、国际的商品。凡与中国邮政速递物流股份有限公司或其他各省公司签署协议,经批准同意加入特快专递代收货款业务体系的企业被称为入网企业。入网企业可通过国内特快专递代收货款业务,在全国范围内打开销售渠道并及时收回相关款项。代收货款邮件在投递时,将按照邮件详情单上标注的收件人应付款金额收款并与入网企业结算。入网企业对所销售的商品负全部责任,并向消费者承诺,有商品质量、规格等方面问题,保证可无条件退换。中国邮政速递物流股份有限公司对入网企业销售的商品承担全过程传递和代收货款服务,同时履行对特快专递邮件的各项责任和义务。

2. 速递代收货款业务

代收货款业务是指按照寄件客户(卖方)与收件客户(买方)达成的交易协议,为寄件客户提供快捷的货物(商品)专递,同时向收件客户收取货款并按约定时间转交至寄件客户的服务。返还时效包括一周一返,一周两返和T+1、T+3滚动返款与POS机刷卡消费,如图2-1所示。

3. 代收货款业务的特点

代收货款业务最大的特点是:

(1) 提高产品的销售成功率,让企业与客户和谐沟通;

(2) 降低企业库存及销售成本,让企业轻装上阵;

(3) 业务网络已经覆盖全国 1 875 个县、市,让企业轻松拥有四通八达的销售网点;

(4) 业务网络提供集运递、投送、收款及结算为一体的综合服务平台,拓展了企业的产品销售网络和渠道,为企业的发展增添双翼。

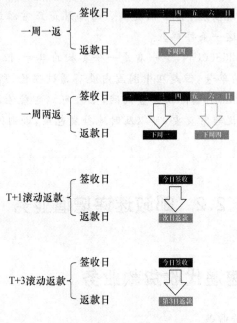

图 2-1　代收货款类型

4. 代收货款提供的服务

代收货款同时提供特色服务。

(1) 轻松对账

可以通过网上系统进行货款的核对,提高工作效率,轻松对账。

(2) 先验后签

收件客户签收前可以先验视商品后再签收,让客户放心购物,提高客户体验度。

(3) POS 机刷卡

为收件客户提供 POS 机刷卡服务,让客户支付货款更方便、快捷。

(4) 保价服务

为商品提供保价服务。

(5) 扫码支付

为收件客户提供支付宝扫码支付功能,让客户操作更便捷。

2.2.2　其他增值业务

1. 邮政速递其他增值业务

(1) 收件人付费业务

收件人付费业务是邮政速递业务增值服务中的一个新兴业务种类,邮政速递物流股份有限公司按照服务区域划分,目前主要开办的有国内收件人付费业务与国际收件人付费业务。

① 国内收件人付费业务

国内特快专递收件人付费业务是指寄递国内特快专递邮件时，寄件人无须缴纳邮费，而由收件人支付相关费用的一种特殊服务。目前，开办了国内特快专递收件人集中付费业务、国内特快专递第三方付费业务、国内特快专递收件人付费业务共3种。

国内特快专递收件人集中付费业务、国内特快专递第三方付费业务主要面向总部型客户，收件人（即付费方）单一，多点出口，一点结算；国内特快专递收件人付费业务主要面向普通客户，一点对多点，多点对多点，现金结算。

国内特快专递收件人集中付费业务是为分散交寄、集中纳费的大客户提供的一种特殊服务。许多大公司、厂商在全国很多城市设有分公司、维修点等机构，由于客户分散，其产品保修、返修、零配件等售后服务的邮费结算手续繁杂，给他们造成了较大负担，直接影响到产品的销售和售后服务质量，邮政EMS推出的这项业务满足了这部分客户的需求。

② 国际收件人付费业务

国际特快专递收件人付费业务简称"国际特快到付业务"，其特点是传递国际特快专递邮件时所需的各种费用（如邮资、清关费等）由收件人支付，而非由寄件人直接支付。寄件人在交寄邮件时需填写一份"信用保证单"，承诺在遇到收件人拒收邮件或拒付费用等情况时，寄件人承担全部邮寄费用及所产生的一切相关费用。国际特快到付业务的收费标准与国际特快专递邮件的收费标准相同。

目前，可以办理交寄至日本的到付业务。

下面介绍收件人付费业务的特点。

邮政EMS"收件人付费"业务具备以下几个优点：一是通达范围广，"收件人付费"业务通达中国邮政速递物流股份有限公司专业化经营城市共268个市、1 281个县；二是无附加费用，"收件人付费"业务的资费标准按照国内特快专递邮件标准资费执行，不附加其他费用；三是有信息系统作支撑。邮政EMS拥有一整套信息系统作支撑，对全过程的收寄、投递、账务等信息进行处理，可防止多收费、双重收费现象的出现。

收件人付费与第三方付费目前不设单独的国内业务详情单，这两项服务项目在标准快递和经济快递详情单中的附加服务项中均有列出。

目前，邮政速递物流股份有限公司已经对"收件人付费"业务的处理流程、资费结算等方面进行了明确，并设计制作了该业务的宣传材料，指导分公司开展营销工作，并将加强对员工进行该业务的培训，为"收件人付费"业务的后续发展打下坚实基础。

（2）第三方付费业务

国内特快专递第三方付费业务是为分散交寄、第三方集中纳费的大客户提供的一种特殊服务，即寄递国内特快专递邮件的邮费由寄件人、收件人之外的第三方集中缴纳，是国内特快专递收件人付费业务的一种。

（3）速递礼仪业务

① 鲜花礼仪速递业务

速递礼仪业务（国内特快专递礼仪业务）是邮政部门为满足广大人民群众日益增长的礼仪文化需求，将邮政业务网络和现代礼仪服务有机结合，为社会提供的一种礼仪服务类邮政新业务。国内特快专递礼仪业务根据客户需要，以专人、专车的方式，提供鲜花、礼品等礼仪专递服务以及为会议、庆典、婚庆、生日等提供策划、创意等一系列礼仪服务。各地邮政开办局结合当地的实际情况,在全国性礼品礼仪速递基础上,积极开发各种特快专递礼仪新型业务,如"家乡包裹速递"等业务。客户不仅可以办理同城特快专递礼仪业务,还可在异地特快专递礼仪业务开办局办理异地特快专递礼仪业务。目前全国已有1 100多个市、县开办了异地特快专递礼仪业务。通过此项服务,客户可以随时在自己的居住地为身在远方异地的亲人、朋友及时地送上一份可心的礼品和温馨的祝福。

② 速递"思乡月"业务

"思乡月"业务是邮政速递礼仪业务的重要组成部分,是邮政速递运作较成熟、业务开展较成功的专项营销礼仪业务。该项业务针对国人在中秋节对家人、亲朋寄托思念之情的传统过节方式,提供相关的销售、寄递以及其他增值服务,供消费者选择,受到广大群众的认可。近年来,邮政速递通过该项营销项目的运作,使邮政速递得以在礼仪市场上有了长足的进步。

a. 思乡月业务的特点

• "思乡月"业务重点在于营销

"思乡月"业务是速递礼仪业务的一项营销项目,重点在于营销方案的策划、制订和实施,为客户量身制作产品和营销方案。

• "思乡月"业务关键在于服务质量

有别于其他速递业务,"思乡月"业务并非满足消费者必须的需求,是速递的高端需求,所以服务质量是关键。服务质量包括速递服务质量和水平,以及产品自身质量和产品种类等。

• 邮政速递"思乡月"业务引导客户消费

与速递礼仪业务一样,思乡月业务的推出,开创了消费新观念,引导和发展了市场,满足了人民群众的需求。经过几年的发展,已成为速度礼仪业务中的较为成熟的项目,并且在消费者心目中占据较高的地位。

• 中秋礼仪市场面临越来越激烈的竞争

随着市场需求的不断满足以及市场的不断膨胀,其他的一些快递企业纷纷效仿速递"思乡月"业务,在中秋礼品市场上开展与邮政的竞争。这充分说明速递礼仪市场具有广阔的空间,也激励着邮政速递不断地创新,以提高竞争力。

b. "思乡月"业务开发渠道和分析

"思乡月"业务的开展主要通过两个渠道:营业支局现场销售和营销人员的大客户开发。对于普通客户,可以直接到各邮政和速递物流营业窗口办理,或通过拨打全国统一客户服务电话11183办理。窗口办理程序:根据月饼产品目录或在邮政营业网点展示区选定满意的月饼种类,填写特快专递业务单式,然后付款(邮费+月饼零售价),邮政将使用特快专递方式组织寄递。电话受理程序:客服电话受理→客服人员将月饼种类、价格、寄递资费信息告知客户→客户确认订单→揽收人员上门收取费用(寄递资费+月饼零售价)→出具收据→以特快专递方式组织寄递。如果客户需要选购、寄递的月饼数量较多,可以直接拨打全国统一客户服务电话11183,速递局将派专人上门为此类客户提供服务。对于其他企、事业单位的客户,通过经过专门培训的营销人员积极与其联系,分析市场需求,研究客户定位,设计产品和服务方案,实现客户个性化的服务方案。其核心内容是客户的营销定位及需求分析。

(4) 供应链金融增值服务

2015 年,邮政 EMS 与京东金融联合推出了网商专属创新质押产品——云仓京融。客户通过存放在邮政 EMS 仓中的商品申请动产质押贷款,通过对电商仓储客户进行数据授信完成融资。云仓京融推出半年多以来,已为 3C、家电、鞋包、母婴、酒类等多个行业的客户实现了近亿元的融资授信,助力电商客户快速拓展。

这种"创新仓储+寄递+供应链金融"的综合服务模式,将供应链金融业务作为叠加寄递类业务的增值服务,通过推进综合服务模式来拉动寄递类业务的发展。

2. 快递其他增值业务

(1) 到付件业务

寄件方所寄快件运费由收件方支付的服务。其为客户提供快递活动中更灵活、更全面的服务。该业务适用于所有有到付需求的客户。

(2) 代取件业务

按照寄件方的指令到指定地点收取快件,并送达指定目的地的服务。完全按照指令内容(指令内容:取件时间、地点、物品清单等)去收取快件的全面解决方案,为客户提供更灵活的快递服务。该业务主要适用于电子商务过程中有客户退件、返修等方面快递需求的客户。

(3) 签单返还业务

按照寄件方的要求,将收件方签收确认后的送货单或者签收回单,在规定时间内返还给寄件方的服务。将收件方签收确认后的送货单或者签收回单返还给寄件方,为双方提供更全面的快递服务。该业务主要适用于有企业商务文件往来、电子商务过程中有签收回单返回等方面需求的客户。

(4) 仓配一体化业务

仓配一体化是指商品存储、打单、打包、发货、配送一体化的安全快速服务,旨在为客户提供一站式仓储配送服务。仓储与配送作为电子商务后端的服务,主要是解决卖家货物配备(集货、加工、分货、拣选、配货、包装)和组织对客户的送货问题。

仓配一体,字面理解是"仓储+配送"。目前市场上存在 3 类企业提供商:一类是拥有自建仓储和配送团队可以保证客户体验的大平台,如亚马逊和京东;另一类是本身专于仓储,之后再整合配送,如发网、五洲在线、仓储科技类;还有一类是长于配送,始重仓储,如圆通、申通。圆通新龙的仓配一体中,配是强势的资源优势,仓是弱势的增值服务,但在发网的仓配一体中,仓是主要的赢利点。仓配一体的内涵用一句话概括:订单后一体化的解决方案。即客户只需要将订单抛给提供仓配一体化服务的企业,后续的合单、转码、库内作业、发运配送、拒收返回及上下游的账务清分等全部都由仓配企业来完成,客户只需要专攻市场销售。

仓配一体化是仓和配的结合,既要有仓的网络,还要有配送的网络。只有仓储网络和快递网络相结合才能真正满足电商公司的一条龙服务要求。未来,拥有网络和平台资源的成熟公司最有可能在仓配一体化领域领跑。

① 仓配一体化的特点

在传统商贸中属于支援设备的仓库,在电商中成了重要角色,成为货品供应者与顾客之间的主要联系界面。但是,国内仓储概念薄弱,长期以来都是以低端仓库占主导地位,缺乏现代化的高标准仓库,面对电商企业要求的内部结构、办公环境、单位平效、物流周转、订单处理、配套快递服务等条件,传统的仓储企业根本无法满足,也就更谈不上仓配一体化。

在传统模式中,仓储这一块主要有三个环节:打包、称重、速递的交接。配的环节主要是揽收、称重、发运,整个环节比较复杂。在仓配一体化的模式下面,物流企业要做的是在保证货品安全的前提下提高效率,让整个业务流程更加无缝对接。

② 仓配一体化的趋势

同传统行业一样,电子商务的市场也处于一个不均衡的波动状态,新产品上市、节假日、同行竞争、政策性促销等都可能使销售产生较大的波动。这种波动涉及产品定制、产品库存再到产品配送等诸多环节和部门,如果各环节和部门配合不好,就会使电商企业的存储物流体系出现漏洞,从而影响消费者的购物体验。

为了解决这些问题,有些电商企业选择自建物流,自己解决仓储配送问题;而有些电商企业则选择了与第三方物流服务商合作,将电子商务业务中的仓储和配送环节交由第三方物流服务商进行仓配一体化管理。在电商行业,仓配一体化这个概念比较新,这因为电商改变了传统的配送模式,由以前的 B2B 变成了 B2C,而电商企业又大多不具备做好仓储配送的能力。也正因为这些原因,新兴了很多的物流商和配送商,他们根据自己的优势和特长,切入仓储配送这一领域。

现在的仓配一体化实际上是指在互联网下的仓配一体化,原来传统简单的进、销、存管理已经满足不了现在电商的需求,单点、单仓也无法满足电商物流的下一步发展。目前,传统的仓储和传统的第三方物流服务商都面临着转型的趋势。

从供应链的管理角度上看,最优化的方式是供应链上的几个关键节点由一个公司来做,这样协调性是最强的,整体的效率是最优化的,而如果是每一个节点由不同公司来做,点和点的衔接上一定会出问题。电商仓配一体化无论是从降低成本,还是从提高效率上看都是一个必然趋势。

下面以中通速递和圆通速递为例,具体描述仓配一体化服务。

③ 中通速递仓配一体化

中通仓配主要服务对象为电子商务经营中有仓储、加工、配送需求的商家,包含但不限于电子商务中平台类企业、平台内运营商家、独立 B2C 等。中通的仓配一体化服务流程比较简单,商家把商品入仓之后直接进行系统的对接,电商的 ERP 系统跟中通的整个系统对接以后,剩下的工作全部由中通速递来完成,最终的数字都会呈现在中通速递的电商平台上面。中通的仓配一体化服务的特色是分仓发货,让商家把一部分货送到区域分仓中,由中通来完成对消费者的就近配送,这样提高了物流快递服务的及时性、高效性,使消费者的购物体验更好。

a. 服务内容
- 提供电商标准化仓储服务,同时也可根据客户的需求进行定制;
- 支持电商常规单和活动单发货。

b. 服务特点
- 实现仓储标准化管理及在库商品优化分析,可实现仓库的临时扩充需求,并在短时间内实现全国部署;
- 可实现系统完全对接,减少人工操作,也可实现信息自动流转,避免操作失误,完备的信息安全体系,保证客户信息安全;
- 可以提升配送效率,实现问题件的实时追踪,实现高品质的配送服务。

c. 增值服务
- 仓配咨询：提供仓储网络布局咨询、库内规划及人员培训，旨在帮助客户进行仓库发展战略、运营管理、配送布局等全面的提升。
- 定制服务：根据客户的产品性质和服务特点、管理思想的不同，为客户提供定制化的物流服务。
- 上门取货/退货：根据客户需求，提供上门提货到仓及退货到仓的服务。
- 系统服务：根据电商客户对仓配的系统需求，提供个性化定制的仓配管理软件。

④ 圆通速递仓配一体化

圆通速递的仓配一体化主要是为全国电商零售企业、生产零售企业提供"网仓＋配送"的一体化服务，为客户提供个性化的仓配一体供应链物流服务。

a. 服务范围
- 物流信息服务：基于圆通蛟龙集团强大的订单管理系统、仓库管理系统、运输管理系统为客户提供全程可视化物流信息服务。
- 仓储管理服务：基于圆通速递全网仓储运营网络，提供入库管理、收货清点、商品质检、库存管理、出库抓单、单据打印、货品选拣、复核包装、包裹发运及退货管理服务。
- 方案设计服务：供应链问题诊断、运营数据分析、解决方案定制、库内设施改造、库内设备配置。
- 物流配送服务：基于圆通速递完善的配送体系提供速递、干线、城配服务。

b. 服务品类
- 服装鞋帽类；
- 个人美妆类；
- 母婴用品类；
- 小型电器类。

(5) 冷链服务

为了保障生鲜类快件的配送时效和商品品质，快递公司为生鲜类客户提供优先配载、优先派送的专属快递服务。

① 顺丰冷链服务

a. 生鲜速配

为了保障生鲜类快件的配送时效和商品品质，实现同类产品优先配载、优先派送，面向寄递生鲜快件的客户推出的专属快递服务。从收件、中转、派送各环节全程跟进管理，确保优收优派；同时采用专业包装方案和独立监控、异常处理机制。

b. 冷运到家

针对易腐食品类、冻品类商品等，通过各种冷藏/冷冻运输设备和工具进行全程温控运输，为客户提供"门对门"的配送服务。采用专业冷藏车和冷藏团队配送，所有配送节点均全程温控，杜绝半冷链和脱温。

c. 冷运专车

提供线路相对固定的跨区域冷藏车运输，为满足客户发运整车货物的运输需求而定制的专运产品。它通过点对点、点对多点的方式实现货物完全直达，避免中转环节。对所有配送节点全程温控，实时时效监控，杜绝半冷链和脱温；并采用专业配送，确保货物安全准时到达。

　　d. 冷运仓储

　　在具备普通仓库的货物存储、加工等功能的同时,通过人工调节库内的温湿度,达到产品保质保鲜,延长储存期的目的,调节淡、旺季的市场需求,减少生产与销售过程中的商品损耗。覆盖范围广,仓储能力强;整进零出,提供小批次多品类操作服务;部分城市仓储提供库内生鲜加工服务;多温区存储,全天 24 小时温度监控,过程可溯。

　　② 申通冷链服务

　　申通总公司设立了申雪供应链管理有限公司,结合申通庞大的物流配送体系,发展冷链生鲜供应链事业,优化运力成本,为客户提供快速、安全、准确、周到的服务体验,帮助客户创造最大的价值。申通冷链服务专注于第三方冷链仓储＋配送服务,帮助生鲜客户解决供应链环节出现的需求问题。

　　(6) 供应链金融

　　供应链金融(supply chain finance,SCF),在银行层面来说是商业银行信贷业务的一个专业领域;在企业层面来说是企业尤其是中小企业的一种融资渠道。

　　供应链金融指银行向客户或核心企业提供融资和其他结算、理财服务,同时向这些客户的供应商提供贷款及时收达的便利,或者向其分销商提供预付款代付及存货融资服务。简单地说,就是将核心企业和上下游企业联系在一起提供灵活运用的金融产品和服务的一种融资模式。

　　供应链金融早期的受益者主要为商业银行和龙头企业。在原来传统供应链金融模式上,物流公司是参与者也是非常重要的第三方。在现在的"互联网＋"时代,物流公司凭借其在行业多年来上下游的深厚关系,转身从事电商进而延伸至供应链金融业务。物流企业通过物流活动参与到供应链运作中,通过整合供应链中的物流网络,链接资金提供方,为服务对象提供物流供应链服务和融资解决方案,这有利于稳定业务网络,提升物流企业的竞争能力。如顺丰快递在产业链物流配送的上下游方面具备得天独厚的资源,如果转型电商模式的话供应链金融将占据有利地位。

　　① 顺丰金融

　　2015 年前后,顺丰集团组建了金融服务事业群,顺丰金融的使命就是能够协助完成物流、信息流、资金流三流合一的过程,为消费者、机构客户提供更好的金融服务体验。

　　顺丰的客户价值发展战略是基于在物流速运及物流结算良好的客户体验。供应链金融模式的构建需要结合"四流"来进行。顺丰较早在交易数据、物流信息、系统对接、监控系统 4 个方面的不断提升,是构建先进供应链金融模式的良好业务基础。

　　目前,顺丰的供应链金融已基本形成,包括基于货权的仓储融资、基于应收账款的保理融资、基于客户经营条件与合约的订单融资和基于客户信用的顺小贷。这 4 个产品基本涵盖与快递物流有关的金融服务。

　　a. 仓储融资

　　2015 年 3 月顺丰推出仓储融资服务。优质电商商家如果提前备货至顺丰仓库,不仅可以实现就近发货,还可凭借入库的货品拿到贷款。庞大的物流配送网络,密集的仓储服务网点,再加上新兴的金融贷款业务,形成完整的物流服务闭环。这一模式极大地提高了客户的服务满意度和客户黏性。

在客户信用评级的基础上,将顺丰仓储中的商品作为抵押,从而获得质押贷款,解决客户商品采购等临时性资金需求,让客户在使用顺丰分仓备货的同时享有可灵活调整的信贷额度,以解决资金短缺之急,并能灵活地随借随还,最大限度地降低客户资金使用成本。根据企业的资质和抵押的货品情况,顺丰给予的贷款额度为100~3 000万元。

目前,顺丰在北京、上海、沈阳、广州、西安、成都、武汉建立了7大分拨中心,在50个重点城市已布局上百个配送仓库,仓储总面积近百万平方米,配以顺丰数万个网点,覆盖全国2 500个区、县,基本建成了覆盖全国的电商仓储配送体系。在此背景下,仓储融资业务也将布局至全国各地,为更多有需要的客户提供更便利、更全面的服务。

顺丰仓储质押业务可以实现动态质押,仓储数据实时在线更新功能,从而在仓储质押业务方面实现动态变动授信额度的功能。与以往在仓单质押过程中需要提供很多数据相比,提供了非常精准的服务基础。

b. 保理融资

以顺丰控股与供应商签订的货物购销合同为基础,由顺丰控股买断供应商对顺丰控股的应收账款,为供应商提供资金支持的融资服务。

c. 订单融资

顺丰控股物业供应商将未来一定期限的租金收益权转让给顺丰控股,顺丰控股根据期限内转让租金总额的一定比例给予融资。

d. 顺小贷

针对与顺丰控股合作、信誉良好,从事商品销售的实体经销商、电商等客户在经营中产生的临时性资金需求而提供的5~100万元的信用贷款服务。

虽然出于盈利数据的考虑,顺丰在上市时剥离了合丰小贷、乐丰保理等金融资产,但对想要成为综合物流服务商的物流快递公司来说,金融服务是不可缺失的板块。

② 中通金融

a. 融资租赁

为物流企业、网点等的车辆或设备提供优质高效的资产融资服务,有效地缓解重资产企业的经营资金压力。

b. 应收保理

为物流企业、网点等提供基于应收账款的综合性金融服务,至少包括下列项目中的一种:贸易融资、账款收取和坏账担保等。

【案例】

顺丰:供应链金融

基于顺丰的物流、仓储、速运、冷链、商业、支付结算等多元业务的基础上,参与物流、信息流、资金流的控制从而建立起来的产业链金融服务体系。我们致力于为顺丰的供应商和客户提供存货质押、保理、订单融资、小额信贷、融资租赁等一系列"物流+金融"服务。

(1) 保理融资

针对融资客户的应收账款提供保理融资服务,解决供应商应收账款账期过长、资金周转困难的问题。

(2) 仓储融资

对融资客户在顺丰仓和监管仓中的库存进行质押,按质押比例授予仓储质押额度,客户可在迫切有资金需求时提款,解决客户库存难以变现、资金难以流转的问题。

(3) 订单融资

根据客户的订单,结合不同的风险缓释手段,顺丰按一定比例支付客户采购的货款,解决客户没有足够流动资金不敢接单的问题。

(4) 信用贷款

根据融资客户以往的信用记录和经营情况,提供灵活方便的信用贷款,解决客户短期的资金周转问题。

资料来源:顺丰官网 http://www.sf-express.com/cn/sc/finance/supply_chain_finance/。

2.3 邮政与快递电子商务

2.3.1 邮政电子商务

1. 邮政电子商务概述

在电子商务飞速发展的背景下,世界各国邮政的发展都面临着新的机遇与挑战,新技术的广泛应用和日益激烈的市场竞争,给传统邮政注入了新的活力,同时消费者消费习惯的改变、邮政传统业务市场的萎缩也给邮政带来了严重的冲击。面对电子商务的迅猛发展,邮政也下定决心发展电子商务业务,同时也取得了一定的成绩。

电子商务通常是指在全球各地广泛的商业贸易活动中,在因特网开放的网络环境下,基于浏览器/服务器应用方式,买卖双方不谋面地进行各种商贸活动,实现消费者的网上购物、商户之间的网上交易和在线电子支付以及各种商务活动、交易活动、金融活动和相关的综合服务活动的一种新型的商业运营模式。它是传统商业活动各环节的电子化、网络化、信息化。

自 2000 年开始,中国邮政一直关注着信息化和电子商务的发展,在专业机构设置、人员队伍建设及专项设备配置、资金投入上做了大量的前期准备工作,为发展电子商务奠定了坚实的基础。

2. 邮政电子商务业务

(1) 邮乐中国

"邮乐网"是由中国邮政与 TOM 集团成立的合资公司,是一个结合高端线上网购和线下零售于一体的独特创新购物服务平台。

中国邮政历史悠久,线下网络覆盖全国,并且拥有完善的物流系统及代收货款一体化平台。TOM集团在电子商务领域具备丰富的经验、先进的科技及应用。因此在"邮乐网"的运作中,中国邮政提供销售、物流、收款及仓储服务,TOM集团独家为平台提供技术。

"邮乐网"是一个集网上和邮政网点销售为一体的B2C综合购物服务平台,其商品具有中高端和便于邮寄两大特点,分为八大系列:品牌服饰、箱包鞋帽、个人护理、运动户外、家具百货、食品保健、母婴产品、数码家电。该平台结合了电子商务和传统的零售网络,提供全方位的线上线下订购服务。"邮乐网"线上线下生成的交易,将主要由中国邮政提供仓储和物流配送服务。

在中国邮政的战略布局中,"邮乐网"是其从实业领域进入电子商务的核心平台。"邮乐网"最为直接的作用是在赚取商品进销差价的同时,为中国邮政旗下规模庞大的营业网点、物流配送设施提供源源不断的业务。"邮乐网"首页如图2-2所示。

图2-2 "邮乐网"首页

【案例】

中国邮政为农产品开通"电商快车"

如今,越来越多的城市百姓从电商平台购买"原汁、原味、原产地"的农产品。为了更好地为广大消费者搭建"购家乡味、寄相思情"的绿色通道,帮助中小企业和农业合作社打造品牌、拓展市场,中国邮政集团近日正式启动首届"邮乐919购物狂欢节"。"这是中国邮政集团加快进军电商领域的新举措、新尝试,将兼顾农村和城市两个市场,促进商品双向流通。"中国邮政集团公司总经理李国华说。

为了更好地推动我国电商产业的持续健康发展,大力发展农村电商,中国邮政集团探索出了一条"线上与线下相结合、工业品下乡与农产品返城相结合、农村电商与邮政业务相结合、农村电商与政府公共服务相结合、农村电商与精准扶贫相结合"的农村电商发展新路子。作为发展农村电商的主力军,近年来中国邮政积极参与了财政部、商务部和扶贫办联合开展的电子商务进农村综合示范工作。"中国邮政持续加大县-乡-村三级的仓配网络建设,为农村电商的发展解决了'最初一公里''最后一公里'的瓶颈,有效地提升了农村物流服务水平。"商务部市场体系建设司副司长孔福生表示。

"首届'邮乐919购物狂欢节'活动将利用邮政遍布城乡的网络和渠道资源,打通'最后一公里'配送服务,让工业品下乡和农产品返城更加便捷。"据中国邮政集团副总经理张荣林介绍,"本次电商购物节为农产品开通了'电商快车',在农村以批销和代购为主,为广大邮乐购网站上的'邮掌柜'提供物美价廉的商品和及时方便的配送服务,充分地挖掘农村市场的购物潜力;在城市以零售为主,为城市消费者提供'原汁、原味、原产地'的优质农产品,传递'家乡的味道'。"

据张荣林介绍,9月1日为本次电商购物节启动日,9月19日为点爆日,"我们将充分发挥5万多处邮政自营网点和42万处'邮乐购'加盟店的优势,重点上线革命老区、偏远山区、贫困地区的2.2万种特色农产品,为农户提供营销、包装、寄递等全流程配套服务。同时出台专门的寄递优惠政策,为'原汁、原味、原产地'的农特产品返城搭建绿色通道,在有效地满足城市居民对绿色农产品消费需求的同时,帮助农村贫困家庭实现脱贫致富。"

张荣林表示,为了促进消费升级,本次电商购物节采取"合作厂家充分让利、邮乐平台直接返利"的方式。"活动还将助力精准扶贫,依托邮乐网推出的中国邮政官方微营销工具——邮乐小店,提供3秒开店、一键分享、收益透明、拼团特卖等使用简单、功能齐全的开店服务,为立志创业的个人提供创业创新的平台,助力'双创'发展。"此外,活动期间,中国邮政集团还在原有的配送中心和投递线路基础上,增加5 000条农产品专用冷链邮路,加密投递频次,增加农村投递汽车。"希望通过物流配送网络的优化升级,能确保服务品质,提升客户体验。"张荣林说。

据了解,中国邮政自2014年正式启动农村电商项目以来,已经探索出一条工业品下乡与农产品进城相结合、线上与线下结合、农村电商与邮政业务相结合的农村电商发展之路。邮乐网作为中国邮政全国对外统一的电商平台,立足于农村电商,努力为消费者和供应商提供一个正品品牌、线上线下、覆盖城乡、安全快捷的网购平台。

资料来源:中国经济网 2017-09-04 http://news.sina.com.cn/c/2017-09-04/doc-ifykpzey4304586.shtml。

(2)短信业务

邮政短信业务是在全国邮政短信业务接入系统的基础上,依托移动、联通、电信等运营商的移动短信平台,利用邮政和社会的各种资源,为用户提供的一项手机短信服务业务。

① 邮政短信业务的种类(如表2-1所示)

表2-1 邮政短信业务的种类

序号	短信业务种类	细分种类	服务类别
1	储蓄短信	窗口发起类	代发工资到账
			取款通知
			转入到账通知
			活期账户变动通知
		手机发起类	储蓄存款利率查询
			储蓄业务资费查询
			活期账户余额查询
			活期账户明细查询

续表

序号	短信业务种类	细分种类	服务类别
2	汇兑短信	窗口发起类	汇兑回音服务
			汇款寄出通知
			汇款状态查询
		手机发起类	汇兑资费查询
			汇款状态查询
3	速递短信		EMS资费查询
			EMS状态查询
			EMS寄达回音服务
			EMS状态通知

② 邮政短信业务的特色

a. 方便省心：定制/发送短信，轻松了解储蓄账户、汇款、新邮发行、EMS邮件的状态。

b. 及时准确：根据定制关系，将账户变动、汇款、集邮、EMS邮件的状态即刻通知客户，让客户尽享快捷、准确的信息服务。

c. 定退自由：全市邮政联网网点均可办理相关邮政短信业务，并提供方便的定制、退订服务。

③ 航空机票业务

航空机票业务是利用邮政11185客服中心和遍布城乡的邮政营业网点，为广大市民和企、事业单位提供航班查询、机票订购等服务。

中国邮政是中国航空运输协会的会员单位，是具有正规资质的航空机票代理人。邮政航空票务系统是国内最具竞争力的竞价销售平台之一，产品价格竞争力强，有丰富的特价票资源。到邮局订机票还能享受多种优惠服务及完善的一条龙售后服务。

④ "自邮一族"业务

"自邮一族"业务是中国邮政利用平台优势，围绕市场需求，整合了代缴交通罚款、代办车驾管、代办车险、加油洗车优惠、汽车救援维修等车辆服务资源，以及机票酒店预定、餐饮娱乐折扣优惠和旅游门票优惠等商旅增值服务资源，面向机动车主等中高端客户群体全新推出的一项会员制服务。

"自邮一族"的优势：

a. 品牌优势。自邮一族是邮政的高端服务品牌，旨在为客户提供卓越优质的服务。

b. 服务优势。众多网点、24小时服务热线、专业服务网站，为客户提供多渠道一站式综合服务。

c. 网络优势。全国近万家特约商户，为客户提供专享折扣优惠，让客户真正做到一卡在手，出行无忧。

⑤ 代收费业务

代收费业务是邮政部门基于营业网点和便民服务站网点开办的代收电费、水费、燃气费、有线电视费和话费等的业务。到邮政缴费方便、快捷，多种费用可以一次缴清。

2.3.2 快递电子商务

随着信息技术的不断发展,互联网和电子商务应用的广泛普及,快递物流的重要性越发得到重视。推动快递业的发展既是适应经济全球化趋势的客观要求,也是国民经济快速发展的必要保证。近年来,我国电子商务与快递物流协同发展不断加深,不仅推进了快递物流转型升级、提质增效,也促进了电子商务快速发展。在此环境下,顺丰、圆通等快递企业纷纷将眼光转向线上市场,以自身强大的物流网络为优势,开展自己的电子商务业务。

1. 顺丰电子商务

2012年5月31日,"顺丰优选"正式上线,北京区域全品类配送。"顺丰优选"是顺丰集团旗下,以"优选商品,服务到家"为宗旨,依托线上电商平台与线下社区门店,为用户提供日常所需的全球优质美食的一个平台。"顺丰优选"首页截图如图2-3所示。

图2-3 "顺丰优选"首页截图

"顺丰优选"定位清晰,以生鲜商品为主,有以下几点特色。

① 全球美食;

② 产地直采;

③ 全程冷链;

④ 顺丰直达。

2014年"顺丰优选"线下实体店"嘿客"全面上线,2016年9月正式更名为"顺丰优选"。早期的"嘿客"是为解决社区物流终端"最后一公里"而出现的,同时也是为分摊租金成本,店内展示商品,引导顾客到线上下单消费。但这一模式为人诟病,展示商品的购物体验较差,且种类偏少。新的"顺丰优选"上线后对社区功能性定位已经有了清晰的认识,那就是解决厨房生鲜商品的仓储功能,并且充分利用顺丰"快"的特点,完成生鲜商品的快速配送。

新的"顺丰优选"门店体系采用委托管理模式,与过去公司提供店面由受托者经营截然不同。创业者承担房租和人工费,顺丰承担门店的装修和商品供应,创业者需要交纳30万元的履约保证金,无违约情况下合同期满可全额返还。在收益分成上,"顺丰优选"实体店的收入主要有两部分:一是商品销售分成收入;二是快递自寄自取收入。新的"顺丰优选"门店,在丰富商品门类的同时,还保留了向线上引流的功能,为用户提供"全渠道"的购物体验。通过线上"顺丰优选"电商平台交易产生的业绩与线下分成。所有实体店连锁经营的管理,考验的都是公司的整体管理与监督能力。"顺丰优选"这种招商方式,虽然大大地降低了顺丰自身的经营风险,但对于加盟门槛较低、品控难以把握的问题,非常考验顺丰的功力,标准化做得好不好,服务到不到位,直接影响顺丰优选线上与线下共同的发展。

2. 圆通电子商务

2017年4月,圆通速递通过官方微信公布了"圆通妈妈商城"正式上线的消息。根据其官方介绍,该线上商城以全球商品为经营方向,包括母婴用品、美容彩妆、个人护理、营养保健、家居清洁、环球美食、粮油调味、地方特产等,目前已上线微信商城和安卓版APP。

【案例】

快递＋电商｜圆通线上平台助推农产品大卖

2017年中旬,圆通蛟龙集团旗下——上海圆通新龙电子商务有限公司(以下简称圆通新龙)收到了来自山东省嘉祥县常青苹果种植专业合作社送来的锦旗。原来在圆通"快递＋电商＋助农"的助推下,当地2万斤滞销苹果在三天内销售一空,解决了果农的燃眉之急。

圆通"快递＋电商＋助农"模式,不仅助推农产品大卖,也致力于"打通上下游,构建生态圈"的探索。据悉,近年来,以圆通速递为代表的快递企业在助推农产品热销上发挥了积极的作用。

除了嘉祥县的苹果,圆通还在积极助推陕西省周至县的猕猴桃出山。周至县是"中国猕猴桃之乡",猕猴桃栽植面积41.6万亩,占全国栽植面积25%,年产鲜果49.0万吨,占全国总产量40%。8月下旬,圆通开始在公司支付宝生活号、微信公众号等渠道对周至猕猴桃进行推广。目前周至猕猴桃在e城e品微信商城、淘宝店的销售量已近1万单,总销售额数十万元,为推动周至县猕猴桃"从山里到舌尖",为果农实现降本增效,为助力秦岭佳果更快、更好地销往全国、走向世界提供了有力保障。

除了苹果、猕猴桃、红薯,圆通线上平台还积极推广销售花生、黄桃、梨子、石榴、莲藕、冬枣等各地农产品,不但增加了农民收入,而且提高了圆通当地网点的快件业务量,取得了不错的反响。

为了更好地推动"快递＋电商＋助农"模式,圆通蛟龙集团投资成立了山东妈妈商城电子商务有限公司,专项推动农村快递电商公共服务中心建设,促进快递下乡的同时积极地推进各地特色农产品销售额度和品牌知名度,解决单一平台的销售难题。

资料来源:搜狐网 2017-09-11 http://www.sohu.com/a/191353806_175670。

思考与讨论

1. 邮政快递业务的几种分类规则。
2. 按投递方式、运输方式、收取方式分别对快递业务类型进行分类。
3. 国际 EMS 的业务分类和主要服务内容。
4. 代收货款的特点是什么？
5. 快递有哪些增值业务？主要内容分别是什么？
6. 仓配一体化的概念和特点。

第3章　邮政与快递企业运营管理

【本章学习目标】

1. 掌握邮政快递企业的主要运营模式；
2. 掌握不同模式下快递企业的组织架构；
3. 了解邮政快递企业网点的组织管理。

【本章学习重点】

1. 邮政快递企业主要运营模式；
2. 不同快递企业组织架构的区别；
3. 快递企业网点组织管理的方式。

【本章学习难点】

1. 不同快递企业组织架构的区别；
2. 快递企业网点组织管理思路。

【引例】

顺丰与同行的经营可比性

据2016年财报信息，顺丰控股2016年营业收入574.83亿元，归属上市公司净利润41.80亿元。顺丰的营收是中通快递、申通快递、韵达快递三家营收之和的两倍多。

（1）未来物流行业会从人力密集、资本密集走向科技密集

虽然营收能力强劲，但顺丰也面临着诸多挑战。

顺丰董事长王卫在2017年3月业绩说明会上坦言，如何从提供单一的快递产品和服务向全面综合物流服务提供商的转变，如何在客户可承受的成本水平下提供更有人性化的服务，是顺丰面临的最大挑战。

除了巩固自己的优势业务速运，顺丰正在拓展多种类型业务。目前，顺丰投入资源积极拓展冷运、同城配、仓配、重货、国际快递等新业务领域，加强提供整体解决方案的能力。同时，顺丰将持续加大对信息系统和自动化设备的投入，提高操作效率。

同城快递是一个高速增长的市场，顺丰在这方面已经开始布局。据了解，自2016年5月起，顺丰快速组建专职的同城配送团队。截至2016年12月31日，顺丰在全国已组建完成近4 000人的专职配送团队，服务的品牌和客户包括肯德基、麦当劳、百度等。

王卫判断,未来物流行业会从人力密集、资本密集走向科技密集。顺丰立志成为一家以科技驱动发展的企业。值得注意的是,在顺丰的募投计划中,在 IT 项目投入高达 11.19 亿元。

"我们希望在未来几年会加大科技投入,建立更强大的科技人才库,保持在物流行业的领先地位。"王卫表示。

(2) 顺丰和同行有可比性又有不可比性

顺丰和"桐庐帮"快递企业分属中国快递行业的直营、加盟两大阵营。

王卫认为,顺丰和同行既有可比性又有不可比性,可比是同为快递企业,不可比是经营模式。顺丰是 A 股唯一一家采用直营模式的快递公司,直营的优势是业务流程标准化、规范高效、绝对控制力强等。总的来说,成本可控,投入可控,经营效率可控。但直营也有自己的缺点,资产偏重,投入较高,但长远来说投入产出效率高。"未来快递行业的趋势是轻重结合。"王卫表示。

谈及与圆通、申通等通达系快递公司共同成立快递柜、运营商、丰巢科技等合作,王卫表示,顺丰愿意在互惠互利的基础上与其他同行合作。

目前,快递市场的价格战愈演愈烈,越来越多的国内客户愿意为更好的服务付出更高的价格。此外,行业内的主要公司已经上市,未来要向资本市场和股东负责,所以日后竞争应会趋于理性。

(3) 顺丰发力无人机、全货机运输

顺丰继续加码航空运输能力。

在 2016 年业绩说明会上,顺丰方面还透露,顺丰是中国最早提出和布局物流领域无人机应用的公司,2013 年已开始测试无人机送递包裹。截至 2017 年 2 月,顺丰申报和获得在无人机领域专利数量达 111 项,包括发明专利 51 项,实用新型 54 项以及外观专利 6 项。

除了布局无人机,顺丰还在不断加码货机拥有量。目前,顺丰共有 51 架飞机,包括 36 架自有飞机。

关于顺丰的航空计划,王卫这样表示,目前机场枢纽项目(顺丰集团与湖北省共建的鄂州机场)正在筹划阶段,尚需通过相关政府部门的审批,若有进一步消息,顺丰会向市场公布。"未来我们会进一步提升机队规模,加强公司航空网运输能力。"王卫表示。

资料来源: 新浪科技 http://tech.sina.com.cn/i/2017-03-23/doc-ifycstww0717892.shtml?cre=zlpc&doct=0&loc=1&mod=f&r=9&rfunc=100。

顺丰与同行有着怎样的经营可比性?本章尝试从不同角度来介绍。

3.1 邮政与快递企业主要运营模式

目前快递公司的经营模式主要可以分为三大类:直营模式、加盟模式和混合模式。

在直营模式下,总公司直接管理各分公司,各种经营决策由总部制订,分公司在总公司的统一管理下进行各项活动。

加盟模式加盟店通常需要支付一定费用,达成契约关系后,总公司允许加盟店使用总部公司的资源,并向加盟店提供指导,使加盟店快速地了解经营流程。

混合模式是指总公司部分采取直营模式,部分采取加盟模式,对于加盟的部分,总公司对其进行监督、管理,以规范其行为。

不同的经营模式各有其优缺点,直营模式便于统一指挥和管理,缺点是企业经营成本较高,同时,也要承担由于某个分企业违规经营产生的法律责任;加盟模式的优点是投入少、扩展速度快,缺点是对加盟企业的管控力度小,容易出现被动的现象;混合模式兼有加盟模式和直营模式的优点和缺点。

3.1.1 直营模式

直营模式是指由公司总部直接投资、经营、管理经营网络和路由的经营形态,是我国快递经营模式的发展方向之一。在我国,典型企业有中国邮政速递物流股份有限公司(以下简称EMS)和顺丰速运(集团)有限公司(以下简称顺丰)。这种快递企业的主要特点是总部与分支机构均属于统一法人,总部与分支机构不存在利益冲突,两者利益是基本一致的。

这种直营的管理模式有效地解决了公司分散各自为政的困境,然而过多的层次也使得管理无法贯彻到位,这也是多数大企业无法避免的困境,唯一的办法就是实现企业信息化,促进信息的快速传递。

1. 直营模式的优点

(1) 经营管理统一化,易于发挥整体优势

公司统一制订经营战略,并分解到各分子公司,通过职能部门协调一致,统一开发市场,由公司进行技术研发和整体性运用规划,可以统一调动资金,能快速地响应,最终形成有效的整体。

在直营模式下,快递企业统一资金、统一经营战略、统一管理人事、统一利用企业整体资源,完美地体现和执行公司的行销理念,维护统一的形象与品牌。企业各个网点能够在多方面达成共识,从而能够很好地支撑快递服务。

(2) 服务水平高

直营快递公司由于统一管理,员工的着装标准统一、服务规范一致,由上而下的指令能很好地被执行,横向之间的配合也很默契,员工维护品牌的意识较高。

(3) 员工队伍稳定

目前直营快递企业有非常规范的人力资源体系,员工待遇和福利比较好,同时企业注重员工培训,通过对不同级别的员工进行分类培训,提高了员工素质,也给员工一个好的发展空间,稳定了员工队伍。

(4) 信息化程度高

由于直营公司是全公司的一盘棋,总公司的经营战略能统一实施,所以在一些技术引进和开发上要优于加盟类企业。

直营店抛开了中间代理、加盟环节,直面消费者,通过与市场的直接接触,可以获得更有效的市场信息,从而可以获取更多的利润,同时有利于企业做出更为正确的经营决策。

直营快递企业在科技水平、信息化水平、装备水平上整体较高,有自己长期合作的运输

车队和航空公司,投递速度快,办事效率相对较高,业务操作比较规范,同时业务处理能力较强,在快递行业优点突出。

2. 直营模式的缺点

（1）需要拥有一定规模的自有资本,发展速度受到限制

与加盟型企业相反,采用直营模式的企业在需要扩张,增加网点和生产设备等的时候都需要投入大量的资金,如果没有一定规模的自有资金,就不能在第一时间完成决策,很难在信息万变的市场竞争中抢占先机。

受此影响,直营模式下的企业对一个地区的直营店数量需要严格控制,因而快递服务网络覆盖范围相对较小,一般仅覆盖到地市级,网络拓展的速度相对较慢。

（2）管理系统庞杂,容易产生官僚化经营,使企业的交易成本大大地提高

直营模式快递投资周期较长,需要较长时间来打造品牌、培育团队、拓展业务、营造文化;管理成本相对较高,一旦企业发展到一定规模,直营店过多必然会引起组织管理的问题;各分店自主权小,利益关系不紧密,各分店的主动性、积极性、创造性难以得到充分地发挥。

【案例】

顺丰收权行动

1999年之前,一心扑在市场上的顺丰,网点和人员逐渐增多,被"承包"的各个片区开始形成各自为政的局面。在一些片区,员工只知自己的经理,不知有顺丰的老板。而有一些地区负责人的行为出格,无法约束,与顺丰的关系日渐紧张,大有形成诸侯割据之势。而个别权力和影响力过大的负责人,甚至把业务带走单干。"老鼠会"的名声,在此时开始悄然传出。

此时,顺丰不动声色地开始了全国的收权行动。

顺丰董事长王卫采取一刀切的收权方式,想留下来的,产权全部回购,否则走人。经过两年的"整顿",顺丰的架构和各分公司的产权明晰起来。为了将代表话语权的所有资产牢牢地掌握在自己手中,即便是在创业中跟随他十几年的人,王卫也不分给一分钱的股份。2002年,历经了人员大清洗、组织结构大变革的顺丰,终于成立了自己的总部。

由于采用分成的管理模式,业务员会把工作当成自己的事情来做,在片区负责人的带领下,业务扩展的速度是飞快的,但权力和影响力过大的负责人很容易把业务带走,这个问题困扰的不仅仅是顺丰一家公司。对此王卫的办法很简单,就是增加顺丰对客户的黏性。别人承诺48小时到,我能做到36小时到。别人也做到了36小时,我就把速度缩短到24小时。这种优势的背后是有强大的后台支持系统。

一些负责人离开顺丰之后,凭借自己片区的业务资源,自己开了快递公司,或者转投别家,但鲜有"成大气"者。归根到底,无论是自己做还是加盟别人,他们承运的快件都快不过顺丰,至少都有半天的差距。而客户一旦发现这些差异,又会回来再找顺丰。因此,王卫收权的过程并没有对公司造成元气上的伤害。

完成调整后的顺丰,从2002年开始正式地向华东扩展,随着管理进入正轨,王卫的目标也从自发复制,转向主动铺开一张全国性的立体网络。

资料来源:搜狗百科 http://baike.sogou.com/v140134.htm?ch=ww.xqy.xgbk

3.1.2 加盟模式

加盟模式(特许权经营模式)是指特许经营机构将自己拥有的商标、专利和专有技术等,以特许经营合同的形式授予被特许者使用,被特许者按合同规定在统一的业务模式下在特定区域从事经营活动并支付相应的费用。主要特点在于总部与加盟商均为独立的企业法人,两者的法律地位是平等的,因而存在利益多元化的问题。在这种模式下,首先是总部按区域设立总加盟商,之后总加盟商下面继续划分给更小的加盟商分包,一直分包到最基层的网点。总部提供网络接入,并对加盟商在人员培训、组织结构、经营管理等方面给予协助,而加盟店也需付出相应对价的经营形态。

在企业的发展初期,总部可以收取加盟费授权经营,借助加盟商的资金、人脉、管理资源迅速地进入当地市场、占有市场。加盟商自行招聘员工、自行定价、自行制订策略抢占市场。所以通过加盟形式在较短的时间内就可以将业务覆盖到全国,能够很快地形成自己的品牌。

在民营快递公司中,加盟性质网点所占比例甚至高达90%以上。加盟模式的主要特点是:加盟总部仅提供必要的形象、品牌、培训和管理等支持,各加盟点独立经营、独立承担法律责任、自负盈亏。加盟模式具有资金投入小、成本低、规模和服务范围发展速度快等优点。但加盟模式也存在一些缺点:各加盟商容易各自为营,缺乏团队合作精神,不便于统一管理、统一运营,在经营管理上很难做到一体化、标准化和规范化,而且加盟商的扩张过快容易导致服务跟不上或品牌形象大打折扣等现象。

在快递行业,加盟模式代表性的企业有申通快递、韵达快递等,当前"四通一达"业务基本覆盖了全国地级市、部分县甚至东中部地区乡镇。

(1) 加盟模式的优点

① 启动成本低。加盟型快递企业一般是由母公司发起,建立一个运营平台,将区域细分,每个细分块由加盟方投资经营。加盟方可以进一步将本区域进行分割承包,形成一级加盟、二级加盟、三级加盟甚至更多,最终由每个加盟企业或个人来分担启动成本。

② 发展速度迅速。企业在发展过程中,通过加盟建立新网点,一般新网点公司熟悉当地市场,甚至有现成的客户,这便于企业飞速地扩张。

③ 利润高。在快递收入持续增加的情况下,加盟模式民营快递企业成功地避免了某些快件较少的快递网点可能经营不善的问题,促使其始终保持较高的盈利水平。

(2) 加盟模式的缺点

① 加盟公司管理松散。加盟型快递企业从形式上是简单的结合,上级通过经济罚款等方式管理下级部门,加盟企业对公司缺少认同感,两者之间仅通过经济利益进行连接。

② 服务水平不统一。在目前客户投诉中,加盟型快递企业快件的延误、破损、丢失等情况占了大半,同时各加盟网点由于管理者素质有差距,其服务水平也存在较大的区别。

③ 加盟关系不稳定。加盟关系是建立在经济利益基础上,一旦利益基础动摇,加盟关系也随即瓦解。另外,当加盟企业经营状况非常好的情况下,公司也会希望收回该网点的经营权。

④ 人才流动大。加盟型民营快递公司发展初期主要通过整合农民工,使用自行车等简易工具,直接靠体力劳动来完成快递服务。但随着公司的壮大,企业需要不断地引进具有更

高水平的人才来完善企业管理,此时企业由于缺少相关经营,不能提供一个合理的发展空间和福利待遇,最终导致人才流动大。

⑤ 家族性企业,不易管理。民营快递公司从夫妻店、兄弟坊发展起来的,在公司规模变大后,这些关系员工之间也会存在互相争权夺利的情况。

⑥ 市场定位低,不易开发双向客户。对于跨区域经营的较大型企业,其售后与生产分处两地,这种类型的客户不仅需要的是单向快件服务,更需要跨区域的双向快递服务,加盟性快递公司则会因为管理、权属上的特殊性,很难为这类客户提供完整的服务。

加盟体制问题很多,其深层次原因在于每个加盟商都是利益中心,为维护各自的利益,加盟老板通常以成本为导向,为避免亏损,不惜牺牲服务质量。各加盟商间进行同质化经营和价格战,在内部管理上比较粗放和松散。这种管理体制往往不能够很好地适应市场和消费者的需求。

加盟模式快递企业的管理仍存在较大的问题,在发展过程中,加盟模式与直营模式企业互相借鉴,以谋求企业的发展。

【案例】

快递网点频频"爆仓"加盟体制始终是一大隐患

数据显示,2016 年中国快递业务量达 312.8 亿件,较 2015 年增长 51.4%,预计 2017 年将达 465.5 亿件。中国快递行业持续发展,快递业务量的快速增长导致对网点与快递员数量的需求增加。但即时配送服务行业的兴起、网店管理制度趋紧等因素使快递员流失、网点减少,快递行业末端服务供不应求,成为快递业扩展短板。

一边是总部业务量要求,另一边是电商压价,中间还有同行竞争,处在一线的快递网点不得不打价格战,使得利润持续下滑。在管理上,总部通常用下达业务量指标、返点、罚款等简单的形式对加盟商进行管控,而由于总部的强势地位,常常容易把过高的成本和风险转移给加盟商,导致加盟商面临更大的经营压力。

2017 年,伴随着快递上市竞争加剧、市场增速放缓等趋势,快递网点的竞争压力将会持续增大,快递企业也将面临更大的管控风险。对于"通达系"快递企业来说,仅仅是引进高科技、自动化设备还不够,能否解决好加盟模式的管控难题,将直接决定能否提供稳定可靠的快递产品和服务,而这会是未来快递竞争的关键。

2017 年 5 月,一条快递派件费上调的消息闹得沸沸扬扬,在各方都还在等通知的大背景下,"羊毛出不出在羊身上"成了争论的新焦点。有分析人士认为:短期快递无上涨基础,民营快递企业竞争依然胶着,繁荣背后正危机四伏。不过也有业内人士认为,通过此次上调快递派件费,或将推动快递企业加强末端服务管理,促进加盟式快递网点的密集与完善,在"最后一公里"脱颖而出。

从百世、申通、韵达等快递企业相关负责人反馈的情况来看,通过价格战实现跑马圈地之后,大家开始在服务质量上有所强化。"各快递品牌逐步意识到价格战的危害,部分快递企业从 2016 年开始跳出价格战,通过寄递各环节的服务优化、以时效为基准的产品优化、新业务领域的开拓进行企业转型。"邮政管理局相关工作人员表示。

快递行业在2020年后将进入稳定期,服务升级经过并购整合,存活下来的企业,未来的竞争会集中在成本控制、管理能力(加盟商)和服务质量上。

2016年我国快递业务量达到史无前例的300亿件,从这个数据就可感受到电商行业迅猛的发展势头和快递行业潜在的拓展空间。在互联网巨头京东、阿里纷纷涉足物流,城市众包物流逐渐蚕食市场份额的背景下,民营快递或将迎来一次生死存亡的考验。

要想彻底改变,需要进行断臂之痛。民营快递业倘若能够从此次"倒春寒"中见微知著,早日着手开启转型升级之路,走出低谷、再上新台阶就值得期待。

资料来源:北京时间 http://item.btime.com/02jqqv8batcomm38ra8a46npqtl。

3.1.3 混合模式

在快递行业中,除了单一的直营模式和加盟模式外,综合二者优缺点的混合型模式应用也较多,快递企业混合方式多样,主要有以下几种。

1. 传统混合型

传统混合型是公司将一部分地区对外加盟,并授权加盟企业在这些地区享有市场经营权、管理权等,总公司不参与任何经营活动。传统混合型有两种原生态。一是直营为主,一般来说是在主要城市建立直营网点,而在市场未开发地区采取加盟,目的是加快网点的建设而采取的做法。二是加盟为主,这类企业出现直营主要是因为出现经营不善、无人加盟的区域而由总公司直接经营,或者是总公司选择市场比较成熟的地区,采用购买经营权的方法回收,这些区域由专人自行经营,但经营方式、方法与总公司不一样。

2. 现代混合型

由公司总部直接投资建立一个管理平台,在所有业务经营地区建立自己的管理公司,部分或绝大部分采取加盟的形式,通过管理公司对当地进行市场规范管理,监督加盟者或企业是否按照公司统一规范进行业务开发和市场经营。这类模式对加盟方只出让市场开发的权利,这是一种相对先进的混合方式。

这两类混合型都具备加盟模式和直营模式的部分优点,并弥补了单一模式的部分不足。但两者又有很大的区别:

(1)给予加盟方的权利不一样。传统混合型是将整个地区的经营区出让,总公司不参与任何管理;现代混合型只是将地区的市场开发权利出让,经营管理权为各分公司所有,分公司会参与到所有加盟商的业务管理中去。

(2)回收的难度和风险不同。从整个总公司经营战略出发,需要对一部分地区进行回收,传统混合型的难度相对较大,有可能会失去整个地区的业务;现代混合型可以做到"人走业务留",不会因为加盟者的变更,完全失去客户。

(3)现代混合型更类似直营模式,能够完全具备直营的优点,可以在所有网点间操作双向业务,而传统混合型却很难做到。

【案例】

顺丰再次发力乡镇，开启加盟制与直营制混合模式

2017年4月，顺丰通过区域代理模式启动乡镇加盟。这与之前顺丰一直延续的直营制相反，其选择在欠发达地区通过"员工创业加盟"的方式完善乡镇"最后一公里配送"。

上市后的顺丰第一个大动作即将通过区域代理模式在多地启动乡镇加盟。2017年4月第一批顺丰乡镇代理站点主要落在华中、华西和华北的经济欠发达地区，招标的业务区分别有四川区、赣南区、山西区和广西区。

据透露，顺丰加盟只针对内部员工开放。准确的说是顺丰鼓励内部员工创业农村网点，不针对社会公开招募，且保持直营。其次，站点的硬件、软件设施都跟一、二线城市一样，收件、派件全程运作都会实时接入顺丰大平台系统中，同时，运行统一的经营标准。这些代理点在5月份顺利投入运营，顺丰的代理站点将全面推行"顺丰标准"，目的就是要让更多的乡镇级消费者享受到顺丰的优质服务。

但是据消息称目前顺丰不配置把枪、扫描仪等，所有硬件设备、设施由代理商自行购置。但会提供收件必备物料(如运单、包装袋、文件封等)，信息传递采用APP软件替代现有的终端功能，在硬件上降低代理商的成本投入。

代理商代理前期可不投入专用运营车辆，当日均收派件总量达到100票时，再投入专用支线运输车辆，以确保快件的时效和安全。

下面和大家讨论几个问题。

第一，为什么第一批顺丰乡镇代理站点要选择在欠发达地区展开？

随着互联网经济与消费的不断发展，电商可以说对于日常消费品比较匮乏的地区是一个巨大的商品库的补充，同时价格又非常有竞争力，而且质量是农村或者四、五线城市比不了的。

电商在占据中国七成多人口的县、乡消费人群的需求和购买力高速猛增会是一个必然的趋势。目前，我们已经看到很多制造、消费型企业也都把三、四线以下市场作为未来的重要战略。

这使得中国四线以下(县、乡一级)的物流需求会大大增加，也对物流服务覆盖的广度和深度都提出了更多的需求。

所以，从布局上来看，第一批顺丰乡镇代理站点主要落在华中、华西和华北的经济欠发达地区。这个物流的渗透节奏恰恰也是如今中国网购市场的竞争主线。

第二，顺丰采取区域代理的目的和意义何在？

首先，对于顺丰来说，采取区域代理的方式能迅速且低成本地提高区域覆盖率，提升市场占有率，满足偏远区域的客户需求；

如果用直营模式进军农村市场，成本和价格会完全倒挂，在农村布局越广，越容易亏损；开放加盟和代理以后，既能解决网络覆盖所面临的深度和广度问题，又能非常有效地节约成本。

同时采用内部员工代理的方式能提升顺丰对代理区域内收、派件的掌控能力,加强收、派件全程监控,保障快件运营质量。

第三,顺丰继2013年后再次发力开放乡镇为的是什么?

从表3-1我们看到,顺丰自2013年开放加盟到2016年已有三年多了,但是,对比EMS和"三通一达",目前其网点数量明显是不占优势的,同时在县、乡网络还是缺乏深度。与国有的EMS和加盟制的"三通一达"不同,EMS本来就在乡镇有强大的邮政站点网络支持,而"三通一达"通过加盟的方式也在短时间内快速地在乡镇铺开了网络。

表3-1 资产情况

资产类型		顺丰	圆通	申通	中通	韵达	天天
运输设备	飞机/架	54(自有39)	10	1	0	0	0
	汽车/万辆	16	3.20	—	0.36	—	—
网点数量/个		13 000	24 000	10 000	26 000	20 000	10 000

如果顺丰继续使用以往的直营扩张模式,成本高需要大量的资金,扩张的速度会很慢,到时在县、乡的市场占有率会进一步地被竞争对手侵蚀。

面对下一个高速增长点的电商县、乡市场,很多物流企业已经看到县、乡的物流需求也会猛增。

所以,面对下一个高速增长的县、乡物流市场背景,顺丰希望通过"员工创业加盟"这种快速且低成本的方式去完善乡镇"最后一公里"配送,提高乡镇的网络覆盖率,提高市场占有率。这是顺丰上市后必须大力发展的,也是今年顺丰的重要战略之一。

为了保证其服务品质,顺丰农村站点走的是直营式管理、独家代理的模式。开业前对员工进行细致的培训,合作中也会有不定期的统一免费培训,包含运营流程、操作规范、异常处理等;顺丰鼓励内部员工自己代理农村网点,并专门设立了创业扶持基金。也可以由内部员工引荐代理商,但不对社会公开做大面积的招募。

顺丰此番尝试能否取得预想的效果,让我们拭目以待。

资料来源:亿欧网 http://www.iyiou.com/p/43912/fs/1。

3.2 邮政与快递企业组织架构与管理

企业组织架构是进行企业流程运转、部门设置及职能规划等最基本的结构依据,它是一种决策权的划分体系以及各部门的分工协作体系。组织架构需要根据企业总目标,把企业管理要素配置在一定的方位上,确定其活动条件,规定其活动范围,形成相对稳定、科学的管理体系。没有组织架构的企业将是一盘散沙,组织架构不合理也会严重阻碍企业的正常运作,甚至导致企业经营的彻底失败。相反,适宜、高效的组织架构能够最大限度的释放企业的能量,使组织更好地发挥协同效应,达到"1+1>2"的合理运营状态。

3.2.1 企业基本组织架构

组织架构(organization structure)就是组织中正式确定的使工作任务得以分解、组合和协调的框架体系。目前企业中基本组织架构主要包括职能型结构、事业部型结构、矩阵型结构、横向型结构、虚拟网络型结构和混合型结构 6 种类型。

职能型结构(functional structure)是按照相同的职能将各种活动组织起来的一种组织结构,主要适用于产品种类较少,外部环境比较稳定的组织。职能型结构促进了职能领域内规模经济的实现,避免了资源的浪费,并且有利于管理人员强化专业管理,更加熟练地掌握本职工作技能,不断地提高工作效率。但是职能型结构决策容易堆积在高层,使得组织对于外界环境的变化不能快速地做出反应。其组织结构如图 3-1 所示。

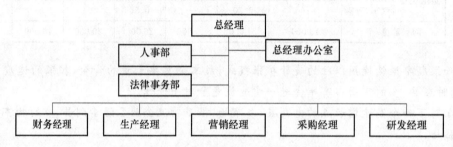

图 3-1 职能型结构

事业部型结构(divisional structure)主要有产品分部型和区域分部型。产品分部型也称作战略经营单位,一般按照单项的产品或服务、大型的项目或者事业等来组建事业部。区域分部型是按照地区分设经营单位,将某个地区或区域内的业务集中起来,交由区域经理进行主管的结构。事业部型组织结构主要适用于产品多元化、品种多样化、跨区域独立经营的大型组织;其具有灵活性,能较快适应不断变化的环境,有利于变革,可以拥有持续的竞争力。但是事业部缺乏对组织整体目标的认识,对各事业部的协调较为困难。其组织结构如图 3-2 所示。

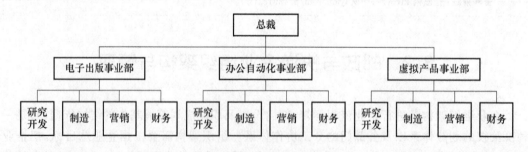

图 3-2 产品分部型事业部结构

矩阵型结构(matrix structure)是指从各个职能部门中抽调有关专家,分派他们在一个或多个由项目经理领导的项目小组中工作的一种组织结构。矩阵型结构能同时使用产品事业部和职能结构,产品经理与职能经理在组织内拥有同等的权利。矩阵型结构最适合环境变化大、存在跨产品线共享稀缺资源压力,需要提供多方面关键产出的组织。其优点是资源

（人力、设备）可以在不同产品线之间灵活分配，员工也能根据个人兴趣获取职能技能或者一般管理技能，组织也可以更好地适应不断变化的外界要求。其缺点是员工需要同时向两个上司负责，容易让人产生混乱感，更需要职工拥有高超的人际技能和解决冲突的能力。其结构如图3-3所示。

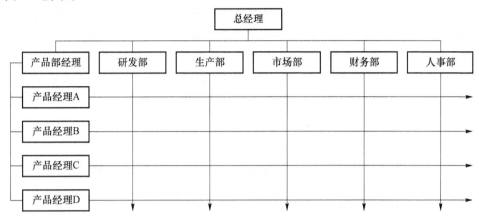

图 3-3 矩阵型结构

横向型结构（horizontal structure）是按照核心流程来组织员工的。与以往将工作划分为不同职能部门的职务不同，横向型结构强调的是横向贯穿整个组织的核心流程，将员工按团队组织起来共同工作、服务顾客。它按照业务流程最终的绩效目标（基于给顾客带来的价值）以及顾客满意度、员工满意度和财务贡献等指标来衡量效果。横向型结构以顾客为中心，极大地提高了组织的灵活性和对顾客需要的反应能力；同时打破了职能部门间的边界，员工对组织目标也有了更清晰的认识，使组织成员更加注重团队合作，以实现共同的目标。但是横向型结构在核心流程的确定上存在着困难，对员工自身素质的要求也更高，甚至可能限制了员工在某一方面技能的纵深发展，因此这种结构的实施对组织本身就存在挑战。其结构如图3-4所示。

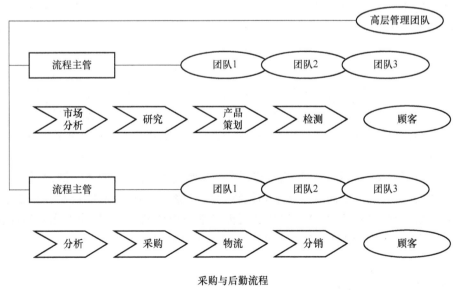

图 3-4 横向型结构

虚拟网络型结构(virtual network structure)是指组织通过签订合同,将许多甚至大部分主要流程外包给其他不同的组织,并通过一个很小的总部来协调他们活动的一种组织结构。虚拟网络型结构适用于拥有某种核心控制能力的组织,它能集中精力做好自己最擅长的事情;同时能够配置好资源,有效地控制相关组织工作的进程,以确保组织能够顺利地完成各项工作任务。其优点是无论多小的组织通过网络型结构都能在全球范围内获取资源,实现企业真正的全球化;同时能帮助小企业开发新产品和新服务能迅速投入营销,组织反应迅速,能根据需求的变化配置资源,并给予顾客最好的服务。但虚拟网络型结构缺乏控制,管理人员需要通过合同、协调与谈判等方式才能将这些活动整合起来,大大地增加组织在关系管理和解决冲突上的成本;同时,网络型组织的员工忠诚度较低,组织与员工间情感连接较少,离职率也较高。其结构如图 3-5 所示。

图 3-5 虚拟网络型

混合性结构(hybrid structure)将各种组织形式的特点综合起来,利用了各种结构的优点同时避免了某些缺点,在如今迅速多变的环境中应用广泛。福特汽车公司的顾客服务事业部就将职能型和横向型结构的特点相结合,在事业部内设立了数个横向联结的小组,将不同技能的团队组织在一起完成配件供应与物流、汽车维修服务与规划、技术支持等核心流程,在每个流程组任命一名流程主管负责各团队共同实现总体目标。同时该事业部在财务、战略与沟通、人力资源等职能上仍保留职能型结构,以为整个事业部提供服务。

目前国内邮政与快递企业根据自身特点的不同,其组织架构也有所区别。

1. 中国邮政速递物流

中国邮政速递物流股份有限公司(简称中国邮政速递物流)是经国务院批准,由中国邮政集团公司作为主要发起人,于 2010 年 6 月发起设立的股份制公司,是中国经营历史最悠久、规模最大、网络覆盖范围最广、业务品种最丰富的快递物流综合服务提供商。

中国邮政速递物流在国内 32 个省(自治区、直辖市)设立分支机构,并拥有中国邮政航空有限责任公司、中邮物流有限责任公司等子公司。截至 2016 年年底,公司注册资本 150 亿元人民币,资产规模超过 600 亿元,员工近 16 万人,业务范围遍及全国 32 个省(自治区、直辖市)的所有市县、乡(镇),通达包括港澳台地区在内的全球 200 余个国家和地区,自营营业网点超过 5 000 个[①]。

中国邮政速递物流主要经营国内速递、国际速递、合同物流等业务。国内、国际速递服务涵盖卓越、标准和经济不同时限水平和代收货款等增值服务;合同物流服务涵盖仓储、运输等供应链全过程。中国邮政速递物流公司拥有享誉全球的 EMS 特快专递品牌和国内知名的 CNPL 物流品牌。中国邮政速递物流公司的组织架构如图 3-6 所示。

---

① 数据来源:中国邮政速递物流官网。

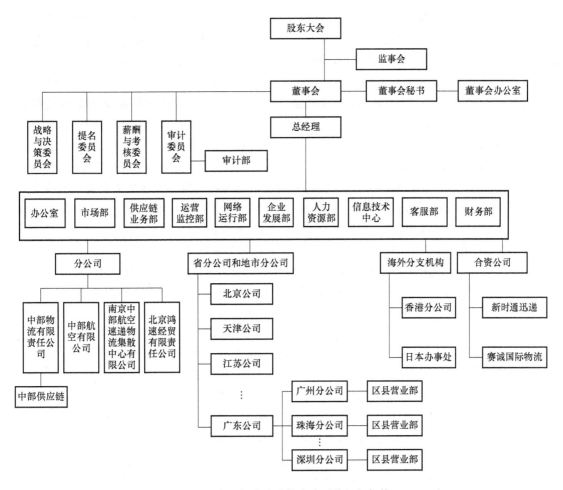

图 3-6 中国邮政速递物流公司的组织架构

中国邮政速递物流（以下简称 EMS）根据所在地区特点不同，其组织架构也有所区别。

中国邮政将快递业务进行拆分，并于 2010 年成立了中国邮政速递物流股份有限公司，以独立经济体的形式全面参与中国快递行业的竞争。以广东省邮政速递物流为例，为了适应市场竞争，广东省 EMS 经历了以 2011 年为分水岭的转型升级。

2011 年之前，广东省 EMS 的经营管理及目标沿用邮政公司固有的思路及方式，主要体现在以完成计划经济的经营任务为目标。2011 年之后，随着市场竞争的加剧和公司由于性质的改变而带来日益凸显的自身发展需要，广东省 EMS 转向以追求利润为导向，根据客户需求调整产品结构，不断加强并完善基础服务能力，与此同时强调成本控制和科学经营，以期发展出属于自己的核心竞争能力。广东省 EMS 是中国邮政速递物流股份有限公司最大的省级分公司，约占中国邮政 EMS 整体收入规模的七分之一。目前我国快递市场的发展现状可以概括为"两大板块，三分天下"。"两大板块"，即国内快递（包括同城快递和异地快递）和国际及港澳台快递两大业务板块；"三分天下"，则是国际快递巨头、国有快递企业和民营快递公司三方势力多元共存，相互竞争。

广东省 EMS 于 2010 年 6 月 30 日正式成立，内设 8 个职能部室、21 个地市分公司、7 个直属单位和 8 个全资子公司。2010 年广东省 EMS 拥有员工 1.2 万人，注册资本 7 亿元，主要从事国际快递,国内快递,国际国内邮件(含邮政专营业务)寄递,普通货运,批发兼零售预包装食品,货物进出口(法律、行政法规禁止的需取得许可证后方可运营),报关、报检类业务,国际货运代理等业务,拥有 EMS(特快专递)、CNPL(中邮物流)两个著名品牌。

广东省 EMS 经营业务主要分为两大块:速递、物流业务,其中速递业务又分为经济快递和标准快递。速递业务主要包括"当日递""次晨达""次日递"和国际承诺服务等精品业务,"代收货款""收件人付费""代客报关"等增值服务。物流业务主要包括合同物流、中邮快货和功能物流三大类,提供运输、仓储、配送、库存管理、代收货款等一体化物流。

2010 年 6 月 30 日之前,广东省 EMS 作为一个二级分公司,隶属于广东省邮政公司,是其内部的一个组织机构,其机构名称为"广东省邮政速递物流局",具体负责全省速递物流业务指导和具体管理工作,是一个具有专业管理职能的组织机构。其内部结构为非典型矩阵组织结构,采取总经理负责制,设置综合部、市场部、速递业务部、物流业务部、网络运行和质量监控部、人力资源部、计划财务部、技术发展部共 8 个职能部室、21 个地市分公司、5 个直属机构。其中,5 个直属机构分别是广州航空邮件处理中心、南方物流集散中心、物流营运分公司、11183 客服中心、三角处理中心;拥有 8 个全资子公司,1 个控股子公司,其中 2 个属于境外公司。组织管理上采取垂直管理机制,各专业只负责对口业务的管理,在区域机构层面进行汇总,属于非典型的矩阵组织类型。其组织职能为制订和落实全省关于速递物流专业发展战略,在全网层面进行职能管理,不涉及具体的经营任务,主要负责制订速递物流专业发展规划、网络组织与调度等。

2010 年 6 月 30 日,广东省速递物流有限公司正式成立,以独立法人的姿态进入市场,将地市分支机构纳入管理范围,全面接管邮政时代关于邮政速递物流运营的全部职能,包括落实本省特快专递的年度经营计划;负责本省特快专递业务的经营分析工作;负责本省市场研究和营销管理工作;落实上级部门布置的业务管理工作;指导所辖各级地市分公司特快专递业务的开发与管理;协调公司内部相关部门的业务关系。

地市速递物流公司的主要职责:负责落实本市特快专递业务的年度发展计划;负责本市特快专递的经营、管理、业务营销、客户管理及经营分析等工作,落实上级部门布置的业务管理工作;负责协调内部生产单位的业务关系。广东省 EMS 企业职能已完全转变为一个公司化职能,自主经营,以利润为导向,依靠自身经营实现其发展目标。

广东省 EMS 不再以一个部门的形式实现其使命,而是全方面传承邮政关于速递物流企业的使命。独立分营之后,广东省 EMS 从内部机构转变为一个企业,采取经理负责制,地市分公司总经理对分公司全盘负责,县区分公司经理对分公司全盘负责,管理行为则逐级上报,同时又接受专业垂直管理。其在省层面设置 8 个部室和 7 个直属单位,按行政区域设置有 21 个地市分公司以及 8 个全资子公司,完成企业机构的调整。广东省 EMS 的管理架构如图 3-7 所示。

其中综合部的职能主要是为协助公司领导协调处理行政方面的工作,组织上级和下级各部门和各分公司关于提案、文件的相关工作事宜,负责来访人员的接待工作以及文件的收发、签署发行、企业管理和文史归档、法规制度建立等相关工作,属于整个公司的后勤服务保障性管理部门。

计划财务部的工作具体包括计划和财务两个方面,主要负责国家关于计划、统计、财务和审计工作的方针和政策的贯彻落实,并结合公司实际情况制订实施办法。在公司运营过程中针对财务状况制订年度计划,并完成计划的上报、下达和在执行过程中进行调整等工作,对计划进度的情况进行跟踪掌握,协调解决计划实施中出现的问题和难点,确保计划任务的全面完成。此外,计划财务部也负责组织经济核算和会计核算工作,并组织审计部门完成财务审计和对大型项目的可行性报告的研究,负责预算和审计等财务工作。计划财务部的资金运行情况直接体现了公司的盈亏情况。

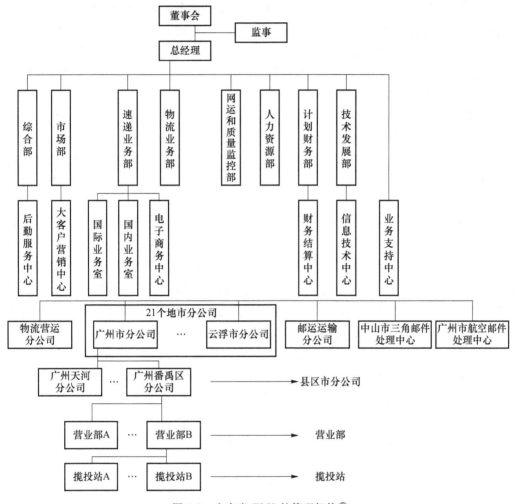

图 3-7 广东省 EMS 的管理架构①

作为一个国有企业,其人力资源部负责管理公司人事、劳资等工作,同时完成对行政管理干部、专业技术人才和后备干部的培养、培训、职称审批、干部任免、工作岗位调动以及工作表现奖惩等工作的部署和实施。此外,人力资源部也要贯彻执行党的路线、方针、政策的部署工作,以做好协助省公司党委做好党员、干部以及全体职工的思想政治工作。

速递业务部是邮政速递邮购业务的专业部门,更具有经营速递业务的需要。邮递业务部结合当地市场需求,根据市场实际情况制订速递邮购业务的计划,促进邮政通信事业的发

---

① 资料来源:广东 EMS 企业内部资料。

展,随时根据市场动态,完成市场预测活动,并及时调整经营方法和手段。此外,速递业务部也负责对组织生产、经营管理和新业务开发等市场进行综合管理,拓展速递市场,安排生产和调度工作,确保邮件投递过程中的安全和快速。

物流业务部是以185信息平台、货运平台、配送平台和仓储业务平台为主的物流中心体系,其为客户构建方便快捷的信息管理、信函运输、仓储分拨配送一体化物流配送中心。

市场部始终贯彻邮政通信业务的方针、指标及邮政业务的规章制度来执行工作。主要负责业务开发、营销方案的策划设计、业务宣传等工作,并结合本地区实际情况制订实施细则和组织落实工作。此外,市场部也负责邮政业务经营管理,组织邮政业务预测和社会调查,编制业务发展计划,安排指挥调度,对新业务的开发,搞好市场营销活动和业务宣传活动,为邮政业务的经营活动起到服务保障作用。

2. 顺丰速运

与EMS同样直营的顺丰速运在1993年成立于广东省佛山市顺德区,如今总部设在深圳市福田区。在持续强化速运业务的基础上,顺丰坚持以客户需求为核心,围绕快递物流产业链,不断丰富公司的产品和服务种类,针对电商、食品、医药、汽配、电子等不同类型的客户开发出一站式供应链解决方案。

截至2016年11月,顺丰覆盖了中国大陆32个省(自治区、直辖市),300多个大中城市及2 600多个县级市或县区。顺丰在大陆地区已拥有近1.5万台自有营运车辆,以及遍布中国大陆的1.3万多个营业网点,此外,顺丰拥有36架自有全货机,搭建了以深圳、杭州为双枢纽,辐射全国的航线网络。与此同时,顺丰积极拓展国际业务,目前国际小包服务可覆盖全球200多个国家及地区,国际快递服务已覆盖美国、俄罗斯、日本、韩国、新加坡、马来西亚、澳大利亚、新西兰、加拿大、巴西等50多个国家及地区[①]。

2017年2月23日,顺丰速运正式在深圳证券交易所上市。在2017年3月12日,顺丰控股发布了重组上市后的首份年报。年报显示,2016年度顺丰控股实现归属上市公司净利润41.8亿元,持续经营业务同比增加112.51%,其中快件业务量25.8亿单,同比增长31%。

目前,顺丰速运执行多元化发展战略。已进军生鲜电商市场和海外购物市场,已上线"顺丰优选"和"顺丰海淘"购物平台。顾客可通过网上购物平台选购心仪的商品并通过顺丰物流网络配送。截至2014年5月该企业已建立518家"嘿客"社区便利店。

如图3-8所示,顺丰速运采用了集团、经营本部、区部3级架构,区部层级下设职能部门和分部的组织机构,实施垂直化、一体化管理模式。总部制订公司的发展战略和各项公司制度;经营本部负责指导与督导所辖各地区经营单位市场的开拓和经营工作的开展;地区经营单位负责执行总部各项战略的落实,并统筹管理下设各营业网点的经营管理工作;分部是组织机构最后一个组织单位,其是以分部经理具体管理一、二线员工开展快件收、派服务等经营工作单位,也是最为重要的机构,市场开拓、制度执行、快件质量、客户满意等方面工作的落实都需分部承接完成。该种组织结构有利于企业总部对各经营本部及区部实行内部控制,实现快速上传下达的要求。

---

① 数据来源:顺丰官网。

在快递行业中,网点是直接与客户联系的前端服务窗口,拥有广阔的网络覆盖意味着该地区具有绝对的竞争优势。顺丰速运在创业初期采用自营和加盟的经营模式,这为其低成本迅速拓展快递网络覆盖提供了条件,但这种经营模式存在许多的问题。

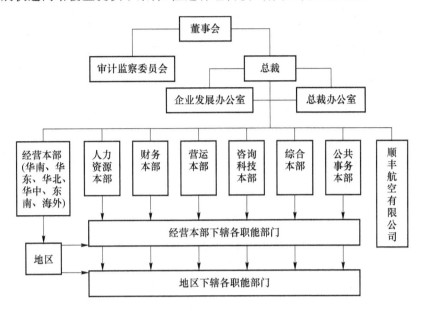

图 3-8 顺丰速运的组织结构

1999 年顺丰对加盟商高价收权,将全国的网点运作改成直营模式,直营模式可统一管理,提高服务质量与客户忠诚度。此外,为了拓展乡镇网点建设,顺丰正在推行"顺丰伙伴项目",鼓励企业内部员工自愿到乡镇建设顺丰网点。为了保障整体运转可控,整个运作流程及服务必须是顺丰的统一标准,准入原则是竞标考核流程和控制质量的能力达标,中标后网点需进行三个月试营运。

2014 年春节后该项目启动,已覆盖华中、华西、华北的乡镇超过 13 000 个,乡镇快件业务量已占顺丰总业务量的 10% 左右。该项目不仅拓展了顺丰乡镇网络体系,增加了其网络覆盖及乡镇快递业务量,而且将网点经营权授权给了了解顺丰管理模式与服务理念的内部员工。在提供顺丰优质的快递服务的同时,经营者可顺利地把握网点管理核心。该项目也为顺丰员工提供了创业机会,激发其潜在能量和提高市场敏锐度,展现出企业品牌内涵延伸的最佳途径。顺丰的经营模式经过加盟、直营到"直营+内部员工代理"模式,目前已取得了很好的效果。

3. 加盟制民营企业

除顺丰外的民营快递企业多采取轻资产模式的加盟制企业管理方式,其优点是成本低,可迅速复制,在一定程度上满足电子商务迅速发展带来的快递业务量激增,缺点是不便于快递企业总部对网点进行管理。

申通快递公司根据市场需求和公司发展设立各个部门,在北京地区,企业目前主要包括三大组织架构。①网络管理:负责对北京分公司网点进行管理。②内部营运:客服、分拣。③后勤支援:财务、行政、人事、IT 等方面。其组织架构主要由表 3-2 中的各部门组成。

表 3-2　申通的组织部门表

总经办(综合管理部)	航空部
运营发展部	股份制车队
网络管理部	北京站点管理办公室
服务质量中心	客服部
财务管理部	仲裁部
安全监察部	质控部
信息技术部	市内车队
后勤采购部	资产部
人力资源部	核算部
市场营销部	税务管理部
汽运部	结算部
操作部	物资部

全峰快递的组织架构分为综合管理、运营管理和网络管理，运营管理包含车队、干线管理。我国民营快递企业发展迅速，不断地进入新的行业，寻找发展机会，其组织架构均处于动态变化中。根据调查分析，其一般的组织架构如图 3-9 所示。

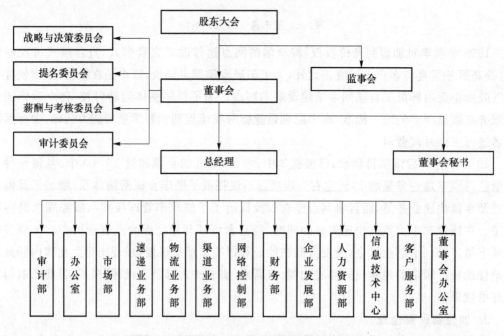

图 3-9　民营快递企业的一般组织架构(除顺丰)

一般情况下，公司按照相关法律法规和公司章程，设立了股东大会、董事会、监事会和经营管理层，制定了相应的议事规则及工作细则，设置了审计部、办公室、市场部、速递业务部、物流业务部、渠道业务部、网络控制部、财务部、企业发展部、人力资源部、信息技术中心、客户服务部、董事会办公室等职能部门。各个部门主要职能如下。

① 办公室：负责公共关系事务；负责与各级主管部门、公司内各部门、省子公司及控股

公司的沟通与协调;负责日常的法律事务工作;负责公司内的安全保卫工作;负责制订公司的工作规则和办公制度;负责信息管理、信访、档案管理和文件工作;负责公司的党群工作;负责后勤服务工作。

② 市场部:负责制订年度经营计划并组织实施;负责资费标准的制订工作;负责经营分析的工作;负责市场研究、产品体系研究、产品开发和推广工作;负责组织综合营销工作;负责综合性大客户开发、维护和客户信息管理,以及客户关系的归口管理工作;负责协调公司内相关部门的业务关系。

③ 速递业务部:负责制订速递业务发展战略和发展规划,提出年度业务发展目标和措施,并组织实施;负责速递业务的经营和管理;负责制订速递业务的规章制度和管理办法,并组织实施;参与国际及港澳台速递业务的协调工作;负责提出速递业务的投资项目;负责速递业务大客户开发与维护工作。

④ 物流业务部:负责制订物流业务发展战略和发展规划,提出年度业务发展目标和措施,并组织实施;负责物流业务的经营和管理工作;负责制订物流业务的规章制度和管理办法,并组织实施;负责提出物流业务的投资项目;负责物流业务大客户的开发与维护工作。

⑤ 渠道业务部:负责制订渠道业务发展战略和发展规划,提出年度业务发展目标和措施,并组织实施;负责各项渠道业务的规章制度的制订和实施工作;负责渠道业务的经营和管理工作;负责提出渠道业务的投资项目;负责渠道业务大客户的开发与维护工作;负责边境口岸小额贸易市场、货运代理市场等业务的开发与管理工作;负责设关局、互换局、交换站、快件监管中心等口岸资源的商业化功能的改造与开发工作。

⑥ 网络控制部:负责制订网路规划;负责网络的组织和优化工作;负责制订各项业务的全程时限、处理和运输时限以及频次规定;负责营业和投递网络的建设工作;负责网络运行质量的监控和专业服务质量的监督检查工作;负责资费检查工作。

⑦ 财务部:负责牵头全部的预算管理和绩效考核工作;负责制订会计核算办法、会计政策、财务规章等财务管理制度;负责财务决算、财务分析、会计信息的提供和税务管理工作;负责资金管理、资产管理、投资管理和工程财务管理工作;负责内部结算、关联交易结算和管理会计系统的建立、健全工作;负责建立统计指标体系和统计报表制度的制订工作;负责内部会计控制和会计检查制度的建立、健全工作;负责公司会计核算等财务管理工作;负责其他与企业财务管理有关的工作。

⑧ 审计部:负责对公司及所属企业(单位)财务收支、财务预算、财务决算、资产质量、经营绩效以及建设项目等有关经济活动的真实性、合法性和效益性进行审计监督和评价工作;负责管理和组织实施本公司内部经济责任审计工作;负责本公司下属企业负责人离任审计工作。

⑨ 企业发展部:负责制订中、长期发展战略和发展规划;负责提出科技发展项目、投资建设项目、标准化项目等年度计划,并组织实施;负责行业政策研究工作;负责品牌管理和业务宣传工作;负责用品、用具的研发、管理工作;参与产品、渠道的管理工作。

⑩ 人力资源部:负责制订人力资源发展规划,并组织实施;负责人才队伍建设和教育培训工作;负责制订公司内人力资源管理相关规章制度;负责公司内人事、用工、薪酬福利、绩效管理和教育培训工作。

⑪ 信息技术中心:负责信息系统和自动化系统的建设与维护管理工作;负责外部业务

网站和内部管理网站的建设、维护和管理工作;负责公司内办公自动化等系统的管理及设备维护工作;参与速递物流专业信息系统与综合网和邮政其他相关系统的互联互通工作。

⑫ 客户服务部:负责制订专业客户服务体系建设规划;负责专业客户服务规章制度、规范标准的制订与组织实施;负责专业客户资源整合及情报分析,参与大客户的开发工作;负责专业客户分级管理、分层次维护工作;负责专业客户需求协调及客户危机处理工作;负责专业客户服务质量管理及考核工作;负责专业内部查询、验证、赔偿、责任仲裁及投诉管理工作,以及国际间客户服务协调工作;负责专业客户服务中心及客户服务网站管理工作。

⑬ 董事会办公室:是董事会下的常设机构,负责公司股东大会和董事会的筹备和组织工作;协调董事会及其专业委员会决策事项的相关工作;负责公司投资者关系管理、对外信息披露、证券事务管理、法律事务管理及对董事会负责的其他相关事务工作和上市公司其他相关管理工作;沟通、协调与监管部门、中介机构和财经媒体的关系等工作。

在企业整体系统运营过程中,每个业务流程、每个部门之间互相协作,无论是收派员、仓管与司机、输单员、中转场运作员、客服人员,还是人事部门、营销部门、行政部门、研发部门口,还包括电商运营参与者、快递金融参与者、快递社区服务站建设和运作参与者,快递的服务特性要求各个部门各个参与人员必须共同协作,自觉达成共识,在强化个人的工作标准的基础上,实现大家共同发展。

【案例】

物流企业组织架构转型升级背后的战略玄机

组织架构调整之后,每一个事业群对应的都是公司战略规划的某一个支点,合在一起实现的就是整个集团的战略意图。企业组织架构的升级转型往往与企业的战略发展目标密切相关。2017年年初,京东物流组织架构升级引起了人们的注意,而此次升级也被视为刘强东在京东开年大会上所说的打造京东物流的三大网络的重要举措之一。这里着重分析2015—2016年期间,顺丰、德邦、韵达、菜鸟等物流企业对企业组织架构进行调整的内容,从此我国物流业竞争态势可见一斑。

2015—2016年期间,国内诸多品牌物流企业,包括顺丰、德邦、韵达等在内,都对其企业的组织架构进行大幅调整,一时间引起业内人士的围观和热议。

(1) 顺丰、德邦、韵达的组织架构演变

2015年,顺丰进行了一次剧烈的组织架构变革来推动自己的多元化发展,以实现自己的"三流(物流、信息流、资金流)合一"。在这次变革之中,顺丰适当地放权,从一个总部集权管理逐步过渡到各部门的独立分权管理体系,把之前全部集中在集团总部层面的战略规划、经营和服务三大职能,打造成3个大的管理集团,分别负责战略研究、经营、资源型服务工作3个大的方向。其又将自己的业务板块划分为五大业务事业群——速运事业群、商业事业群、供应链事业群、仓配物流事业群、金融服务事业群,让这些事业群进行独立地运营。

(2) 德邦的组织架构调整

在2016年里,德邦又进行了一次大的组织架构调整,主要进行了四个动作:

一是将市场营销本部更名为零担本部;

二是成立快运事业群,隶属于总裁,下辖零担本部、快递本部、运营本部;

三是成立营运管理部,隶属于快运事业群;

四是成立流程与IT本部,隶属于总裁,下辖流程支持部、营运流程支撑中心等。

2017年年初,德邦竟又进行了组织架构变革,并进行多项变动,其中主要的变动有:成立营运事业群、职能事业群,隶属于总裁;成立枢纽中心本部、营运办公室,隶属于营运事业群;成立资本运营本部,隶属于职能事业部。2017年德邦调整后的部分组织架构如图3-10所示。

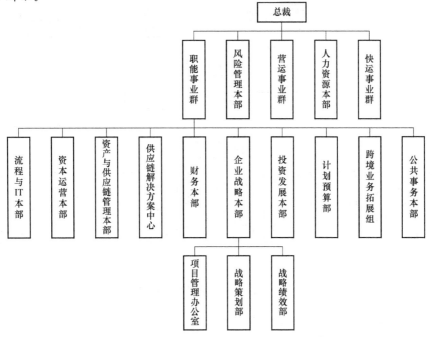

图3-10 2017年德邦调整后的部分组织架构

(3) 韵达组织结构调整

2016年7月,韵达便启动了借壳上市流程;同年8月,韵达发布企业新标识和新发展战略;同年12月,韵达开启多元化发展,总裁办成立快运项目组,启动快运业务。在2017年年初,韵达有了新的大动作——大调整组织架构,在其公司重大资产重组事项完成后,韵达新增了仓储事业部、国际事业部、终端事业部、商业事业部四大事业部。2017年韵达调整后的组织架构如图3-11所示。

2016年10月至12月月底,圆通、中通、申通3家民营快递企业已先后完成了上市,当时占据中国快递行业半壁江山的"三通一达"仅剩下韵达未完成上市。

2016年,快递行业格局更加清晰,大型快递企业鲜明地向综合物流及生态链企业转变,大步地迈向现代物流2.0时代。

从顺丰、德邦、韵达三家物流企业的组织架构调整情况来看,我们会发现三者的组织架构调整发展都有相似的趋势,即不断地将自己的业务板块细分。这种市场细分主要体现为物流产品的细化、精准化,以及物流产品生产运营体系的迭代和优化。细分后的好处在于各部门能尽可能发挥自己的专业,让企业整体为客户提供更好、更专业的物流产品。

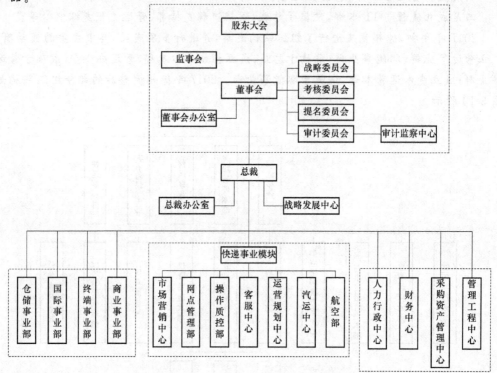

图 3-11 2017 年韵达调整后的组织架构

(4) 顺丰、德邦和韵达的服务产品体系

顺丰、德邦和韵达的组织架构调整,实际上与这些公司在物流产品上的创新、物流产品生产运营体系上的优化密不可分。

顺丰进行组织架构调整划分出的五大事业群就是为了更好地推陈出新,适应市场的变化,增大企业的长期发展潜力。在风起云涌的物流行业,顺丰的各事业群分别推出了相应的创新产品。商业事业群推出了"嘿客""顺丰优选",供应链事业群推出了普运、冷运,仓配物流事业群推出了电商、海淘,金融服务事业群推出了"顺手付",速运事业群推出了"顺丰即日""顺丰次晨""顺丰次日""顺丰隔日""顺丰标快"(港澳台)等多种产品。各事业群独立运营,不断地探索新产品、新市场。

在零担快递化,快递物流化的趋势下,2016 年德邦最大的升级就是将零担、快运和运营"三合一",统一为快运事业群,推出了自己的快运产品。其多次进行组织架构的调整后,现推出的主营产品有 3.60 特惠件(3 kg 为首重,低续重,高性价比的经济型快递)、商务专递、电商尊享、精准空运、精准卡航(空运的速度,汽运的价格,保障货物准时、安全送达)、精准城运、德邦仓管家(根据客户需求提供灵活建仓、大促处理、多渠道管理、干线运输及"最后一公里"等仓配一体化的供应链解决方案)、金融小贷等,涉及多个方面。

我们从韵达的组织架构的调整也可以看见其未来发展的雄心——"打通上下游,拓展产业链;画大同心圆,构建生态圈"。2016年8月,韵达发布企业新标识和新发展战略,表明韵达未来将不断地发展快递主业,丰富产品体系以满足不同的消费者需求,提高服务品质和时效,推出专属服务产品。韵达提供的服务涉及面并没有顺丰、德邦那么广泛,它的产品总体上分为快递服务、仓配服务,快递服务包括电子商务快递服务、OFFICE快递服务、当天件快递、国际快递服务等,仓储服务就是提供韵达联合仓·仓配一体化服务。

总之,无论是顺丰细分自己的事业群,还是德邦不断地调整自己的事业群,还是韵达新增自己的事业群,三者都在努力地丰富、创新、变革自家物流产品,开拓物流的多个方面,并不局限于某一方面。

其实,顺丰、德邦、韵达不断地进行组织架构调整,将自己的业务部门细分,让各部门各司其职,就是在不断地实践物流产品的商业逻辑。他们都在不断地改革、利用细分或重组的事业群创新自己的物流产品,推出特色物流产品,努力形成自己的品牌特色,不断地完善自己的物流产品类型,争取满足更多不同的客户需求,即在尽量满足个性化服务之下实现各个物流产品的标准化,拓宽自己的业务范围,标准化自己的业务流程,以谋求更好的发展。

在顺丰、德邦、韵达等企业组织架构调整的背后,我们不仅看到的是物流产品时代的崛起,也是以物流产品为核心载体的现代物流2.0时代正在加快步伐向我们走来!现代物流2.0时代下的物流产品的创新与变革趋势已经势不可挡。

资料来源:亿欧网 http://www.iyiou.com/p/39220。

3.2.2　网点组织管理

直营模式企业由公司总部直接投资、经营、管理网络和路由,其网点管理由经营本部到地区逐级进行。加盟模式企业则有所区别,更为复杂。

加盟制快递企业的二级网点一般采取向分公司加盟经营的方式,二级网点取得经营许可证。全峰快递总部只负责对各地区加盟的二级网点总部进行质量管控,包括对服务质量、投递率等因素进行考核,每周定期开会总结,而对二级以下网点不进行管理。

申通快递其二级网点与分拨中心属于总、分公司的关系,分公司没有经营许可证,但其自负盈亏,每年与分公司签署合同,采取淘汰制。在第三方合作上,申通一般由二级网点自行与第三方合作,但这种模式使快递公司失去了与客户接触的机会,存在不可控的风险,影响了快递公司的品牌建设,降低了品牌差异。

加盟制快递企业对网点的考核主要包括延误、遗失、破损、客户投诉、人员配比、车辆配比、门店形象建设等方面。对揽件的考核是根据不同网点的特征进行分类,对于发展型的、保障型的网点采取不同的政策。对于二级以下的代理点,分公司实际上并不承认,因为代理点难以管控、不承担责任和风险,缺乏专业性。

以中通速递为例①,中通速递网络营运管理中心(简称营运中心)是中通速递网络管理最高执行机构,设网络首席执行官一名,营运中心办主任一名、助理若干名。下辖区域管理(含片区管理、汽运部、分拨中心管理部)、客服中心(含仲裁部、时效保障部、投诉部)等部门。网络事务实行营运中心管辖和负责制。

网络首席执行官由总裁提名,董事会批准,董事长任命,是中通网络管理最高执行官,接受总裁委托,全面负责中通网络的开发、建设、维护与管理,直接对总裁负责。其职责有:主持、组织和领导营运中心日常事务;制订网络发展规划报总裁批准后贯彻执行;向总裁提出网络建设投资建议,汇报重大事务处理方法与结果;签发网络事务管理通知与文件;协调区域管理之间、网点之间的关系,维护网络的稳定;制订和优化网络营运线路;接受和处理网络重大投诉与建议;批准网点加盟与退出,签署网络加盟协议,听取区域管理日常工作报告,指导区域管理日常工作,决定网络重大事务的处理;协调各部门之间的业务交叉关系;承办总裁指派的其他工作。

营运中心办主任由网络首席执行官提名,总裁任命。职责为协助网络首席执行官对中通的网络进行开发、建设、维护、管理及处理营运中心的日常事务,并承办网络首席执行官指派的其他工作等。

在区域管理上,中通由营运中心直接领导和管理,负责协调与处理本区域网络及本部门的日常事务、疑难件查询和处理,负责所辖分拨中心及班车运行的监督与管理。中通网络设上海区域、江浙皖区域、华北区域和外围区域,营运中心根据公司业务发展需要进行设置与调整。各区域设总经理1名,片区经理若干名,经理助理1~2名,其中,上海区域下辖上海市各网点,江浙皖区域下辖江苏、浙江和安徽省各网点,华北区域下辖北京、天津、河北、内蒙古、山西、东三省,外围区域下辖除江、浙、沪、皖、华北区域以外的各网点。

其区域总经理由网络首席执行官提名,总裁任命,协助网络首席执行官监督与管理本区域的网络开拓、维护、协调、管理及市场营销工作,以及所辖区域内的分拨中心及班车运行的监督与管理工作。

片区经理由区域总经理推荐、网络首席执行官审核、总裁批准任命,协助区域总经理管理本片区的网络开拓、维护、协调、管理及市场营销工作,以及所辖区域内的分拨中心及班车运行的监督与管理工作。片区经理要求高中以上学历,熟悉本区域网络构建、各网点基本信息资料及业务发展;各方面综合素质高,能妥善应对与处理网络突发事件;具有较强的沟通协调能力,协调处理网络管理事务,并配合总部其他职能管理部门的工作;业务能力强,可以准确地评定网点资格,开发新网点,拓展中通网络等。

区域助理由区域总经理提名,网络首席执行官任命。区域助理要求中专以上学历,协助区域经理处理日常事务,遇重大事务及时地向区域总经理汇报;熟知本辖区及整个网络快件路由和出发到达时间,注意搜集网络信息资料并整理归档,留作经理处理网络日常事务及网络发展时使用;密切注意网络发展动态,加强业务学习,努力使自己尽快地成为一名能够独立处理辖区网络事务的合格区域网络管理员;接听网络日常事务电话,做好记录工作,及时归类;注重礼貌用语;事事有结果,自己不能处理的,第一时间向经理汇报,不是本部门事务的,能及时处理的及时处理,同时告知下次应找何部门解决,不能及时处理的,做好记录转告

---

① 资料来源:中通速递内部管理条例。(2009年5月18日)

相关部门处理,同时告知与何部门何人联系;对本区域网点上网情况、软件使用情况、派件情况实时监管,并填写日报表,每周一总结好交给经理在公司周例会上通报等。

汽运中转部由区域总经理直接领导和管理,实行经理负责制,分汽运部和分拨中心管理部。职责包括网络营运线路的组建与调整;班车营运调度及班车在营运过程中所发生事务的处理;网络各分拨中心事务的管理。

客服中心由营运中心直接领导和管理,实行经理负责制,分仲裁部、时效保障部和投诉部。职责有网络事务初步协调,疑难件查询,问题件、延误件、遗失件、破损件、短少件、投诉事宜的处理事务,其具体职责与工作方法由营运中心另行制订。

网络管理理事会(简称理事会)是在营运中心领导下的常设议事机构。根据所处区域不同,中通速递采取了不同的管理方式。

中通网络加盟网点(下称网点)是指符合中通网络加盟条件与中通营运中心独立签订《网络加盟合同书》的快递公司或者企业。其须接受中通营运中心的统一管理,专一经营中通速递品牌,独立投资,合作经营,自负盈亏,独立对外承担责任。加盟网点要求具有合法经营速递或者快递业务的营业执照,并备有相应的条件能保证快递的有效投递。网点加盟时需根据加盟区域大小及业务发展状况,缴纳适当的网络加盟费、中通品牌使用费及业务保证金,并有适当的流动资金开展业务。具体费用及保证金收取的标准由营运中心核定,报网络首席执行官批准。

加盟网点由营运中心统一管理,营运中心为网络稳定与发展所颁布的任何文件,自在网络上正式公布之日起生效,各网点必须严格遵守与执行。各网点所属承包区和二、三级网点及中转分拨中心由与营运中心签约的各网点自行管理,其所有行为的法律责任均由各网点承担,在网络上的业务也应当通过各网点申报营运中心处理,营运中心原则上不直接介入管理。但是,如果网点所属承包区和二、三级网点及中转分拨中心的行为,违反中通网络管理条例且情节严重,营运中心有权直接作出处理或者责令其有管辖权的网点作出处理。对于责令处理的,相关网点还应当向营运中心汇报处理结果,并提供相关证据供营运中心调查核实。经查相关网点未按照营运中心的要求妥善处理的,营运中心可以对该网点作出处罚,直到取消其网络成员资格,并追究其法律责任。

网络成员资格实行年度审核检验制度,营运中心在每年3—4月份对所有网络成员(网点)的上一年度经营的状况(10分)、投资的力度(10分)、维护中通品牌的信誉度(10分)、遵守网络管理章程的程度(20分)、费用的结算及缴纳(20分)、与营运中心管理的配合程度(10分)、与其他网络成员的配合程度(10分)及被投诉率(10分)进行审核检验评分,对审核检验结果根据《中通内部管理条例》分别情形作出如下处理。

① 年度得分在80分以上的,给予年检通过。

② 年度得分在60分以上80分以下的,给予年检通过。但是,营运中心得向其提出加强管理的方案,加盟网点逐月汇报方案的执行结果。

③ 年度得分在40分以上60分以下的,暂缓年检通过,由营运中心发出限期整顿通知,整顿方法、期限及是否停业由营运中心视具体情况确定。

④ 年度得分在40分以下的,不给予年检通过,由营运中心责令限期转让。但是,对于有严重损害中通名誉或者严重违反本章程行为的,营运中心有权无条件收回中通品牌经营权,取消其网络成员资格。

⑤ 评分计算方法：前款中的"年度得分"是指经中通总部各部门评定后的平均值。

⑥ 年检费：营运中心按照网络发展需要可以收取一定额度的年检费。费用标准由营运中心在年检前根据网点所在城市大小、经济水平及业务状况统一确定，报总裁批准。

此外，具备下列情形之一的网络成员，在任何时候，不论年度审核检验是否通过，营运中心均有权无条件收回中通品牌经营权，对其作出取消网络成员资格的决定，并没收其所有风险金（押金）。有造成其他损害的，另行追究其法律责任。

① 没有合法的快递营业执照或者营业执照过期又不积极补办的。

② 在营运中心规定的时限内，不具备条件和没有通过《快递服务》邮政行业标准的。

③ 违反法律法规经营，有泄露中通网络商业秘密和损害中通品牌形象的行为发生的。

④ 不服从营运中心统一管理，情节严重的。

⑤ 对其他网络成员发出的快件极不负责任，致使其他网络成员遭受重大经济损失的。服务态度十分恶劣，经常被客户及各网点投诉的。

⑥ 长期拖欠物料款、到付款、走件费（含快件运费、班车费、商标使用费及中转费等）经相关部门催交后仍然拒不按时缴纳的。

⑦ 多次拒绝参加网络管理会议，屡教不改的。

⑧ 恶意"扣件"，或者采取此手段要挟总部解决问题的。

⑨ 自行印制中通速递详情单（面单）、快件包装袋及总部统一印制的其他快件包装物料的。

⑩ 以不正当手段骗取遗失赔偿款或者偷逃缴纳网络上规定的费用，情节严重的。

⑪ 恶意偷拿快件、谋取不正当利益的。

⑫ 代理其他网络从事快递业务，经责令改正仍拒不改正的。

⑬ 有其他违反网络管理行为或者损害中通品牌形象的行为发生的，情节严重的。

⑭ 申请暂停后自批准暂停之日起15日内仍不具备开通条件无法开通的。

⑮ 网络成员资格取消程序：取消网络成员资格由营运中心审核后报首席执行官批准。

⑯ 解除期（参照合同）。

网络成员应当将合法有效的可以经营速递业务的营业执照复印件、负责人及其工作人员（特别是网络营运线路上的司机及押车员）的身份证复印件、公司住所、仓库地址、车辆（包括牌照编号、种类、数量、吨位）、联系电话（包括负责人电话、快件查询电话、财务电话、网络车司机及押车员电话，省级网络成员还包括遗失件、延误件、问题件、到付结算等专门电话）、传真、与下属网点协议（包括与下属网点、承包区之间的协议）等基本信息资料经签字盖章确认后上报营运中心备案，营运中心将网络成员负责人、话务员及职能部门的电话号码及传真号码向全网公布。

网络成员的基本信息资料要相对稳定，不能随意变更。因业务关系确需要变更的，须提前3天书面或者传真至营运中心，由营运中心核实批准后在全网络内重新公布。其中，凡要求更换负责人的，须提前15天书面报告营运中心，营运中心对拟更换的负责人的资质及经营能力进行考核决定是否批准。批准更换的，前后负责人还要拟定书面债权、债务协议报营运中心备案，营运中心同时予以公布。

在派送区域上，中通网络对各城市力求全境派送，对有特殊情况暂不能派送到的个别区域，实行营运中心批准制度。任何网络成员不得擅自缩小派送区域，如擅自缩小的，由营运中心责令改正,并且还应当承担因此给相关网点造成损失的赔偿责任。网络成员在签订合同时,须呈报详细派送区域及不派送区域,营运中心经审核后向全网络公布。经公告后的派送区域范围原则上只能扩大不能缩小,每变动一次公告一次,擅自缩小派送范围的,由营运中心依照《中通网络管理章程》予以处罚。

分拨中心是快件集中中转的分拨点,是中通速递赖以生存的重要机构之一。中通总部随着业务发展,将不断加强分拨中心的建设,力求现代化流水作业,使快件准确、及时地分拨、中转,将分拨错误率降至最低。各网点及承包经营点应当按照营运中心及分拨中心规定的流程和时间交件、提件。营运中心根据需要制订和颁布实施《标准化操作流程》,不论是分拨中心工作人员还是网络成员及其网点、承包经营点(特别是进入分拨中心的司机及押车员)都必须严格遵守。

一般情况下,要想加盟成为快递公司的网店,先要了解以下内容:加盟总部网点所具备的条件;加盟总公司网点的流程;加盟审批及转让、关停制度及程序;加盟总部网点门店建设及服装要求;各网点开通派送范围的标准;网点开设需要哪些资料等。

随着《中华人民共和国邮政法》(自2009年10月1日起施行)的实施,我国对邮政与快递行业管理越来越严格,加盟快递公司的要求也越来越高,快递企业对自身网点组织的管理也更加落到实处。

【案例】

中消协:快递网点管理不善问题严重

当前,快递业的迅猛发展已经成为中国电子商务快速发展的重要支撑。然而,由于快递业务扩展速度过快、行业竞争加剧等原因,一些快递公司的服务质量和服务品质还无法满足消费者的实际需要。中国消费者协会在2017年6月8日在京发布《快递服务体验式调查报告》,揭露当前快递服务存在的主要问题,并提出改善意见。

2016年12月—2017年3月,中国消费者协会组织志愿者和专业调查人员针对国内部分快递公司,通过寄递常规物品(杂志)、生鲜物品(水果)和易碎物品(餐具)来体验快递服务的基本情况,共完成了1 300次快递服务体验;此外,还随机选取了170个快递网点进行暗访,调查快递网点的环境、货品堆放、人员操作等情况。根据调查结果,中国消费者协会形成了《快递服务体验式调查报告》。这份公布的报告显示,快递发件(揽收)环节综合评分最高;收件(投递)环节次之;而快递派件(网点)的综合评分最低,未达"及格线"。中国消费者协会商品服务监督部主任皮小林指出,近半的网点存在野蛮装卸、暴力分拣、无序摆放快件等问题。"这次对于网点的评价,包括很多指标,比如网点服务的环境、服务态度以及分拣递送快件过程中的行为,通过实地取证,我们发现存在着一些问题。比如随意地坐在消费者快件上面,远距离抛送消费者的快件的情况,以及各种不文明的行为。特别是在一些地市级的快递网点表现的更为突出。此外,在我们体验的过程中,发现一些快递网点面积不够大,而且摆放也没有秩序,有些占路摆放、占路停车,对于城市环境和市民通行造成了一定的危害。"

> 除了快递网点存在诸多问题之外,民众在收发快递过程中,也遇到了无法提供发票、发货延迟、物件损坏灭失等问题。
>
> 《快递服务体验式调查报告》显示,在快递送达过程中,16.1%的快递件出现物品破损的情况。然而,当体验员就快递物品破损、包装破损、快递延误等问题,向10家快递公司发起57次投诉后,只有不到50%的投诉能够在半小时内得到反馈,而在有反馈的投诉中,也仅有51%得到某种形式的解决或处理,如支付一定的赔偿金、提供优惠券或减免部分快递费用等。
>
> 针对快递服务目前存在的问题,中国消费者协会商品服务监督部主任皮小林建议,政府部门要推进快递行业规范和服务标准的建设、加强监管;同时快递行业也要加强自律。"我们首先建议,政府有关部门要推进快递行业规范和服务标准的建设,特别要有针对地加强快递网点的监督管理;要进一步明确快递企业对于快件损毁、丢失等问题的法律责任承担,要督促企业重视消费者权益保护工作。其次建议,快递企业要加强对从业人员的文明礼仪、职业操守、法律规范等方面的培训;要优化网点设置、提升服务标准、完善评价机制,通过强化内部考核、引入外部监督,切实地提升企业服务消费者的能力。"
>
> 资料来源:网易新闻 http://news.163.com/17/0609/14/CMGEDKRR00018AOQ.html。

思考与讨论

1. 目前国内邮政快递企业有哪些模式?列表比较其优缺点。
2. 不同企业组织架构各有不同,通过对比比较,从企业角度分析原因。
3. 总结思考快递企业如何实现其网点组织管理,并思考其优缺点。

第4章 邮政与快递作业流程与管理

【本章学习目标】

1. 掌握国内邮政快递的基本业务流程；
2. 掌握国内邮政快递各环节的具体作业流程；
3. 熟悉国际邮政快递的运作流程；
4. 了解国际邮政快递的运行组织机构和各机构的主要工作、作业流程；
5. 了解国外邮政快递的报关作业流程。

【本章学习重点】

1. 国内邮政快递的4个作业环节及主要工作；
2. 国内邮政的揽收环节的作业流程；
3. 国内邮政快递配送中心的主要工作内容和业务流程；
4. 国际邮政快递的作业流程及所需材料；
5. 国际邮政快递的报关类型及作业流程。

【本章学习难点】

1. 国内邮政快递配送中心的作业内容和具体流程；
2. 国际邮政快递报关作业流程。

【引例】

人工智能引领未来邮政物流行业发展

最新发布的《乌镇指数：全球人工智能发展报告2016》显示，中国在人工智能这股浪潮中表现抢眼，相关领域投资达到146笔，融资规模超过26亿美元，企业数量和专利数量仅次于美国。这些数据足以预见人工智能在未来的发展前景以及在中国愈发重要的市场地位。

遥想2001年上映的史蒂文·斯皮尔伯格执导的科幻电影《人工智能》，让社会对赋予机器人情感后带来的道德伦理问题展开深思。15年后的今天，人工智能虽然尚未发展到电影里描述的科技程度，但是已经以更积极的形象、更丰富的内涵、更多元化的应用存在于日常的工作和生活中。特别是对于邮政这样的劳动密集型企业来说，发展人工智能，更有助于企业的转型升级，将大量的劳动力从重复的手工作业中解放出来。那么，面对如此光明的市场前景和愈发重要的市场地位,人工智能在全球邮政物流领域的发展现状如何?未来又该借鉴哪些经验加快其安全应用呢?我们不妨从以下内容中获取一些答案。

(1) 影响发展的动因

目前,德国邮政敦豪已发布了2016年《物流趋势雷达》报告,对未来几年最为重要的发展趋势进行了展望,其中包括自主学习或机器学习系统、按需投递和客户定制产品的批量规模生产等。

《物流趋势雷达》报告自2013年首次发布以来,至2016年已经是第三版。今年的《物流趋势雷达》报告揭示了26个在未来5~10年内将会对物流行业产生重要影响的主要发展趋势,这不仅仅代表了品牌新趋势,还对前几版报告中曾经提及的趋势演变、衰退或是蓬勃发展进行了跟踪。

2016年的《物流趋势雷达》报告指出,人工智能与个性化是最重要的驱动力,其他驱动因素还包括使用自主学习或机器学习系统的智能供应链。尽管高昂的建设成本在早期使物流行业望而却步,但数据驱动以及自主供应链对制造、物流、仓储以及"最后一公里"投递的优化简直不可想象,在未来不到5年的时间内,一切将成为现实。

(2) 自主学习系统

近几年,自主学习系统对于涉足电子商务活动的公司来说愈发重要,大多数在线搜索引擎以及产品推介都是以自动进行自我修正的机器学习算法为基础的。在物流领域,机器学习算法技术的应用还仅限于智能投递地址识别。然而,物联网时代将产生海量数据,这将为机器学习在物流供应链领域的应用提供新的发展机遇。人们熟知的自主学习系统有脸书的DeepFace人脸识别系统、谷歌DeepMind公司的自主学习机器人、亚马逊根据客户行为的产品推介等。

(3) 机器人

自主学习系统、机器人与自动化技术有望使物流过程向着零瑕疵的方向发展,并创造更高水平的生产力。新一代协作机器人和自动化解决方案,将显著提高工作效能,为人工操作提供真正的替代解决方案。比如,美国Rethink Robotics公司研发的人形协作机器人Baxter和Sawyer、硅谷公司Fetch Robotics研发的自走型拣选机器人系统、丹麦优傲机器人制造商研发的协作机械手臂等。

(4) 人工智能

随着自动化水平的提高,越来越多的公司开始测试无人驾驶车辆。在传感器以及成像技术领域所取得的突破成就了新一代更加便利、可靠的无人驾驶车辆,如自动叉车、无人驾驶卡车等。敦豪预测,无人驾驶车辆将通过更高的安全性、更高的效率以及更高的质量来改变物流行业的发展。

在城市地区,无人驾驶车辆会面临交通拥堵等问题。无人驾驶飞行器或无人机凭借其对空运网络的周密协调,为快递运输增添了一种新的方式,未来或将改变物流行业发展。无人驾驶飞行器虽不会完全取代传统的地面运输方式,但将在交通高度拥堵地区以及偏远地区为客户提供高附加值的服务。例如,敦豪推出的包裹无人机通过使用四轴飞行器以及斜翼无人机进行包裹投递;亚马逊推出了PrimeAir无人直升机运输系统;谷歌推出了ProjectWing无人机送货系统。

(5) 按需投递

不断变化的消费行为以及个性化需求也导致了其他发展趋势的出现,如按需投递。按需投递通过为消费者提供灵活的投递服务,方便消费者在合适的时间、地点接收包裹,而这也促使"最后一公里"投递服务开始转型发展。

在过去的两年里,"众包物流"开始兴起,并得到一定发展。例如,Uber公司推出的Rush服务,覆盖了一系列众包投递服务,使投递服务不仅仅局限于大型投递运营商,它通过群众的力量以及灵活的快递服务,为消费者传达了"最后一公里"按需投递的理念;按需投递公司Shutl为消费者提供快速履单服务,通过该服务为在线零售商以及本土当日递公司架起了沟通的桥梁;按需投递客户端Postmates招聘自由职业者为投递司机,为消费者提供投递服务。

(6) 个性化需求

消费者对高度个性化产品的需求使客户定制产品批量规模生产的发展成为必然,而这将成为未来20年的发展趋势。批量生产不仅使产品生产分散化,还将使供应链快速地发生变化,这就要求物流提供商迅速、灵活地做出反应,以便从容应对。

资料来源:中国机器人网http://info.machine.hc360.com/2016/12/191651631550.shtml。

4.1 国内邮政与快递作业流程与管理

国内邮政与快递的作业流程是指从寄件人交寄邮件起,至将邮件交给特定的收件人为止的全过程。作业全过程是由收寄、分拣封发、国内运输、投递4个阶段组成,如图4-1所示。

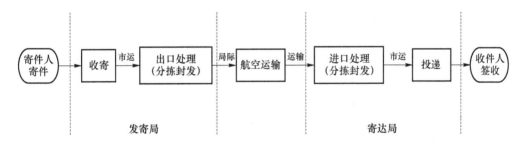

图 4-1 国内邮政与快递业务流程

收寄:邮政一般通过业务人员上门揽收。业务受理方式一般有两种:一是根据客户通过11183呼叫中心提出的用邮需求,按时限要求提供上门揽收服务;二是对已签订用邮协议的客户,按照协议规定的时间或根据客户指定的时间上门揽收。而快递一般通过网点收寄。

分拣封发:分拣封发过程由接收、开拆、分拣、封发4道工序组成。分拣部门接收收寄点或转运(盘驳)部门和快速邮路交来的邮件和信息,由分拣人员进行初分和细分,并按封发频次或本局投递频次封装成袋(套)。出(转)口邮件将封妥的总包邮件和信息交转运(盘驳)部门发出,进口邮件将封妥的总包邮件和信息直接交投递趟车。

国内运输:邮件转运部门接收国内标准特快专递出(转)口邮件总包后,要进行归堆、配发,并将路单信息和邮袋进行勾挑核对,按发运路向、航班班次和发运计划有秩序地交运。国内标准特快专递进口邮件总包卸交转运部门,经转运人员按路单核对无误后,交分拣封发部门开拆处理。分拣封发部门按投递路段分拣封发后,交投递趟车处理。

投递:国内标准快递采用按址投递的方式,作业包括接收、处理、投递3道工序。投递局接收邮件总包后将其开拆、理顺,加盖投递日戳,并按投递段道分堆处理,由投递员装车,按投递出班时间、频次和投递路线上段投递。

其中,邮政和快递在中转过程上有所不同。快递一般直接通过本地的中转站进行中转,部分省市的快件会通过距离更近的其他省市的中转中心进行中转,此过程只需要经过两次中转,特殊情况如:圆通快递发往华北地区的快件需要先经过北京中转,再发往各目的地的中转中心。但邮政需要经过省、市处理中心进行层层中转,中转次数多。另外,包括上海在内的所有长三角地区出发的 EMS 航空邮件,全部要纳入南京航空速递物流集散中心上机加载运行,凭借其采用的国际上最先进的分拣和自动传输系统,进行网络化、自动化分拣,提高中转效率,缩短时限。快递与 EMS 业务处理流程对比如图4-2所示。

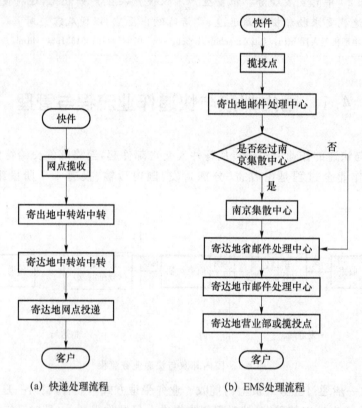

图 4-2 快递和 EMS 业务处理流程对比

4.1.1 收寄作业流程与管理

收寄作业就是揽投员从寄件人手中交接快件的过程。邮件收寄工作是邮政运行过程的一个重要环节,而且是首要环节。收寄工作的好坏,直接关系到之后各个生产环节是否能够顺利进行,同时也直接影响到广大用户的用户体验。邮件收寄过程中,要严格执行国家邮政局的有关规定,把握好各种各类邮件的准寄范围,执行禁寄限寄规定。EMS营业厅如图4-3所示。

图4-3　EMS营业厅

邮政和快递业务有两种下单方式:电话下单、网上下单。电话下单流程如图4-4所示。

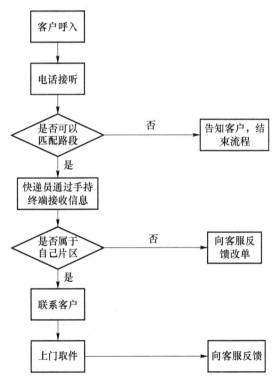

图4-4　电话下单流程

网上下单流程如图 4-5 所示。EMS 的网上下单页面如图 4-6 所示。

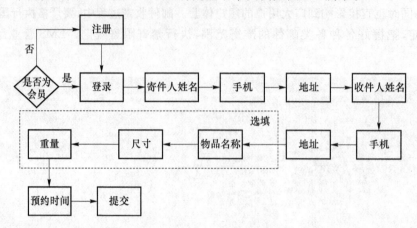

图 4-5　网上下单流程

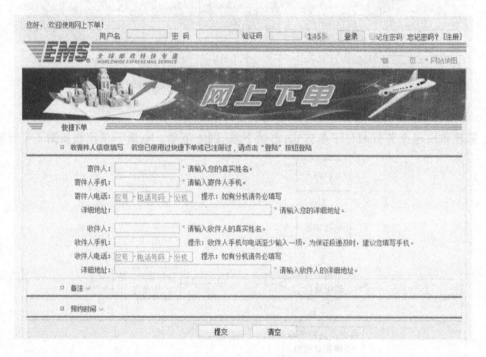

图 4-6　EMS 的网上下单页面

1. 邮政收寄作业流程

收寄作业包含两个环节：揽收环节和后台处理环节。

（1）揽收环节

揽收作业有窗口揽收和上门揽收两种方式。但邮政和快递的操作流程略有不同。窗口揽收作业流程如图 4-7 所示。上门揽收作业流程如图 4-8 所示。

① 验视内件

首先验视内件是否夹禁寄、限寄物品。无法确定内装物品是否符合禁寄、限寄规定的，应请寄件人提供相关证明材料，存局备查；无法断定所寄物品是否属易燃、易爆等具有危险性质的化工物品时,应要求寄件人提供省级以上化工检验部门或指定化工产品检测单位出具的非危险品证明,并随附在邮件上,复印件存局备查。对零散客户和未签"邮件安全协议书"的协议客户交寄的邮件需进行100%验视,对签有"邮件安全协议书"的协议客户自封邮件要进行抽检,抽检率不得低于50%。

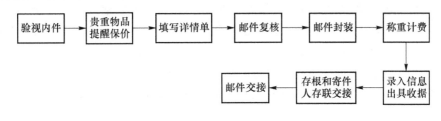

图4-7 窗口揽收作业流程

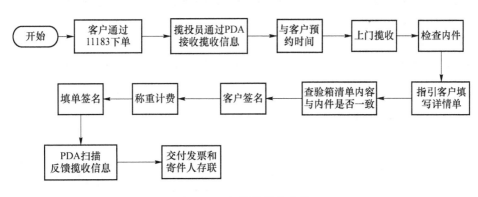

图4-8 上门揽收作业流程

② 填写详情单

请寄件人按规定填写国内特快专递邮件详情单,并提醒寄件人认真阅读详情单背面的使用须知。

③ 邮件复核

检查详情单的书写是否符合规定;邮件内件的性质、数量是否与邮件详情单填写的内容一致,寄件人是否在详情单上签名;邮件的重量、尺寸、封装是否符合规定;邮件寄达地点是否属于通达范围。如有与实际情况不符的,要当即向寄件人指出。

④ 邮件封装

根据寄件人所寄邮件的性质、数量,选配大小适宜的包装材料及衬垫物,按照封装要求进行封装处理,确保所寄邮件的内件安全。

⑤ 称重计费

对邮件进行称重计费,称重以千克为单位(精确至小数点后3位),根据邮件整体重量计算邮费(邮件体积重量大于实际重量的按体积重量计收资费);邮费以元为单位,按实收金额批注在详情单指定位置。若寄件人选择保价,则按规定计算保价费,批注在详情单的指定位置。

揽收非协议客户邮件时,能使用便携称确定重量的,经双方确认无异议,当场收取资费并开具发票;不能确定重量的,向寄件人表明以实际重量为准,需按初步预设重量预交邮费,多退少补,按约定时间递送单据和发票。

⑥ 邮件交接

收寄人员核点件数,与寄件人交接。双方都在详情单的相应位置签名后,抽出"寄件人存联",交由寄件人保管。

协议客户交寄邮件时,应由寄件人另行填写交寄清单一式三联,随同相关邮件与收寄人员交接、签收,签收后第三联交由客户作为收据执存,不再另开收据;第二联由收寄人员自存备查;第一联由收寄人员交由内部处理人员与相对应收寄后的详情单付存根联进行稽核、梳理后转交财务部门做缴款凭证保存。交寄清单各联均应有交寄人签章。另外,还应验视详情单上有无客户签名,并根据寄件人填写的交寄清单,与寄件人对邮件进行分类核点邮件。核点无误后,逐步在详情单寄件人存联上及交寄清单的相应位置上签章,并将相关单据交由寄件人收执。

利用手持终端实施收寄作业的网点,接收邮件后,要依次录入客户代码、类别、邮件号、寄达地、重量、资费等基础收寄信息。

(2) 后台处理环节

揽投员回到营业厅后,邮件即进入后台处理环节,准备发往邮件处理中心。后台处理作业流程如图 4-9 所示。

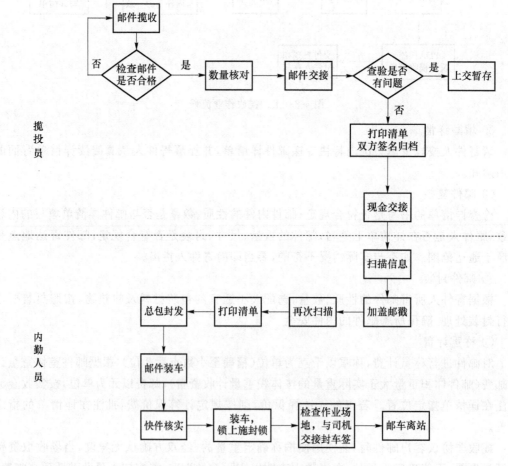

图 4-9 后台处理作业流程

① 邮件交接

当所有邮件揽收回来之后,揽投员和营业收寄人员要对邮件进行数量核对,然后揽投员和营业员先要与内勤人员办理交接手续,交接时内勤人员需查验:

a. 详情单是否填写规范;

b. 封装是否完好;

c. 是否符合收寄标准。

查验无误后,打印清单并由双方签名归档。

② 现金交接

揽投员所收取的现金要一并准确交给指定的收款员,并签收确认,双方各保管一份缴款单。接下来由内勤人员进行内部处理。

③ 扫描信息

工作人员会将邮件的各项信息录入系统,加盖邮戳,并再次扫描邮件,打印清单,以上操作完成后,邮件就进入封发环节。

④ 邮件封发

邮车来到以后,揽投部交接人员与邮车司押员对邮件进行核查,核实无误后才能封车和发车。

2. 快递业务

(1) 人工收寄

快递的人工收寄作业与 EMS 大同小异,都需要经过验视内件、填写运单、计费称重、客户签字等环节,只在具体的操作上有不同。快递揽收作业流程如图 4-10 所示。顺丰网上下单页面如图 4-11 所示。

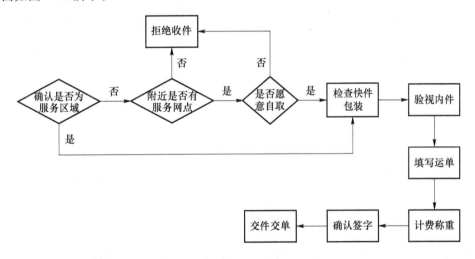

图 4-10 快递窗口揽收作业流程

① 确认客户寄递的快件是否在公司可提供服务的范围

收件地址超出公司服务区域,但收件地址附近有公司服务网点,应询问客户是否愿意改为自取件,并向客户详细地介绍自取件操作流程。若客户愿意自取,业务员严格按照自取件操作流程操作;若不愿意自取,需向客户致歉并将快件退回。

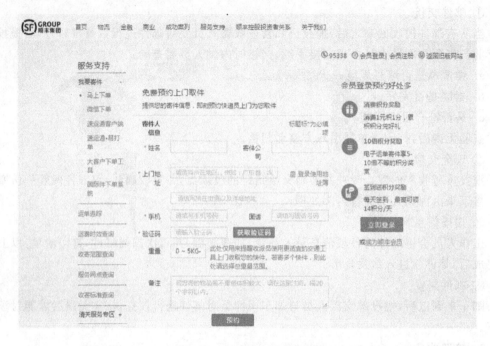

图 4-11 顺丰网上下单页面

② 检查快件包装

业务员要检查快件包装,如包装未达到标准,需要求客户改进包装。业务员要协助客户完善包装,若改进后包装符合标准,则正常收取;若客户拒绝或无法改进包装,需向客户解释并致歉表明无法收取,并致电客服部备案;若客户坚持要进行寄递,需要求客户在面单上写上"因本人提供的包装不合格,本人同意货物损坏后,无需赔偿"字样,并由本人签名。

③ 验视内件

业务员要确认寄递物品是否在规定的范围内,是否属于禁寄、限寄物品,并检查寄递物品的品名、数量等内容与客户所提供的信息是否一致,如有不符,需立即与客户核实,并将核实后的正确信息填写在相关栏内。

④ 填写运单

指导客户正确地填写相应运单内容。

⑤ 称重计费

对快件进行正确的计费。如遇大件,在客户处无称重工具,可在征得客户同意后将快件拉回公司称重,并在第一时间将重量、运费告知客户。

⑥ 确认签字

客户确认运单信息,确认无误后要在"寄件人签署或盖章"栏内签字确认,把运单的"寄件公司存根"联交给寄件客户留底,业务员留取"结账联",其他几联运单随货。

⑦ 交件交单

快件运回后,业务员要对每一票快件进行复查,然后将"结账联"一起交给仓管员,确保单件数量一致。与仓管员交接完毕,确认单件数量无误后,双方在《收件交接表》上签名确认,并将所有款项在规定时间内上缴公司。

(2) 智能快递柜收寄

智能快递柜基于嵌入式技术,通过 RFID、摄像头等各种传感器进行数据采集,然后将采集到的数据传送至控制器进行处理,处理完再通过各类传感器实现整个终端的运行,包括GSM 短信提醒、RFID 身份识别、摄像头监控等。智能快递柜如图 4-12 所示。

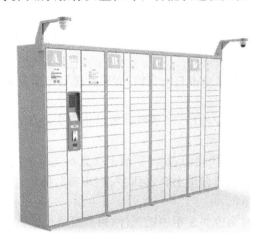

图 4-12　智能快递柜

用户使用智能快递柜自助寄件时,一般需要关注智能快递柜的官方微信公众号或者下载官方 APP,并在其中绑定手机号进行身份验证,之后可转入寄件页面进行寄件操作。用户使用智能快递柜寄件的具体操作如图 4-13 所示。

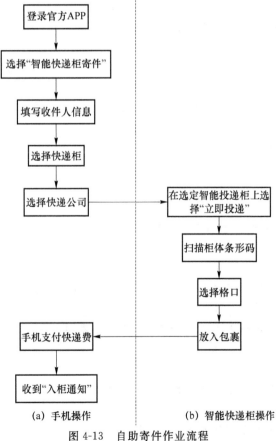

(a) 手机操作　　　(b) 智能快递柜操作

图 4-13　自助寄件作业流程

① 选择"智能快递柜寄件",进入界面填写正确的收件人信息和寄件人信息。

② 在地址栏下方的"智能柜"选择所在位置的快递柜,同时在"物品"栏选择要寄的物品类型。

③ 在"快递公司"栏选择快递公司,并在"身份认证"栏上传寄件人的身份证正、反两面照片,点击"提交认证"。

④ 到选择的智能快递柜前点击右下方的"立即投递",扫描柜体编号的条形码或输入柜体编号。

⑤ 根据包裹大小选择相应的格口(系统会展示格口大小供参考),点击最下方的"打开格口"按钮,相应格口箱门随即弹开。

⑥ 将包裹放入格口中,关闭箱门,此时手机上会显示支付金额,支付完成后,可在"个人中心"查看订单状态。完成之后微信上会收到"入柜通知",待快递员取走包裹后,会给寄件手机号发送"运单回执信息"。

快递员会在24小时内揽收快递柜中的快件,用户可通过微信公众号实时追踪运单物流信息。

材料一

1. 国内标准快递

1) 准寄范围

(1) 特快专递信函类

信函类是指以套封形式按照名址递送给特定个人或单位的缄封的信息载体。下列各项可按信函寄递:

① 书面通信;

② 公文、合同;

③ 各类单据、报表(空白报表除外)、票据、有价证券(如未使用的邮票,带邮资的封、片、卡)等;

④ 各种事务性通知;

⑤ 各类稿件;

⑥ 各类证件;

⑦ 其他具有信函性质的物品。

除上述规定以外,其他适于邮寄的各种书籍、报纸、期刊及各种图文资料等,也可按特快专递信函类寄递。

(2) 特快专递文件类

各种书籍、报纸、期刊及图文资料等,可按特快专递文件类寄递。

(3) 特快专递物品类

除国家法律法规规定禁止寄递的物品外,凡适于寄递的物品,均可按特快专递物品类寄递。

2) 重量限度

国内标准快递单件最高重量限度为 40 kg("红杯"或"红杯水"的每件限重 10 kg)。

3) 尺寸限度

国内标准快递邮件的尺寸限度如表 4-1 所示。

表 4-1 国内标准快递邮件尺寸限度

种类	尺寸限度		其他要求
	最大尺寸限度	最小尺寸限度	
信函、文件	专用封套规格长度 324 mm,宽度 229 mm,公差 2 mm		无法装入专用封套的应封入纸质包装箱、盒,尺寸限度同物品型邮件
物品	包装箱、盒的最大尺寸:长度不超过 1 500 mm,长度和长度以外的最大横周合计不超过 3 000 mm,公差 3 mm。特殊的以能装入 51 号邮袋为限		包装箱、盒至少有一个面的长度尺寸不小于 250 mm,宽度不小于 170 mm,公差 3 mm

4)无法投递邮件的处理

由于下述原因,有一些邮件无法投递:

① 收件人地址不详或书写错误的;

② 原地址"查无此人"的;

③ 收件人迁移、新址不明的;

④ 收件人单位已撤销,又无合法代收单位的;

⑤ 收件人死亡,又无家属代收的;

⑥ 收件人拒收或拒付应付费用的;

⑦ 局内投交的邮件,保管期满逾期不领的;

⑧ 新建企、事业单位和居民住宅不具备通邮条件、产权单位拒收或保管期满的。

对于以上无法投递邮件的处理,应根据邮件种类,视无法投递的具体情况,按照有关规定,各类函件、特快专递邮件,一律退回寄件人;各类包裹按照寄件人包裹清单上标注的声明进行处理,没有标注的,其他各局不得开拆处理。

5)无着邮件的处理

无法投递邮件退回后无法退给寄件人、退回后投递局保管期满而寄件人仍未领取、寄件人声明放弃、寄件人拒付应付费用的邮件,统称为无着邮件。

无着邮件的处理要严肃认真,应有专人妥为保管,严禁擅自拆开,经工作人员核对,确为无着邮件,根据有关规定,作销号处理,并按期向主管部门寄送,由省局或省指定省会局集中开拆处理,其他各局不得开拆处理。具体规定有:书面通信一律销毁;其他物品,能够变卖的,由当地商业部门收购,价款上缴国库,不能变卖的按照规定处理。

2. 国内经济快递

1)准寄范围

由于国内经济快递产品主要针对电商客户和批量交寄的客户,服务具有商业性质的快递需求,因此,国内经济快递的准寄范围为各类物品型快件。

2)重量限度

国内经济快递单件重量限度为 20 kg,国内经济快递支持一票多件,最多支持 10 件。

3)尺寸限度

国内经济快递邮件尺寸限度如下:

① 箱式邮件外包装单边最大尺寸不超过 60 cm,应保证至少有一个面的尺寸不小于 15 cm×10 cm。

② 圆卷形邮件包装的最大尺寸为直径的2倍,和长度合计为150 cm;最小尺寸为长度30 cm、直径6 cm。

③ 不规则包装当作常规长方体包装测量,以离中心最远点到中心距离为长,测量该包裹的长、宽、高,单边最大尺寸不超过60 cm;应保证至少有一个面的尺寸不小于15 cm×10 cm。

【案例】

李克强签署国务院令公布《快递暂行条例》

2018年3月27日新华社发布国务院总理李克强签署国务院令,公布《快递暂行条例》(以下简称《条例》),自2018年5月1日起施行。

快递业是服务业的重要组成部分,连接供给侧和消费侧,是推动流通方式转型、促进消费升级的先导产业,在稳增长、调结构、惠民生等方面发挥着重要作用。近年来,我国快递业迅猛发展,快件业务量连续四年居世界第一。为促进快递业健康发展,保障快递安全,保护快递用户合法权益,加强对快递业的监督管理,国务院制定《条例》。

《条例》以促进快递业持续健康发展为重点,规定了一系列保障行业发展的制度措施,包括经营快递业务的企业及其分支机构开办快递末端网点,按要求备案后无需办理营业执照;县级以上地方人民政府应当将快递业发展纳入本级国民经济和社会发展规划,统筹考虑快件大型集散、分拣等基础设施用地的需要;县级以上地方人民政府公安、交通运输等部门和邮政管理部门建立健全快递运输保障机制,依法保障快递服务车辆通行和临时停靠的权利;企业事业单位、住宅小区管理单位采取多种方式为开展快递服务提供必要的便利;支持在大型车站、码头、机场等交通枢纽配套建设快件运输通道和接驳场所;鼓励经营快递业务的企业依法开展进出境快递业务,支持在重点口岸建设进出境快件处理中心、在境外依法开办快递服务机构并设置快件处理场所;海关、出入境检验检疫、邮政管理等部门应当建立协作机制,完善进出境快件管理,推动实现便捷通关等。

立足于守住安全底线,《条例》规定了一系列安全制度,包括寄件人交寄快件和企业收寄快件应当遵守禁止寄递和限制寄递物品的规定;要贯彻落实法律规定的实名收寄制度,执行收寄验视制度;经营快递业务的企业可以自行或者委托第三方企业对快件进行安全检查等。

《条例》完善了快递服务规则,明确各方权利义务,保护消费者合法权益,包括明确快件收寄规则、投递规则;细化无法投递、无法退回快件的处理规则和快件损失赔偿规则;专门规定用户个人信息保护制度,对于出售、泄露或者非法提供快递服务过程中知悉的用户信息等违法行为,规定了严格的法律责任。

资料来源:新华社 http://cpc.people.com.cn/n1/2018/0327/c64094-29892425.html。

【案例】

北京用户收寄快递均需实名制

"一带一路"高峰论坛即将于 2017 年 5 月 14—15 日举行。记者从北京市邮政管理局了解到,该局发布关于"一带一路"高峰论坛期间寄递渠道安全保障工作的通知,2017 年 5 月 1 日起执行。北京用户收寄快递均需实名制,快递过机安检要粘贴安检标识。

记者了解到,该通知要求在京各快递企业,严格落实收寄验视、实名收寄和过机安检"三项制度"。自 5 月 1 日起严格运用实名收寄信息系统落实实名收寄制度,严格遵照"应配必配、应检必检"要求做好全部进京的、寄往重点地区的、寄往重大活动举办地和党政机关的、同城的和进出境的邮件快件过机安检工作,粘贴安检标识。

记者随后从邮政 EMS 了解到,4 月起开始加强禁限寄物品的学习及培训,要求全体员工了解并熟悉禁限寄物品,做到所收寄的邮件 100%验视。对于无法确定寄递安全的物品,不予收寄。对于交寄的较厚、较大、较重文件型邮件,必要时可以根据《中华人民共和国邮政法》的相关规定,要求用户开拆。物品型邮件验视后,要在邮件实物和详情单明显位置加盖验视戳记。收寄人员对散户交寄的邮件必须逐件验视内件,眼同封装。

EMS 将在会议期间对所有进京邮件、寄往重点区域、国家级重大活动举办地和党政机关、同城与进出境邮件 100%过机安检。同时,对全部外阜进京邮件实行落地二次安检,并加盖邮政管理局规定的可追溯的"已安检"戳记,做到邮件承运环环相扣,安全交接。

资料来源:法制晚报 http://news.sina.com.cn/c/2017-05-03/doc-ifyexxhw2103989.shtml。

4.1.2 配送中心作业流程与管理

邮件在配送中心要经过接收、开拆、分拣、封发、交运五个环节。

1. 邮政配送中心作业流程与管理

邮政的配送中心即为邮件处理中心,负责全国各类邮件的分拣封发任务,在全国邮政通信网中占有非常重要的地位。具体的作业流程如图 4-14 所示。

(1) 邮件的接收

分拣部门接收快班汽车、航班或转运部门交来的国内标准邮件,点验总包数量、规格,与交方办理邮件及路单交接手续。速递系统与中心局系统已实现互联互通的,同时接收网上路单信息。

分拣部门接收转运部门交来的总包,检查邮车车封,无误后卸车。点数正确则无须勾核;分拣部门接卸的快班汽车、航班邮件,应进行核对。转运(盘驳)作业与分拣作业为流水线方式的,总包邮件由转运(盘驳)部门接收后分拣部门直接进行开拆作业,不再进行点验接收处理。

之后验视总包有无异常,确认正常后,进行数量核对。

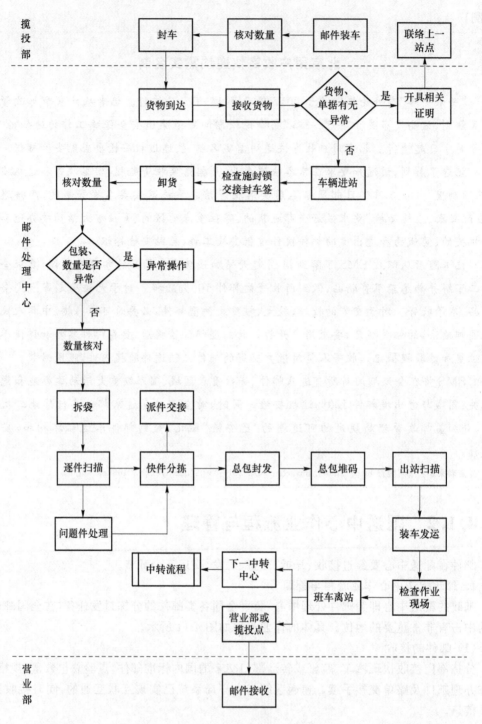

图 4-14 EMS 中转作业流程

（2）邮件的开拆

托卡将总包运至开拆台席，开拆人员开始对总包进行开拆。分拣部门按邮件投递频次计划和实现组织开拆作业。国内标准邮件和"次晨达"等总包要优先开拆处理。总包人工开拆应双人会同作业。开拆邮件袋要做到一袋一清。对栓有"红杯"或"红杯水"袋牌的总包必须轻拿轻放。

① 开拆总包

按规定的操作标准拆开邮件袋,从邮袋内取出邮件和清单,对"红杯"和"红杯水"邮件轻拿轻放,并检查袋内是否有遗漏邮件。

② 点验内件

清点拆出的邮件数目,与清单及网上清单核对数量。逐件验视邮件的外包装,查看有无破损或拆动痕迹。点验无误后,扫描录入邮件状态。

③ 整理邮件

开拆人员根据分拣作业的要求,将邮件按文件类和物品类分类整理。

(3) 邮件的分拣

初分:在处理的业务量较大时,需要先对邮件进行初分,即按照需要对快件进行宽范围的分拣。把已开拆的邮件分入初拣格口,为后续的细分作业尽可能地提供方便。

细分:指对已经初分的邮件按寄达地或派送路段进行再次分拣,将邮件放置到目的地所属的分拣栏或架内。

经过分拣,明确了去向的邮件就进入了另一个环节,封发。

(4) 邮件的封发

封发员按封发格口扫描散件条码录入封发清单,打印封发清单和总包条码袋牌,邮件装袋封发,系统生成总包邮件信息。邮件、清单、袋牌三核对,检查总包封发规格及条码质量,检查现场有无漏封发邮件。在系统中对开拆散件数和封发散件数进行数量核对,最后扎袋。

对"次晨达"邮件实行单独封发处理。在封发清单上加盖红色"次晨达"戳记,使用"次晨达"专用邮件袋封装。

(5) 邮件的交运

由速递系统生成路单,各类邮件在封妥成袋后,按发寄的路向分别堆码。托卡将邮件总包拉到发运平台,工作人员进行扫描装车,信息核对,上施封锁。然后处理中心的工作人员与司押员进行总包交接,并在路单上签名,将信息上传,邮件将被送往下一目的地。

每班作业结束,生成工作日报,上传邮件处理信息,整理作业现场。

【案例】

中国邮政速递物流自主邮航网络

根据原始设计,全网设立"南京中心+本地分中心"的网络组织架构,可以实现集散和直达双路线。两个本地分中心够量的直接组开直达自主航空运输,各本地中心之间所辖区域通过干线汽车组织集散运输,南京中心和本地分中心之间同国有航班或干线运输汽车进行直连。具体如图4-15所示。

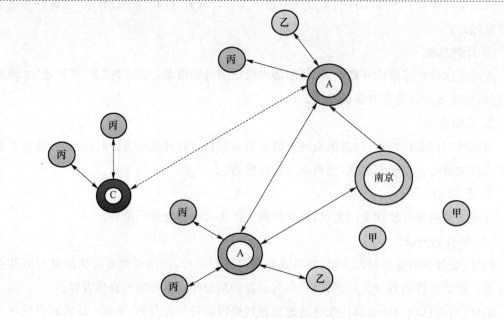

图 4-15　中国邮政速递物流自主邮航网络图

【案例】

EMS 南京集散中心作业流程

南京集散中心拥有 12 台包件分拣机、7 台扁平件分拣机、6 台塑封机、21 台安检机、30 台装卸过桥、DLP 系统、LED 大屏显示系统、12 000 多平方米的滚轮平台、总长超过 10 千米的胶带输送系统、总长超过 2.5 千米的信和输送系统。设计处理能力可以达到 50 万件以上。EMS 专用航空拥有以南京为集散中心,上海为辅集散中心,连接北京、广州、沈阳、成都、青岛、厦门、深圳、天津、西安、福州、武汉等城市的集散式航空快速网络,并通过与邮政地面火车、汽车快速邮路的有效衔接,构建了空地一体化实物网,范围覆盖全国 27 个省的所有主要城市。

南京集散中心的作业流程如下:

(1) 货物到达。邮政运输部门通过专用车辆、飞机将邮件运到南京集散中心,在交寄的当晚邮件便会抵达南京集散中心,而为了更高效地工作,使客户更快地收到邮件,南京集散中心采取的是全夜工作的形式,工作人员都是夜班。

每天晚上十点半,江苏、上海、安徽、浙江的邮件就会通过专用车辆到达南京集散中心参与分拣。之后,满载邮件的邮政航空专用飞机到达,引导车、引导员把飞机引导到指定位置。引导员要引导飞机正确安全地入位,执行飞机的过站检查工作单,对飞机的各个部位进行检查,确保飞机的各个基本零件工作正常。待飞机平稳后,利用各种装卸设备有条不紊地将快件集装箱卸下,驶入分拣场地,开始分类分拣。

(2) 安全检查。检查出不符合国家安全规定的快件。此项安全检查只针对陆路运输的 EMS 快件,航空运输的 EMS 快件已经在登机时完成了安全检查,因此可以直接进入分拣环节。进入现场的工作人员也需要进行安检,与工作无关的物品禁止带入现场。

(3) 卸车。将快件卸车运往分拣中心。

(4) 分拣。经过分拣的邮件,会自动地走向相应的格口,由工作人员进行扫描装箱分发。

(5) 装机。快件被运至专用飞机旁边等待装机。

邮航航班运行采用全夜航模式,EMS 邮航飞机从各地机场起飞,前往南京集散中心进行货物的集散和处理,所有飞机在上午十点之前便可返回各地机场,并在当天完成 EMS 快件的投递工作。

南京集散中心的建成运营大大地提高和促进了 EMS 全网的整合工作,成为中国邮政发展史上的里程碑,是实现 EMS 快件在全国集中分拣、投递的关键所在,是全国 EMS 用户的福音。它变革了以往的作业方式和传统流程,压缩了邮件处理环节,缩短了作业时限,加快了 EMS 生产传递。

2. 快递配送中心作业流程与管理

快递配送中心也叫分拨中心。分拨中心是专门从事分拨活动的经济组织,换个角度来说,它又是集加工、理货、送货等多种职能于一体的物流据点。快递分拨中心作业可以分为进件作业和出件作业。

1) 进件作业

进件作业流程如图 4-16 所示。

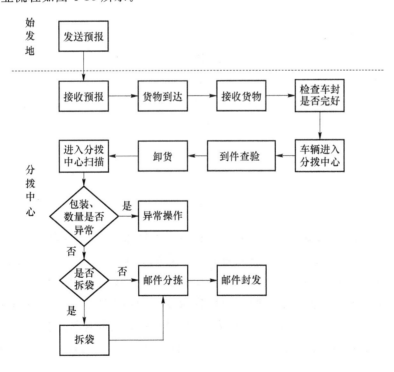

图 4-16 进件作业流程

(1) 检查车封

检查车门上的车封是否完好。如正常,进入下一程序;如异常,则上报操作部主管做好备案,且押车员和驾驶员必须作出相应的解释。

(2) 航空(汽车、火车托运)到件查验

到车站或机场提货时,根据发件公司的提货信息,确保提货的数量准确及外包装完整,发现异常情况及时上报后勤操作主管,后勤操作主管必须及时跟进处理。

(3) 卸货

在监控状态下进行卸货、单件及包称重、拆包,对单件及包进行到件入库扫描,把在机场火车站提货处已发现的破损件交给专职人员处理。押车员或驾驶员对贵重、易破碎等特殊物品与仓管员进行签字验收交接,确保每个包装拆包后清空。

(4) 分拣封发

拆包时确认内件与目的地是否相符,按照面单上的地址信息,分别将快件分拣到指定地址,根据指定区域的代码,进行分发扫描。核对分数后,业务员、仓管员分别进行签字确认。

2) 出件作业

出件作业流程如图 4-17 所示。

图 4-17 出件作业流程

(1) 再包装

对于包装欠妥的快件进行再包装,然后逐件称重扫描,抽出结账单,按照目的地分拣至各个区域。

(2) 快件打包扫描

标准包最大不超过 1 m×1.2 m,重量控制在 50 kg 以内,单件超过 10 kg(含 10 kg)或无法装入标准袋内的快件列为大件,能装入袋内且小于 10 kg 的件列为小件。

小件的打包原则是:满三份到同一目的地的快件必须建包(最终目的地拆分),不满三份的,以目的地中转建包(散件、最终目的地中转拆分)。

(3) 快件装车

遵循重不压轻,大不压小的原则,把重货放在车尾。

3. 分拣作业流程

1) 手工分拣

在许多二级配送中心最常见的分拣方式仍是手工分拣,手工分拣作业流程如图 4-18 所示。快递员们通过包裹面单上的收件地址将同一区域的包裹放在一起,送至下一环节。除此之外,在一些一级配送中心,超大件和文件也需要采用手工分拣的方式。

(1) 分拣员在规定时间、规定地点集合,领取相关的操作物料、设备,进行班前准备:检查车位、流水线、分拣设备是否有异常,如有异常,通知相关人员立即处理。

(2) 分拣员站在相应的卡位,面朝快件传来的方向,手不能放在皮带及缝隙处,以免夹伤,站立角度以与流水线成 45°角为最佳。

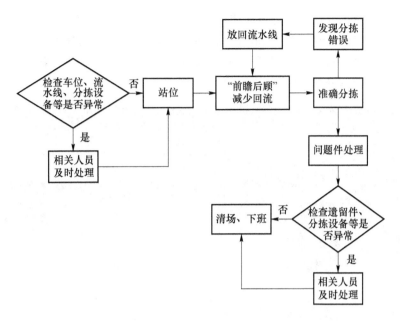

图 4-18 手工分拣作业流程

(3) 分拣分为手工分拣和半自动分拣两种方式。
- 手工分拣时,分拣员要同时了解上一区域、下一区域的快件,做到"前瞻后顾",减少回流。分拣过程中要看清货物地址或编码,准确分拣,如果出现分拣错误的情况,应将货物放入流水线,重新回流。
- 半自动分拣时,操作人员只需把邮件贴有条码的一面朝上摆放,然后把邮件放到分拣机上,邮件通过高速自动条码阅读器时,控制系统根据收到的条码信息从分拣数据库中搜索到该条邮件的记录,查到邮件的寄达地址,然后发出指令把邮件送到指定的分拣格口。分拣员站在相应的格口将快件取下即可。

(4) 分拣中遇到问题件时,要及时上报班长,做应急处理。

(5) 作业完成后,检查是否有漏件,仪器设备是否正常。如有异常,需请相关人员立即处理。检查无误后,清理现场,做好交接工作。

2) 自动化分拣

在现代化的邮件处理中心里,大部分的邮件是通过自动化的设备自动分拣的。工作人员对每个邮件上的条码进行扫描,信息被系统接收后,机器会自动地将邮件送往指定格口。在使用自动化设备分拣的同时,所有超常规的邮件和部分文件类邮件还需要手工进行分拣。图 4-19 所示为莫斯科邮件自动化分拣中心。

3) 航空件的分拣

(1) 分拣员将同一航空目的地的小件包裹和文件进行集装操作,并对每包制作集装包件数清单,放入包内。将集装后的编织袋封口,制作打包标签,粘贴在编织袋上。对于不能集装的大件,要单独制作航空标签。

(2) 对完成的集包和单独的大件按照航班的不同,依次称重,并登记每次航班的托运重量。对打包后的单件货物逐票进行发出扫描,对进入集散中心的货物进行收入扫描,并分拣到相应目的地划分的区域。

（3）每个班次的工作结束后，要清理作业现场，检查是否有漏件，并检查扫描枪中的数据是否正常。检查运单上所标注的地址与收件地址是否一致，将其分拣至相应区域。

（4）把扫描后放在推车内的货物（小件、文件）推至分拣区域，按照条码或其他原则，进行二次分拣。二次分拣时要注意轻拿轻放，不可随意抛扔。

图 4-19　莫斯科邮件自动化分拣中心

【案例】

快递分拣"货物不落地"

走进快递企业的操作区，身着整齐工作服的工作人员正在紧张有序地忙碌着，一件件快递通过传送带，经过装卸、分拣等环节的紧张作业，来自全国各地的快件从这里开始，被分门别类地分拣出来，再由快递员走街串巷送到消费者手中。

只见工作人员熟练地从传送带上取下快件，根据地址所在区域，用颜色醒目的记号笔做上不同的标记，再放回到传送带上，进入下一个流程。工作人员告诉记者："每个区域都有不同的编号，便于分拣时的识别。这要求工作人员将所有的编号和所对应的地址都熟记于心。一般要培训几个月，工作人员才可以独立工作。"从编码到分拣，不过几分钟时间，一系列标准化流程便顺利完成。企业负责人姜定介绍说，高峰期时每名工作人员每天要分拣6 000多件快件。预计下一年年初，企业将实现自动化分拣，提高工作效率。

在快递业迅猛发展的同时，伴随着业务量倍增，野蛮分拣、快件延误等也成为投诉焦点。姜定告诉记者，目前，企业实行"货物不落地"，由人工进行快件分拣传送时，设立专门的分拣筐，同时操作区内还设有专门的视频监控设备，规范操作。同时，企业还设有专门客服部门为消费者服务。姜定提醒消费者，在收取快件时要注意当面验货，遇到问题及时投诉，维护自己的合法权益。

资料来源：北方网 http://news.enorth.com.cn/system/2014/03/11/011737841.shtml。

【案例】

京东建成全球首个全流程无人仓

在国内电商中,京东的分拣和发货速度首屈一指,而未来,这一过程有望更快。

2017年10月9号,京东官方宣布,已建成全球首个全流程无人仓,从入库、存储,到包装、分拣,真真正正地实现全流程、全系统的智能化和无人化,如图4-20所示。

图4-20 京东无人仓

据悉,该无人仓坐落在上海市嘉定区的仓储楼群,属于"上海亚洲一号"整体规划中的第三期项目,建筑面积40 000平方米,物流中心主体由收货、存储、订单拣选、包装4个作业系统组成,存储系统由8组穿梭车立库系统组成,可同时存储商品6万箱。

在京东无人仓的整个流程中,从货到人到码垛、供包、分拣,再到集包转运,应用了多种不同功能和特性的机器人,而这些机器人不仅能够依据系统指令处理订单,还可以完成自动避让、路径优化等工作。

在货物入库、打包等环节,京东无人仓配备了3种不同型号的六轴机械臂,应用在入库装箱、拣货、混合码垛、分拣机器人供包4个场景下。

另外,在分拣场内,京东引进了3种不同型号的智能搬运机器人执行任务;在5个场景内,京东分别使用了2D视觉识别、3D视觉识别以及由视觉技术与红外测距组成的2.5D视觉识别技术,为这些智能机器人安装了"眼睛",实现了机器与环境的主动交互。

未来,京东无人仓正式运营后,其日处理订单的能力将超过20万个订单。

值得一提的是,京东物流在无人仓的规划中融入了低碳节能的理念,其在系统中应用了包装材料的算法推荐,可以实现全自动体积适应性包装,以缓解人工打包中出现的"小商品大包装"或者"大商品小包装"造成包装过度或者纸箱破损的情况。

此前,京东于2014年建成投产的"上海亚洲一号",其仓库管理、控制、分拣和配送信息系统等均由京东开发并拥有自主知识产权,整个系统由京东总集成,90%以上的操作已实现自动化,代表了国内智慧物流领域的最高水平。

经过3年的实践与应用,"上海亚洲一号"已经成为京东物流在华东区的中流砥柱,有效地缓解了"618""双十一"订单量暴涨带来的压力。无论是订单处理能力,还是自动化设备的综合匹配能力,"上海亚洲一号"都处于行业领先水平。

京东表示,无人仓是京东在智能化仓储方面的一次大胆创新,其自动化、智能化设备覆盖率达到100%,可以应对电商灵活多变的订单的业务形态。这与原有的"上海亚洲一号"能够长期持续地消化巨量的订单的风格形成了高效有序的互补。

资料来源:http://news.mydrivers.com/1/551/551134.htm。

4.1.3　物流运输作业与管理

运输是指人们借助运输工具,实现运输对象的空间位置变化的有目的的活动。运输过程是运输劳动者使用运输工具使运输对象实现空间位移的过程。对于快递来说,运输是其活动流程中的主要组成部分,也是核心环节,快件的揽收、中转、派送都必须依靠运输来实现。

根据业务种类、邮向、邮件时限等要求,邮政快递常用的运输方式有以下三种,即公路运输、航空运输和铁路运输。其中公路运输和航空运输使用得较多,铁路运输使用得较少,铁路运输通常用在东北、西北等运输业不太发达的地区。

1. 公路运输

邮政速递拥有自己的陆运网络,依靠班车连接各个节点,实现货物的集散。以跨区域集散中心之间互联互通、区域覆盖范围快速集散为组网模式,以支撑快速包裹产品为主,全程实现目标三日递。

公路运输的基本作业流程如图 4-21 所示。

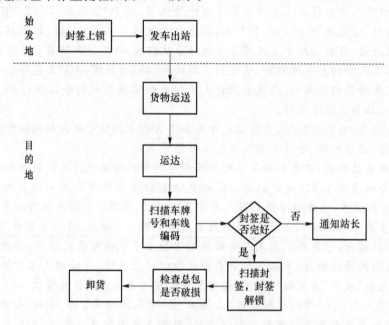

图 4-21　公路运输的作业流程图

（1）发车出站

分拨中心的工作人员按照装卸流程将货物装车完毕后,确认无快件遗漏,司机关闭车门上锁,调度员亲自封签上锁并对车牌号和车线编号进行扫描,通知驾驶员启动车辆。驾驶员离开停车位后,在站内地磅进行称重,然后出站。

（2）货物运送

如图 4-22 所示,在货物运送的过程中,驾驶员要按照规定的行驶路线运行,同时注意在行车过程保持行车稳定,并进行行车检查,确保货物完好无损,无漏失。

图 4-22　EMS 邮车在递送邮件

行驶过程中若出现特殊情况(如堵车、交通事故等),必须马上通知下一站点的调度员及车辆准点监督员,并采取相应的应急措施。

调度员要做好线路车辆运行的管理工作,掌握各运输车辆的工作进度,及时处理车辆运输过程中临时出现的各类问题,保证车辆日运行作业计划的充分实施。

(3) 货物运达

车辆到达目的地后,停靠到准确位置,调度员收集路桥票据并核对车牌号,扫描车牌号和车线编号。

检查封签是否完好,检查卫星定位系统是否正常。若有问题,及时通知站长。

对封签进行扫描,解锁封签,并回收保存到固定地点。

(4) 卸货

打开车门后,及时对保价物品进行交接,检查总包是否完好,然后按流程完成卸车工作。

2. 航空运输

以中国邮政航空公司为支撑,邮政速递拥有自己的全国航空快速网络。如图 4-23 所示,中国邮政航空公司机队以波音 737 全货机为主,采用"全夜航"集散模式,形成了以南京为枢纽,上海、武汉为辅助中心,连接国内外 16 个节点城市,形成覆盖华北、华东、东北、华中、华南、西南、西北 7 个地区的集散式航线网络,能够在国内 304 个城市间实现 EMS 邮件"限时递"以及"次日递"和"次晨达"等业务品牌。

邮政航空集散运行的特点如下:

- 自主。自主安检资质。具备自主安检资格及设备、通道,每天 30 多个路向的出港邮件经过自主安检与航空网络紧密衔接。
- 快捷。围绕邮航飞机起降时刻,组织相关干线及市趟邮路,分配市趟、分拣封发、干线汽车、交邮、投递各环节时长,做到环环相扣,紧密衔接。
- 高效。专属航空网络,契合速递物流业务发展实际需要,实现集约化生产,降低整体运营成本,提升规模效益,更好地发挥网络核心竞争力的优势。
- 可靠。采用集装板(集装箱)运输,与散装运输相比,能更有效地保护客户交寄的物品,减少邮件破损。同时有效地避免了因民航仓位不稳定对邮件运抵实现的影响。

而国内民营快递除顺丰速运外,其他快递公司仍采取与航空公司和货代公司合作包机和腹舱运输的方式,解决现阶段低廉的快递价格无法支撑自建航空公司运输成本的问题。

图 4-23　邮政专机在机场待机

下面将航空运输分为出港和入港两个环节进行描述。

1) 出港

出港是指从发货地暂存仓库中登记出库发往目的地,在此处单指货物从始发分拨中心发往目的分拨中心的过程。图 4-24 是货物出港作业流程图。

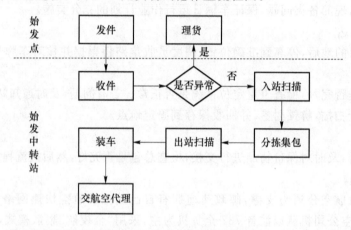

图 4-24　货物出港作业流程图

(1) 收件扫描

收件网点收取航空快件后,及时转运到各自区域的分拨中心。始发分拨中心出港联络员实时关注网点发来的货物信息预报,统计预报的货物量,按照标准路由计划向航空代理预定舱位。

始发分拨中心收取网点发来的快件,检查快件的重量、尺寸、体积以及包装和快件内容是否符合航空运输的要求、有无违禁品等。若发现不符合标准的快件,要马上退回网点理货处理。

对符合要求的快件进行入站扫描,并将扫描的数据上传至系统,供进港提货员及目的分拨中心操作员进行核对。

(2) 分拣集包

内场分拣员将拆出的快件按照目的地网点进行分拣。分拣时,所有文件、小件要放入篮筐中。分拣员对所有发往同一目的地的小件进行集包,根据路由集装规范事先准备好集装袋,并在相应的集装操作标签上注明"目的地名称或代码"和"施封锁号"。

扫描集装操作前后,将符合该集装袋的快件扫描后放入集装袋内。袋满后,在集装操作标签上写明"集装件数",用施封锁将袋口和集装操作标签扎紧,并将刚才扫描的信息保存。

将完成集包和集包扫描的快件分拣到指定的区域,准备装车。

(3) 出站扫描

制作班车封车签,在封车签上注明班车目的地名称。扫描封车签条码,逐件扫描出港的大件和集包,扫描一件,装车一件。在装车时要注意轻拿轻放,不可随意抛扔。重货、大件和集装袋需摆放在靠车厢门口的位置上。

所有快件装车完毕后,需清理作业现场,检查是否有漏件。确定无漏件后,由司机锁好车厢,操作员在封车签上注明装车件数,即车内大件和集包的总件数,然后封车发运。

司机按照规定时间发车,到达机场,将货物交给航空代理。

(4) 交航空代理

出港联络员根据发货信息制作《发货预报》,交货司机凭此预报办理发货。交货司机在规定的时间到达指定地点办理交货手续,包括交货数量、重量等基本信息,确定航班号、航班提单号等航空信息,按规范填写交接表。

交货司机需要监督航空代理收货,并取得目的站提货凭证。交货完毕后,司机需要立即回到始发分拨中心,将相关单据上交给出港联络员。

出港联络员在确认已配载的航班班次、日期、始发时间、到达时间后,确认所交付货物的实际发出情况。货物发出后,联络员在系统中发出货物信息预报。如航班有异常情况,应通过航空代理保障货物及时运出;若有航空拉舱,启用备用航班计划,并及时通知有关部门,做好应急准备。

2) 进港

进港是指货物从发货地到达收货地的暂存仓库,在此处指货物从始发地分拨中心进入目的地分拨中心这一过程。货物进港的作业流程如图 4-25 所示。

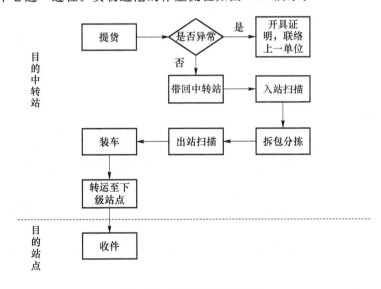

图 4-25 货物进港作业流程

(1) 接收预报

目的地分拨中心的进港联络员随时关注并接收系统中出港联络员发出的货物信息预报,根据预报内容,将预报信息及提货单按照提货点进行整理、归类和校队,制作《提货预报单》。将所有提货证明和《提货预报单》交给提货员,安排提货。

如当日航班出现异常情况,进港联络员需通知航班始发站,并将情况告知质量监控、客服中心的工作人员。

(2) 安排提货

提货人员根据《提货预报单》,在规定时间前往指定地点提货。提货时,要核对货物航班号、提货单号、件数、重量等,并检查货物的数量和是否有破损。如发现货物破损或丢失,提货员要立即与承运商交涉,开具破损或丢失证明,并通知分拣中心进港联络员;如在提货过程中遇到航班拉货、延误、无单无货、有单无货或有货无单等异常情况,提货员要立即通知进港联络员。进港联络员在收到异常信息反馈后,必须将信息反馈给始发分拨中心航班部或分公司,对异常情况的处理进行跟踪,并上报系统异常情况。

在确保所有货物装车后,提货员关闭车门,上锁,贴上封车签,在规定时间内回到分拨中心。

(3) 进站扫描

提货员回到分拨中心后,和扫描员现场交接,清点总件数,由内场操作员卸车。如在提货过程中有破损、丢失等情况,提货员应向进出港联络员出示机场货运部等运输单位开具的异常货物证明,由其备案并记录入系统。

卸车前,操作员应先检查班车施封锁是否完好,并向司机索取班车封车签,核对施封锁号码和班车签上标注的号码是否一致,如不一致,应以及与司机核对。卸车时,操作员要根据预报内容核对货物数量和外包装的完好程度,由扫描员对快件进行进站扫描。卸载完毕后,操作员要进入车厢检查,确保无漏件。

扫描员扫描时要检查包装是否破损,现场称重并核实运单上标注的重量,对快件进行全方位的拍照,记录相关信息。车辆卸载完毕后,检查扫描枪上扫描的快件数量与封车签上标注的数量和系统预报的数量三者是否一致,如不一致,需要立即上传异常情况,并将详细单号罗列。

(4) 拆包分拣

操作员按照网点班车发车时间的差异,确定快件分拣的先后顺序,并进行初分拣。分拣时,所有文件、小件必须放在篮筐中。

首先确认集装袋是否需要进行拆袋操作,拆袋前确认集装袋的施封锁是否完整,施封锁号码是否匹配,集装袋是否完好。如有异常情况,应立即核对袋内货物的数量与货物包装,如数量不对或包装破损,应立即通知上一环节的操作单位。在拆袋时,操作员要将所有拆开的集装袋内面翻出,以便确认袋内清空。将清空的集装袋移除所有标签后折叠整齐,放入指定物料区保管。

操作员按照下一级目的地将快件细分拣到指定区域,对即将出港的快件进行集装操作,并在标签上注明信息,准备装车。

(5) 出站扫描

对出站货物进行装车,在装车时要注意轻拿轻放,不可随意抛扔。重货、大件和集装袋需摆放在靠车厢门口的位置上。

装车时,对快件逐件、逐袋的进行出站扫描。装车完毕后,清理作业现场,检查有无漏件。确定无漏件后,班车司机锁好车门,由操作员用施封锁对车辆上锁。

操作员制作班车封签,扫描签号,并在标签上记录车辆装载包裹数、集装袋数、封车的施封锁编号,上封签。司机按照规定时间驶离分拨中心。

(6) 转运

二级站点接收预报,安排班车进站,对封签进行检查,对货物的重量、外包装进行检查,安排工作人员卸货分拣。

3. 铁路运输

铁路货物运输按分类方法不同有多种。按照一批托运货物的重量、体积、形状及其物理化学性质,分为铁路整车货物运输、铁路零担货物运输和铁路集装箱运输三种。按照运送条件,分为按普通运送条件办理的货物运输和按特殊运送条件办理的货物运输两种。属于后者的有铁路阔大货物运输(包括超限货物、超长货物和集重货物运输)、铁路危险货物运输、铁路罐装货物运输以及铁路易腐货物运输和活动物运输。按照运送速度,分为按普通货物列车速度(又称慢运速度或一般运送速度)办理的货物运输、按快运货物列车速度办理的货物运输和按客运速度办理的货物运输三种。此外,铁路还办理国际铁路联运货物运输、铁路水路联运货物运输和铁路公路联运货物运输(见联运)。铁路货物运输如图 4-26 所示。

图 4-26 铁路货物运输

铁路货物运输作业基本流程分为托运、承运、发运、装卸、费用结算和交付等。下面对托运和承运、装卸、运输以及交付四个方面进行说明。

1) 铁路货物的托运和承运

铁路实行计划运输,发货人要求铁路部门运输整车货物,应向铁路部门提出要车计划,车站根据要车计划受理货物。在进行货物托运时,发货人应向车站按批提出货物运单一份,如使用机械冷藏车运输的货物,同一到站、同一收货人可数批合提一份运单。对于整车要求分卸的货物,除提出基本货运单一份外,每一分卸站应另增加分卸货物运单两份(分卸站、收货人各一份)。对同一批托运的货物因货物种类较多,发货人不能在运单内逐一填记,或托运集装箱货物以及同一包装内有两种以上的货物,发货人应提出物品清单一式三份,其中一份由发运站存查,一份随同运输票据递交到达站,一份交还发货人。零担和集装箱货物由发运站接收完毕、整车货物装车完结,发运站在货物运单上加盖承运日期戳时,即为承运。

2) 铁路货物的装卸

凡在铁路车站装车的货物,发货人应在铁路部门指定的日期将货物运至车站,车站在接受货物时,应对货名、件数、运输包装、标记等进行检查。对整车运输的货物,如发货人未能在铁路部门指定的日期将货物运至车站时,则自指定运至车站的次日起至再次指定装车之日或将货物全部运出车站之日止由发货人负责。

由托运人装车或收货人卸车的货车,车站应在货车调到前,将时间通知托运人或收货人。托运人或收货人在装卸作业完成后,应将装车或卸车结束的时间通知车站。由托运人、收货人负责组织装卸的货车,超过规定的装卸车时间标准或规定的停留时间标准时,承运人向托运人或收货人核收规定的货车使用费。

3) 铁路货物的运输

车辆装好以后,铁路运输部门及时联系挂车,使货物尽快运抵到站。

4) 铁路货物的交付

凡由铁路负责卸车的货物,到达站应在不迟于卸车完毕的次日内用电话或书信向收货人发出催领通知。收货人应于铁路发出或寄发催领通知的次日(不能实行催领通知或会同收货人卸车的货物为卸车的次日)起算,在两天内将货物提走,超过这一期限将收取货物暂存费。从铁路发出催领通知日起(不能实行催领通知时,则从卸车完毕的次日起),满30天仍无人领取的货物(包括收货人拒收,发货人又不提出处理意见的货物),铁路则按无法交付货物处理。收货人在领取货物时,应出示提货凭证,并在货票上签字或盖章。在提货凭证未到或遗失的情况下,则应出示单位的证明。收货人在到达站办妥提货手续和支付相关费用后,铁路将货物连同运单一起交给收货人。

2017年11月6日,中铁快运宣布要和顺丰一起推出高时效快递产品"高铁极速达",在京沪两地实现异地陆运当日到达。"高铁极速达"瞄准的是有紧急寄递需求的商务信函、标书合同、个人紧急物品、生鲜礼品、贵重物品等品类,属于中高端快递业务范畴。这项业务利用了复兴号设计中一个被称为行包专用箱的设备,每辆长编组列车中有两个该设备,短编组列车中有一个。一个行包专用箱最大负重达到500千克,以此计算,如果全部采用长编组列车,每天往返于京沪线的七对复兴号列车可以释放出13吨左右的运力。在业务层面,顺丰和中铁快运的分工为:顺丰负责两端的取件和派送,即将收揽快递件并将快递送至高铁站以及从高铁站收取快递件并完成派送——为了保证时效性和稳定性,顺丰将集中中转改成地铁接驳直送高铁模式,实现高铁固定网络与顺丰快递网的深度融合,包括特殊的门到门及按运输距离承诺配送时长的客户小时件服务、定制化的精准送达服务等;中铁快运负责装箱、安检并将快递件装载至复兴号列车的行包专用箱中。

这次"高铁极速达"营运端去中心化,收派两端采取直送模式,不用传统中转模式,直接地铁接驳,流程很短。收件到完成派送10小时,已经是目前能稳定和航空运力比肩的时效。京沪短途运输受天气影响太大,高铁运输运量、重量、成本都比航空运输有优势。随着铁总和顺丰合作不断成熟,国内高铁网络提速,地上跑的超过天上飞的也未可知。

【案例】

EMS 打造"极速鲜"

新华社济南记者从邮政部门获悉,2017 年中国邮政 EMS 在烟台投入 4 架次自主航空飞机,对"大樱桃"邮件实行优先处理、优先发运,通过邮政航空专机将山东大樱桃运往全国各地,让全国消费者享受"24 小时开门即见鲜"的美味。

山东大樱桃晶莹圆润,甜美多汁,深受广大消费者的喜爱。但大樱桃比较娇贵,对运输条件和质量要求很高。为助力农村电商发展,中国邮政 EMS 全力打造"极速鲜"服务平台,搭建从原产地到消费者的快速通道。

中国邮政、中国邮政速递物流股份有限公司正式在烟台发布中国邮政 EMS "极速鲜樱桃寄递"行业解决方案,通过专家式运输保障、嵌入式分销合作等,实现大樱桃"订购—采摘—分装冷处—飞机空运—快速派送到家"。

为保证大樱桃的快速寄递,2017 年中国邮政 EMS 在烟台投入 4 架次自主航空飞机(波音 757 和 737 机型各 2 架次),分别直达广州、深圳和南京,总运力 84 吨;青岛专机机型运能增加 14 吨;与南京邮政航空邮件集散中心衔接,将每天寄递的樱桃邮件,通过 30 余架邮政航空专机运往全国各地。

除空运外,中国邮政 EMS 在陆运方面还组织烟台至北京、上海等 22 个城市直达冷链邮路,每日储备冷链车 40 辆,保证大樱桃的快速直达。

资料来源:新华社 http://news.xinhuanet.com/2017-04/26/c_1120877702.htm。

【案例】

首张无人机航空许可证 顺丰无人机送快递要来了

2018 年 3 月 27 日下午,在江西上饶召开的"无人机航空运营许可证颁证会"上,顺丰控股旗下的江西丰羽顺途科技有限公司获得了国内首张"无人机航空运营(试点)许可证"。这意味着中国将正式步入无人机运输的新阶段。

据了解,使用无人机物流将会打破机场间的传统民航物流模式,大大拓展民航物流的送达范围,降低物流企业的运营成本,是目前通航产业最具发展活力的领域。

自 2013 年起,全球范围内已经有多家企业先后试用无人机物流。2017 年 6 月,顺丰在赣州市南康区开展无人机物流配送试点;2017 年 8 月,无人机运营中心初步建成,并且拥有全国最大的无人机飞行示范空域,服务南康区北部 5 个乡镇、90 个自然村、20 万人口;顺丰目前拥有 3 种无人机机型,已投入运行的无人机达 50 台,计划开通航线 80 条。2018 年 3 月顺利通过民航局的审定,获得国内首张无人机航空运营(试点)许可证,成为国内第一个经由民航管理部门批准运行的物流无人机运营企业。这意味着顺丰物流无人机可在全国批准的空域内、合规的运行规范下,进行商业化运营。

> 据民航局相关负责人表示,国内首张无人机航空运营许可证的发放,标志着我国将正式步入无人机运输的新阶段。这既是无人机拓展应用领域的一次创新,也是传统航空货运与无人机新业态的一种融合。
>
> 这次无人机许可证的颁布也意味着,顺丰所构想的"三段式空运网"中的末端配送段已开始进入商业化的运行阶段。顺丰通过无人机实现航空物流网络干支线对接,构建的"大型有人运输机＋支线大型无人机＋末端小型无人机"三段式空运网可以实现36小时内通达全国。
>
> 资料来源:太平洋电脑网 https://www.toutiao.com/a6537874349465010692.htm。

4.1.4 投递作业流程与管理

投递作业是指邮件经过中转站中转后到达寄达地所属的投递点,在投递点进行了到件处理后,将邮件交接给投递员,然后由投递员将邮件递送至收件人的整个作业过程。

邮政快递的投递作业包含到件流程和投递流程。

1. 到件作业流程

到件流程是指营业部的操作人员和司押员交接送达营业部的快件,并对其进行卸车、拆包、分拣、扫描等动作后交由投递员进行派送的整个操作过程。

邮车到达揽投点后,司押员与揽投点进行路单交接,由内勤人员记录邮车到达时间,揽投点工作人员检查邮车施封是否完好,检查无误后卸车,进行勾挑核对操作。之后对路单进行签名盖戳,双方留底,再进行处理。处理时,对快件进行拆袋、分拣、入段、数据核实、细排等作业,经过这些操作后,快件正式进入投递环节。目的站到件作业流程如图4-27所示。

2. 投递作业流程

投递作业是指投递员完成货物交接后,根据运单上的客户地址在规定的时间内将快件送达至正确的客户手上,然后将派送成功的运单和未派送成功的滞留件带回营业部上交,并将收来的营业款交给指定人员的整个操作过程。

投递作业主要采用两种方式:上门投递和智能快递柜投递。

1) 上门投递

邮件投递过程中,按照详情单填写的具体地址投递。按址投递工作要经历接收、复核、出班投递和归班处理等程序。具体作业流程图如图4-28所示。

(1) 快件交接

仓管员与投递员进行点数交接,投递员领取邮件后,清点快件数量并核对是否有外包装破损、分错件、地址错误、超范围、件数明显有误、到付价格明显有问题等异常快件,确认无误后交接并签名确认。签收后按本投递段路线进行细排,细排后进行复核,并检查现场有无遗落邮件。

(2) 快件运输

业务员根据所接收快件的派送地址,结合自己所管辖的服务区域,合理安排派送路线,并根据派送路线,将快件按顺序整理装车。

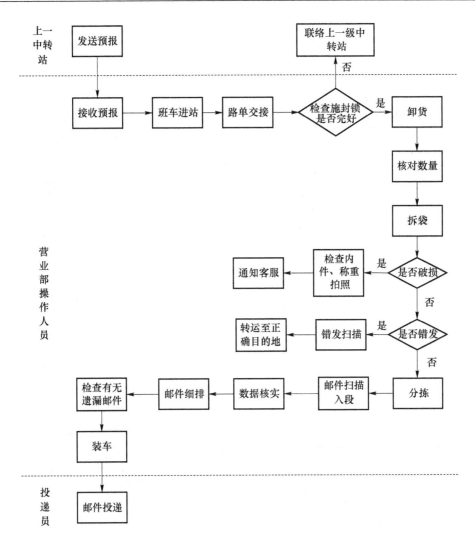

图 4-27 目的站到件作业流程图

(3) 出班投递

投递员按照规定时间出班。投递时要认真复核点交,做到"收投相见"。投递室要验视收件人的有效证件(居民身份证、户口簿;军人身份证件、武装警察身份证件;港澳居民往来内地通行证;护照;驾驶证)。电话预约后收件人不在,由收件人所指定的人员进行签收,但代收人应出示有效身份证件并在详清单上签名(章)。

妥投后,投递员应将详情单投递局存联撕下并带回,作为妥投凭证。投递完毕后,要仔细检查投交现场,特别是揽投作业交叉的现场,查看有无遗漏邮件。查核有无投错,发现问题及时补救。

(4) 归班处理

投递员每班或每日工作完毕后,应将整理好回单及未妥投的快件,进行核对,并对未妥投快件注明未妥投的原因。然后将回单、未妥投快件一起交给仓管员,仓管员应当面核对无误后签字确认,由仓管员对未妥投快件进行入库扫描操作。最后,业务员将所有款项在规定的时间内上缴公司,完成整个流程。

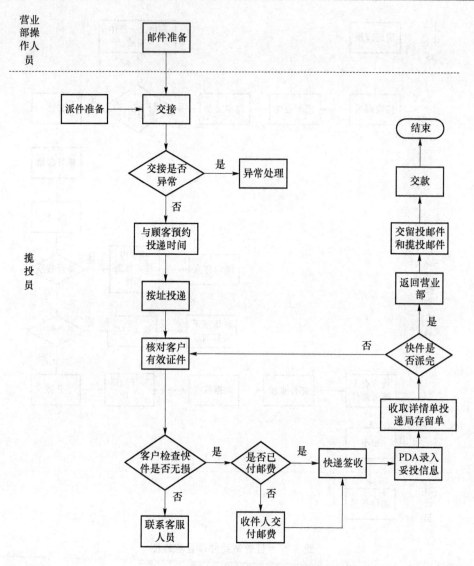

图 4-28　邮政快递投递作业流程图

2）智能快递柜投递

送货上门是大部分快递公司给出的承诺，但很多时候会出现客户不在家的情况，这就需要快递员进行二次派件，增加了时间和运输成本，降低了投递效率。智能快递柜的出现很好地解决了这一问题。快递员只需要把快件投放到收件地址附近的快递柜，等待收件人有时间时自行取件即可。智能快递柜的出现很好地解决了"最后一公里"的问题，不仅提高了投递员的派送效率，同时也保证了快件的安全。目前智能快递柜已经在很多校园、居民区、写字楼中进行铺设，大大地方便了用户的取件和寄件。图 4-29 是快递员使用智能快递柜派件的作业流程。

（1）快递员在智能快递柜上登录，确认身份信息，选择"派件"。

（2）选择"批量投递"，柜体自动打开所有空箱格。

（3）依次扫描待投快件的快递单号，并录入收件人手机号码，根据快件尺寸选择箱格大小，将快件放入箱格，关上箱格。

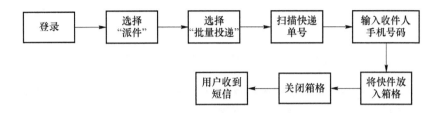

图 4-29 智能快递柜投递作业流程

(4) 单击"提交派件",系统会自动发送信息提示收件人(含网点地址、验证码)。

用户到达短信指定网点,通过手机号及收到的验证码自助取件、验货、关闭箱门。若快件在箱格内存放时间到达预定时限,系统再次向收件人手机发送取货通知,直至快件被取走。

【案例】

每天工作超 11 小时　EMS 快递小哥交出春节旺季完美答卷

随着春节长假结束,多数快递公司陆续开始恢复揽件。但是由于仓库积压,许多用户反映年前购买的物品尚未收到,快递业恢复速度尚需一段时间。用户在进行投递时仍需优先考虑春节期间不停业的快递公司,而根据调查显示,在 2017 年春节期间只有中国邮政速递物流(EMS)等少数快递公司坚持配送,真正做到了全年无休。

春节长假期间,由于大多数快递公司放假休息,坚守岗位的 EMS 迎来了春节旺季高峰。在春节期间全国所有 EMS 网点照常提供收件和寄件业务。为了保证快递的正常运送,EMS 特地启动了 2017 年春节旺季网络运行方案,实行轮班制度,保证员工 7×24 小时在岗,并派专人监督以防快件积压。根据 EMS 统计,整个春节旺季共收寄 10 332 多万件快递。

据悉,春节旺季,全国共 5 万多名 EMS 员工坚守一线;每人每天要派送 200 件以上的包裹;每人每天平均要工作 11 小时以上。以山西邮政快递员小李所在站点为例,该站每天投递量在 3 000 件以上,投递站有 11 名投递员,每天人均投递量达到了 260 件以上,超过"双十一"期间的投递量。小李说,在最忙的时候他曾在站点坚守 36 小时。

此外,由于 EMS 多年来一直倡导全年无休政策,多数 EMS 员工都不是第一次在春节旺季坚守岗位了,长春邮件处理中心的小张就已经连续三年在工作岗位上过年了。由于工作量大,每天晚上 7 点,在其他同事都下班后,小张还要跟着前往航站的运输车量前往机场,积极地配合邮件的安检等工作,通常回到宿舍已经是后半夜了。

正是中国邮政速递物流公司员工的辛勤劳作才保证了春节期间物流的正常运行,解决了网购用户对于快递派送的担忧。每天超过 200 件的超高投递量,每天超过 11 小时的工作时间,EMS 快递员用超凡的信念和毅力为春节快递旺季献上了一份完美的答卷。

资料来源:重庆晚报 http://news.163.com/17/0209/00/CCPSUAR200018AOP.html。

【案例】

顺丰牵手百度外卖叙说物流新故事

当顺丰快递小哥给你递上热腾腾的宫保鸡丁加米饭,不用太过惊讶,因为外卖和快递小哥手拉手送餐、送鲜花、送货的故事已经正式开演了。2017年5月,记者从百度外卖获悉,顺丰已与百度外卖达成业务合作,将为百度外卖在北京、上海、广州、深圳等10余个城市的部分商圈提供餐饮外卖配送服务。

绯闻破灭　合作成真

2016—2017年,百度外卖与顺丰之间始终绯闻不断。从2016年开始,双方就有合并的消息传出。2017年5月,顺丰控股在瑞信"深港通"投资峰会上表示,和百度外卖在某些城市有合作,但暂时没有可公开的信息。此后,又有媒体曝出双方以5∶5比例出资成立合资公司的消息。

2017年5月,双方合资成立公司的绯闻正式破灭。"对于双方资本层面的合作,我们从未听闻。"百度外卖相关负责人说。不过,双方在多个城市展开业务合作的消息也正式坐实。

事实上,在一年前,百度外卖和顺丰就悄然开始了在国贸商圈的合作试水。在午间高峰送餐时段,顺丰负责一部分百度外卖的配送工作。

据透露,与顺丰在国贸商圈合作一年来,百度外卖在该商圈的配送准时率从95%提升到98.8%,每单的平均配送时间也从原来的40分钟缩短到了28分钟。基于这一合作结果,从2017年开始,顺丰作为百度外卖物流供应商的范围从北京,扩展到上海、广州、深圳、青岛、杭州、重庆等10余城市。

对于外界关注的"快递小哥送餐是否安全"的问题,百度外卖回应,顺丰快递作为百度外卖的合作物流供应商,配送人员也需与百度外卖其他"骑士"一样,提交服务行业从业人员健康证明、无犯罪记录证明后方可上岗。

外卖小哥跑腿成风

如果你希望无论自己买午餐、买鲜花,还是买蛋糕,都由同一个相熟而靠谱的外卖小哥送到家门口,那么不久,你就能享受到"专人专送"这种听起来颇有些"轻奢"的配送服务了。2017年5月百度外卖透露,近期将对有特殊配送需求的高端人群推出"专人专送"服务,优选一批配送员,提供管家式的配送服务。

"在午餐、晚餐高峰之外的时间,利用运力闲暇资源,是我们发展同城配送业务的一个基础。同时随着消费升级,越来越多的用户对这样的物流增值服务有需求。"百度外卖负责人说。

瞄准同城物流增值服务的不只是百度外卖,饿了么、美团也都先后推出了跑腿服务等同城物流服务。在纯餐饮类外卖市场的竞争进入胶着阶段时,同城物流无疑成了各家平台更具想象空间的蓝海级业务。

目前来看,百度外卖向顺丰开放的仅限于餐饮外卖配送,对于非餐饮类的跑腿业务等同城物流业务,百度外卖还牢牢攥在自己手中,并未在当前的合作中分享给顺丰。

很显然,百度外卖与顺丰在餐饮外卖配送上的合作,一方面缓解了自己高峰期外卖配送的压力,另一方面也"解放"了部分百度外卖自营配送资源,投入同城物流等增值服务的探索中。

快递不想只做"送货郎"

不只是外卖公司想要建立外卖、跑腿等生活服务闭环,快递公司也在积极地探索新的业务模式。很显然,顺丰也不想只做"送货郎"。"丰鸟大战"足见端倪。6月1日,阿里巴巴旗下的菜鸟网络和顺丰快递因"数据接口"关闭一事开始互掐。此前,顺丰也曾推出"嘿客"等业务涉足线下商业,但未收获太多积极的市场反响。

百度外卖相关负责人说:"为百度外卖进行配送的顺丰快递员,目前也与百度外卖的智能物流调度系统接通。系统会自动根据配送员位置、订单情况制订最科学的配送路线、顺序。"

事实上,对于常年来以异地配送为主、集散分发模式运营的顺丰来说,外卖可以弥补其在同城急配方面的经验、数据、商业资源等各种不足。而依托百度集团人工智能能力的百度外卖所具备的技术能力,也是顺丰在此次合作中有望受益的。北京商业经济学会秘书长赖阳认为,双方的合作节约了重复建设资源的成本,而且可以利用各自冗余的资源,有助于提升效率。但赖阳同时也提醒,目前顺丰线下的商业模式存在一些问题,所以即便是这种深度合作,顺丰首先要解决的是自身的商业模式问题。

资料来源:北京日报 http://www.cnr.cn/chanjing/gundong/20170706/t20170706_523836166.shtml。

【案例】

EMS都开始用无人机了,机械化的时代来了?

近日,中国电子信息行业联合会、中国无人机产业联盟、深圳市无人机行业协会联合主办的2017世界无人机大会、第二届深圳国际无人机展览会在深圳会展中心召开。

随着电商的快速发展,电商物流需求保持快速增长,但由于基础设施和技术的限制,如何突破最后一公里成了物流行业亟需解决的问题,"无人机能有效地帮助突破物流最后一公里难题"中国航空运输协会通用航空委员会总干事王霞如是说。

无人机成"最后一公里"新解决方案?

随着城市的电商物流体系趋于饱和,不少电商巨头及快递服务企业把目光投向了广袤的农村市场。但由于农村基础设施落后,"最后一公里"成了物流服务的硬伤。

对于这些地区,无人机具有实时性强、灵活方便、外界环境影响小及成本低等优点,能在有效地解决"最后一公里"问题。基于这些,物流无人机已成为业内人士的关注焦点。

无人机对物流及电商业务的发展,显然都将起到积极的促进作用。但它的推广也带来了部分快递小哥的失业问题,尽管这是科技发展的必然结果。曾经有专家也说过:"技术在应用过程中会不断将劳动力从高强度工作中解放出来,而人类工作者需不断学习掌握更具技术含量的工作技能。"但同时这也会给行业带来一些新的工作机会,比如使用摄像机观察或控制无人机、送货机器人和无人值守的仓库。此外,维持或修复整个物流系统也需要大量工人。

因此,无人机彻底融入物流的时刻,也将改变物流行业。不仅有助于降低成本,还会让电商的大手触及到更偏远的地区。

EMS无人机已在多地投放。

在近日召开的第二十届中国(重庆)国际投资暨全球采购会上,中国邮政集团公司展示了最新投用的邮政无人机。据了解,邮政无人机的应用,将节约一半以上的成本,并将投递速度提高近一倍。它们主要的功能是改善农村末端物流,可以承载的货物重量在7千克左右,足以应付寻常的快递需求。

截止目前,除浙江外,已在广东、内蒙投入使用,重庆、成都也列入即将开通邮政无人机航路的城市名单中。因为无人机的使用,原来EMS在山区开车最多每小时能跑30千米,现在每小时能"飞"50千米,而且均为直线,速度快了近一倍。同时,人力、用车成本等综合算下来,成本也节省了一半以上。综合来看,无人机的使用可以说是大势所趋。

更重要的是,EMS的无人机可以直接通过手机APP遥控,选择好货物类型、送货站点后,扫码机器编号,根据系统设置的线路,无人机便可自动地送货到目标地点。这对于普通的快递小哥来说也是一件挺方便、容易学习的事情。

不过,目前用无人机送货也有局限。首先是电池续航能力有限,一次最远大概只能飞30千米左右。因此从城市直接送到农村目前还是不现实的,一般从乡镇级别的站点"往下"配送,因此目前也算有所局限。

物流是无人机的一大应用场景,各大物流和电商公司均提出和实施了各自的物流无人机研究计划,随着技术的不断推进,无人机在续航和载重等方面也会有质的突破,也许就在不久的将来,我们的包裹就能完全由无人机进行配送了。

资料来源:http://www.sohu.com/a/152360803_532067。

【案例】

菜鸟上线全球首个智慧快递社区:包裹能自己坐"电梯"到家

"嗯,我不在家,把快递放小区门口的传达室吧。"

"我这几天出差了,你过三天再把快递送过来。"

这种场景以后将不再出现了。2018年3月,菜鸟宣布推出"躺收"系统——顾名思义,真正实现躺着也能收到包裹。智慧快递社区成为现实:收快递不用开门、不用在家,智慧社区的物流系统可直接将包裹传送到家,省去所有麻烦。

这不仅是剁手党的福音,也极大地方便了快递小哥——递送包裹时用户不在家、时间不匹配是快递小哥最深切的痛,还带来人力的极大浪费。

这个已经改造完成的智慧快递社区位于未来的菜鸟总部杭州市余杭区，由四大部分组成：人脸识别系统、智能管道、智能快递箱和APP智能控制。不仅实现快递小哥人脸识别，通过连接菜鸟驿站，智能管道系统通往每家每户，智能快递箱还能实现温度控制，自动收取生鲜商品也不用担心，逆向物流还能让包裹回收、退换货也实现自动送达。

社区物流的终极创新

纵观整个快递流通过程，受益于信息化进程的加速，快递仓储和转运已经成功地实现了部分机器替代人工，通过对流程的优化，效率相较以往已有很大提高。

但快递最后100米目前仍然以人工送货为主，很难通过流程改进等方式来解决效率问题，这种效率低下成本高昂成为了整个快递链中最大的问题。

近年，快递量年平均增速达50%，2017年全国快递服务企业业务量超过400亿件，1天1亿包裹成为现实，1天10亿包裹的时代正在走来。

在这背后，还有日益增长的包裹总量和快递人力成本之间的矛盾。到2020年，在行业效率没有变化的情况下，要配送所有包裹，需要的快递员要从200多万增长到400万，而事实是适龄劳动人口数量持续减少。

膨胀的快递量跟缓慢的快递员增长数量无法匹配，且当面签收还会遇到家里没人、放在楼道不安全等问题，快递最后100米面临巨大压力。

快递根本就送不过来，怎么办

末端创新一直在进行中，菜鸟通过末端共建共享，布局菜鸟驿站、快递柜等末端网络，正在为用户提供多元化、可选择的包裹服务。

近期，这个解决方案再次升级，堪称快递最后100米的"终极创新"——菜鸟推出"躺收"智慧社区，通过智能管道系统，菜鸟驿站连通社区的每家每户，实现包裹的安全、便利送达。

位于杭州市余杭区的智慧快递社区的主要特色如下：

(1) 管道运输与楼宇结合，将菜鸟驿站作为分拨中心，真正实现包裹到户。

(2) 家里的智能快递箱，挥手感应开门。

(3) 一键拆包裹和调节温度。

(4) 可以在家回收包裹盒、寄件退货。

快递小哥开心了，消费者服务更好了

快递员送货上门时经常会遇到电话无人接通，家中无人的情况，需要二次或者多次才能将包裹送到顾客手中。需要反复上门不仅带来无效劳动，也让快递员收入更加不稳定。

但一次性将包裹放进"躺收"，可以省去大量等待、沟通时间，数倍提高效率，切实提升收入。

影响用户体验的末端一直是快递公司头疼的问题，快递营业点也是较普遍的模式，但也面临大公司补贴高，创业公司地租/人力成本高等问题。

"躺收"智慧快递社区中，菜鸟驿站与建筑融为一体，只需要一次管道改造，就可以省去大笔租金。快递公司可以将更多的精力放在提升服务质量上，确保每个包裹都能快速安全地送达。

不仅如此,收取包裹也更加安全。"躺收"先对快递员进行身份认证,再对包裹进行安全检测,层层把关,既安全,又能保护隐私。

智能化体验,躺收包裹时代到来

"躺收"系统可以根据用户需求,将包裹智能快递箱的送达点设定为室内自选的任何地方,不在家也无须再跑一趟去拿快递。如果是生鲜,智能快递箱将自动释放冷气保证食材的新鲜。

此外,智能快递箱还支持一键退货和回收,不需要出门就可以退货,而包裹直接回收,符合可持续发展的环境要求。

不管是智能末端机器人实现送货上门,还是菜鸟这次推出的"躺收"系统,正是在不断的科技创新下,结合现有菜鸟在末端布局的菜鸟驿站和菜鸟裹裹 APP,让智慧快递社区得以落地成为现实,满足消费者对日益增长的美好生活的期待。

随着对房屋的管道改造,这一系统目测可以大规模复制,躺着收包裹的时代已经到来。全新的最后 100 米终极解决方案已经到来。

资料来源:物流沙龙 https://mp.weixin.qq.com/s/jL46fVh00v0R6FPwJH_mkw。

4.2 国际邮政快递作业流程与管理

4.2.1 国际邮政快递基本作业流程

1. 国际邮政特快专递业务

国际及港澳台特快专递是中国邮政速递物流股份有限公司(以下简称邮政速递物流)与各国(地区)邮政合作开办的中国大陆与其他国家、台港澳间寄递特快专递(EMS)邮件的一项服务,可为用户快速传递国际各类文件资料和物品,同时提供多种形式的邮件跟踪查询服务。该业务与各国(地区)邮政、海关、航空等部门紧密合作,打通绿色便利邮寄通道。此外,邮政速递物流还提供代客包装、代客报关等一系列综合延伸服务。

国际特快专递业务的整个处理过程,需要数个国家或地区邮政之间的协同配合、密切合作、连续作业才能完成。目前国内 2 000 多个地区、县、市设立了国际特快专递邮件的收寄网点,收寄后的国际特快专递邮件,通过国际特快专递的邮件处理交换中心直接与境外邮政部门或运输机构进行交换处理。有境外寄至我国的进口特快专递邮件,通过覆盖全国的邮政网络送达国内的各个地方。带有特快专递业务表示的邮件,在邮政内部采取单独处理、优先发运的作业方式,全部利用最有效、最快捷的运输工具和运输渠道。在国际特快专递邮件的各处理环节,都有明确的时限要求和频次规定。所有国际特快专递邮件的各项处理信息通过遍布全国的计算机信息站点采集、汇总,再与境外各国(地区)邮政实现邮件信息的交换传输和跟踪查询。

国际特快专递业务流程如图 4-30 所示。

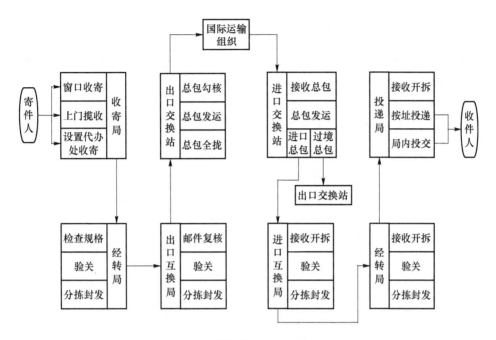

图 4-30 国际特快专递业务流程

1) 运行组织机构

(1) 开办局。负责本市(县)范围内国际特快专递业务的邮件处理和经营管理工作。各开办局可以根据实际情况和需要设立收寄、投递和代办揽收及投递速递邮件处,主要负责国际特快专递邮件的收寄和投递工作。

(2) 经转局。负责本省、自治区、直辖市或指定地区进出口国际邮件规格检查、质量把关和转发处理任务。经转局直接向特快专递邮件互换局封发邮件总包并接收互换局发来的邮件总包。经转局兼有开办局的业务功能。

(3) 验关局。负责将内装应受海关监管物品的进出口和转口邮件以及进出口和过境邮袋提交海关查验放行。验关局的设置及其监管范围由海关总署和集团公司联合审定。海关驻邮局办事处可以在当地邮局营业部门设立派出机构,与用户当面办理邮件验关手续,这类营业窗口称为"验关窗口"。

(4) 互换局。负责向境外邮政机构封发邮件总包或接收、开拆、处理境外邮政机构发来的邮件总包,并负责进出口国际特快专递邮件的时限、规模和质量的把关工作。互换局均兼有经转局和验关局的业务功能。[①]

(5) 交换站。负责与境外邮政机构或受委托的运输机构直接交换国际邮件总包,但不封发邮件总包,也不开拆处理境外发来的邮件总包。

互换局和交换站的设立和撤销由集团公司决定。各省公司根据需要提出增设或撤销互换局、交换站的建议。

(6) 报关局。有海关派驻机构的速递部门称为报关局,报关局作为进出口国际特快专递邮件收、寄件人的代理人,设立专门的代理报关组或配备相应的报关员,向海关办理进出

---

① 现阶段,我国80%的互换局和交换站合体,大部分互换局兼有交换站的功能。

口国际特快专递邮件的保管、验放手续。

2) 收寄处理

邮件的收寄有营业窗口收寄、上门揽收和设置代办处收寄三种方式。特快专递邮件以上门揽收服务为主,定点收寄为辅。

(1) 窗口收寄

国际邮件的收寄过程和国内邮件的差不多,只是在需要更多文件以便报关等操作。窗口收寄的具体流程如图 4-31 所示。

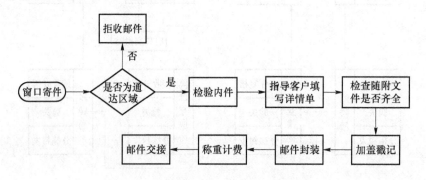

图 4-31 国际特快专递邮件窗口收寄流程

① 查阅《国际特快专递邮件收寄手册》,确认客户交寄邮件的寄达国(地区)是否在通达范围内,确定所寄邮件是否符合寄达国家(地区)的有关规定。

② 对客户交寄的邮件进行验视,检查内件是否符合禁限寄规定及其他权威部门的相关规定,检查邮件重量、尺寸、封装情况是否符合规定。

③ 检查详情单是否按要求填写,第五联上的收、寄件人名址是否清晰可辨。

④ 应随附的文件(CN23 报关单及内件发票或形式发票等)是否齐全、是否装入背胶透明塑料封套内并牢固地粘贴在邮件封面上,发票和形式发票是否附上英文、法文或寄达国(地区)通晓文字的译文。

⑤ 各报关局还应验视信函之外的邮件是否已办理海关验放手续。

⑥ 加盖相关业务戳记(如邮政公事、定时业务等)、填注收寄局局名(应采用汉语拼音全名,可带有支局编号)和交寄日期。所注的交寄日期应同收寄日戳的日期相符。

⑦ 封装邮件,应根据邮寄物品的性质、大小、轻重、邮寄路程远近和运输情况等,选用适当的包装材料妥为包装。

⑧ 称重,以千克为单位,精确至小数点后两位,收取邮费,出具发票。

(2) 上门揽收

揽收人员应按照上述收寄手续妥善办理邮件收寄,详情单寄件人存联及发票由交寄人收执。回局后揽收人员应与指定的复核人员办理交接手续。

3) 经转局和验关局业务处理

经转局和验关局业务流程如图 4-32 所示。

(1) 邮件的发运

收寄后邮件封交本省经转局,经转局按规定时限频次封经出口互换局。因特殊情况需要调整或改变封发经传关系时,必须事先向省(自治区、直辖市)业务主管部门报告,并经国家邮政主管部门批准确定。

为保证服务邮件的处理时限,加快邮件传递处理速度,尽量减少各环节处理作业的时间,各局可根据本地的生产组织和工作流程以及收寄局所和处理场地的分布等情况,在必要时对承诺服务邮件实行单独的封发发运处理。

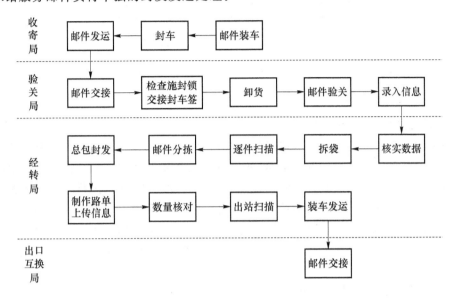

图 4-32　经转局和验关局业务流程

(2) 出口邮件的验关处理

出口邮件因海关查验的原因(如被海关扣留、等待办理通关手续、海关不工作等情况)造成邮件无法按照规定的实现频次进行封发处理时,验关局再将邮件移交海关之前应录入海关验关信息,按照邮件封交海关处理,并录入海关暂扣原因。如海关未告知暂扣原因,应录入"等候提交海关"。邮件经海关查验放行后,验关局必须录入海关放行信息后再做转发处理。

每一送交海关查验的验关邮件必须同时具有移交海关验关信息和海关放行信息。邮件虽经海关查验但对处理实现频次不造成影响时,不必录入相关海关验关、放行信息。

(3) 出口邮件的分拣封发

① 根据从电子化支局或中心距接收的邮件总包和给据邮件信息,利用条码识读器并结合称重设备进行总包和邮件的接收与勾核,发现不符自动生成并打印国内验单,发上一环节追查。接收的总包信息包括:总包袋牌条码、总包重量等信息。邮件信息应包括:邮件号码、邮件重量、保价金额等信息。

② 邮件分拣时,利用条码识读器将封发的总包和邮件信息录入到系统中。对于当日没有封发的邮件进行留存处理。分拣完成后,根据封发路由,制作国内路单及总路单。路单制作完成后将对应录单的电子信息发送给中心局系统。

③ 当日工作完成后,应对当日开拆和封发的总包和邮件进行数量核对,确定开拆邮件数与封发邮件数和留存邮件数相等后进行日结。

4) 出口互换局业务处理

出口互换局业务流程如图 4-33 所示。

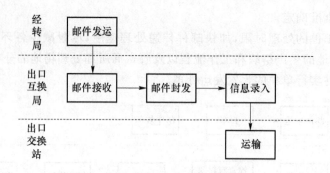

图 4-33 出口互换局业务流程

(1) 邮件处理的有效基准时间

互换局接收截止时间和封发基准时间是核算承诺服务邮件实现标准和其他处理环节和业务部门制定邮件发运安排的基本依据,各局不得随意变更修改。各经转局(省会局)要准确了解掌握制定出口互换局邮件接收的截止时间和封发基准时间,按照时限要求指定邮件的发运计划和每一作业环节的时限标准并认真执行。各互换局要按照本局的截止和基准时间做好邮件的封发作业处理,确保在最晚截止时间前收到所有进转承诺服务邮件,在出口邮件的封发基准时间前全部封发完毕。业务量大的互换局应采取必要的预封发作业安排,保证邮件的按时处理。

(2) 出口邮件的分拣封发处理

出口承诺服务邮件的分拣封发作业按照《国际 EMS 邮件处理规则》的要求(143-169条)办理。

(3) 邮件封发关系和总包发运路由

承诺服务邮件的封发关系和总包发运路由要严格按照封发发运计划执行。未执行指定封发关系和发运路由,邮件全程时限延误的责任将由相关责任局承担。因特殊情况无法执行原定封发发运计划时,要及时将上级主管部门请示后再作必要的调整。

封发发运计划的临时性调整,要以保证原定时限标准为基础。临时调整使用的作业安排应做好备案记录。对应调整作业计划而可能造成的邮件时限延误,要立即将具体情况通知主管部门和客户服务部门。

(4) 邮件封发信息的录入

出口互换局邮件封发信息是承诺服务邮件必须采集的信息,各局应采取有效措施保证此信息完整、准确地采集和及时地发送。应用系统的维护人员应对系统的运行情况进行监控,发现问题、故障应及时予以解决,避免因信息的缺漏或错误而出现邮件时限不可衡量的情况。

承诺服务邮件总包封发后,要按照规定的要求向寄达邮政发送相关总包的 PREDES2 信息(总包信息)。PREDES2 信息主要包括总包号码、计划发运航班、预计航班抵达时间、总包袋数、重量和分类邮件的件数等。PREDES2 信息主要用于邮件总包的封发预告。实行"出口邮件预报关"办法的互换局,对于已收到相关邮件而申报信息未到互换局的情况,应及时通知原寄局补发相关信息,尽量缩短邮件的滞留时间。

5) 进出口邮件在交换站的处理

进口交换站作业流程如图 4-34 所示。出口交换站作业如图 4-35 所示。

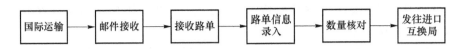

图 4-34 进口交换站作业流程

各交换站局要加强与当地民航部门的协调与沟通,督促承运航空公司做到对所承运的出口承诺服务邮件总包在航班落地后 2 小时内尽快移交给寄达地的邮政部门,并索取签注接受日期和时间的 CN38 路单[①];对从境外传回的 CN38 路单应及时整理存档,对未能在规定时间内传回的 CN38 路单,应及时与相关航空公司联系追索。

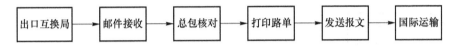

图 4-35 出口交换站作业流程

接手后的进口和过境邮件总包应分别登入国内收发国际邮件路单,转发寄达互换局或出口交换站。进出口承诺服务邮件总包在交换站的接收和转发按照《国际及港澳台邮件处理规则》中的相关条款严格实施。

各交换站应指派专门人员对每日交法的出口邮件总包的实际发运情况进行随场监控,对未能按照指定航班发运或航班实际起飞时间出现延误对邮件时限造成影响的情况,要及时向相关业务部门反馈。对于进口承诺服务邮件总包,接收人员在航空公司或其代理公司将进口总包转交交换站时,应在 CN38 录单上签注接收日期和时间,签字并加盖邮政戳记。签收、签注后的 CN38 路单复印一份留存;如因路单量大而不能复印,应对总包发运和接收的情况进行详细记录,特别是总包短缺或破损的情况、到达日期和时间等,以备查考。

交换站接收进口邮件总包后,应以最快速度组织运往进口互换局处理。进口承诺服务邮件总包在交换站的滞留时间原则上不得超过 2 小时。对于出口国际总包,根据由中心局和互换局发来的路单信息与相关总包进行核对,生成并打印转发路单,随邮件一起交运输部门或对方邮政,并向寄达邮政发送 Precon 报文。对于进口国际总包,根据收到的路单将总包信息录入系统,然后与所收到的邮袋进行数量核对,将邮袋按每一寄达互换局或出口交换站进行分拣,自动生成国内路单,并打印路单,按规定时间交给运输部门。对总包中的邮袋进行扫描签收,并向原寄邮政反馈 Rescon 报文。

6) 进口互换局的业务处理

进口互换局作业流程如图 4-36 所示。

(1) 互换局在接收到进口邮件总包后要严格按照作业时限要求和处理流层完成总包的接收、开拆和信息录入工作。接收开拆进口邮件总包时要按照已收到的总包邮政提供的邮政总包 PREDES2 信息进行核对,确定邮件的实际接收情况和发出情况是否相符,并将接收处理情况通过 RESDES2 信息反馈给原寄邮政。

(2) 总包开拆时逐袋进行总包袋牌的扫描,及时准确录入邮件接收信息。按照承诺服务邮件时限衡量的计算方式,对每一进口互换局已设定了邮件抵达所在地机场的最晚截止时间和与抵达截止时间相对应的邮件接收信息产生的基准时间。各互换局应了解掌握本剧

---

① CN38 路单:进口、出口和经转航空邮件总包。

相关基准时间的设定标准,按照邮件抵达的航班次安排好生产作业,避免因邮件未及时开拆处理而承担延误责任。

(3) 进口互换局对所收到的国际邮件,应按落地投递和转发国内其他局投递分开,对转发国内其他各局投递的国际邮件,应按照集团公司的规定,分别发往经转局和验关局。

(4) 进口邮件在验关局的处理如下:

① 邮件送交海关验关信息和海关放行信息在邮件的实际验关局产生,进口互换局或设立局只对属于本地验关范围内的邮件产生海关验关及放行信息。转关邮件应按照正常转发邮件处理,不得在进口互换局出现海关查验信息。

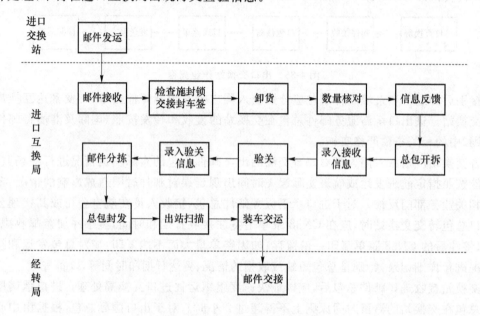

图 4-36 进口互换局作业流程

② 进口航空邮件和优先函件中的验关邮件,应交海关优先进行查验,经海关查验后的邮件,应利用最快邮路转发。验关局对需要移交海关进行查验的进口邮件,在邮件移交海关前必须录入送交海关验关信息,按照邮件封交海关处理并录入海关暂扣原因。如海关未告知暂扣原因,应录入"等候提交海关"。

③ 每一邮件的海关查验和放行信息必须在同一互换局成对出现。互换局(验关局)对曾经录入移交海关信息的邮件在海关交回邮政发往前程时必须录入海关刚性信息(海关罚没除外),按照接收海关交来邮件处理,然后进入正常的转发。

④ 海关要求转入设在营业部门验关窗口的邮件,验关局应在严管窗口同时安装速递站点系统(封发系统)和投递信息录入系统。收件人在窗口将邮件清关自取后,窗口投交人员应立即在封发系统中录入海关放行信息,随后在投递系统中录入妥投信息。

7) 投递处理

国际特快专递邮件投递工作是处理全过程中的最后一个环节,对邮件全程时限完成情况起着重要作用。各局应严格按照特快专递邮件频次和时限规定组织作业,缩短内部处理时间,合理划分道段,配备专用车辆,以保证邮件投递工作的正常进行。

国际特快专递邮件的投递与国内特快专递邮件的投递相同,有按址投递和局内投交两种投递方式。

(1) 按址投递：邮件采取专人专车按址投递。第一次投不出时，应留便条，通知用户第二次投递的大致时间及联络电话。第二次仍未投出时，应即缮发盖有红色"国际"字样戳记的领取特快专递邮件通知单，通知收件人来局领取。

① 投递部门在接收到由分拣、封发部门发来的邮件后，应按有关规定进行开拆、验视、处理。如发现封装有破损，应参照《国际及港澳台邮件处理规则》的规定代为黏封或捆扎。邮件封面上的邮票脱落或漏销，也应按规定处理。处理后的邮件应在背面加盖投递日戳，戳记应端正、清晰。

② 投递员领取邮件后，应核点件数及时签收，并按投递路线对本段邮件进行细排、复核。操作时要对收件人地址仔细核查，避免读错。对细排完毕的邮件进行复核，核查有无错排现象和现场有无遗落邮件，防止漏带，造成邮件延误。

③ 投递员按照固定时间出班，投递时要注意邮件的看管，严禁将邮件交由他人翻阅和看管。投递邮件时要认真复核点交，由收件人在投递单或详情单第一联上签章，并注明收到日期及时间。

④ 投递完毕后要及时查看是否有遗漏邮件，查看投递清单有无遗漏收件人签收的情况。如发现异常情况应及时补办。

⑤ 投递员回局后要想有关人员办理交班手续。对当班无法投出需要再次投递的邮件和已投递领取邮件通知单的邮件上应粘贴特快专递再投邮件批条（邮特1011），在邮件批条上注明再投原因，加盖日戳和经办人员名章。同时将再投原因批注在现有错投、漏投、未签收现象应采取措施及时补救。投递人员在投递过程中收缴的款项回局后按规定处理。

(2) 局内投交：保价邮件、代收关税和其他税费的邮件、海关要求收件人当面办理验关手续或提供有关证明文件的邮件、欠资邮件、需要收取退回费、改寄费或其他费用的邮件以及破损或重量短少的邮件（平常信函除外）应一律在窗口投递。窗口投递的邮件，投递时限应按第一次投递邮件或领取邮件通知单的日期计算。

① 对于属于局内投交的邮件，应按规定开拆邮件袋、点清件数、验视邮件。按接收顺序登入营业投交国际特快邮件接收登记簿，并做好投交的准备工作。按照规定填发该有红色"国际"字样戳记的领取特快专递邮件通知单。

② 窗口投交时，要查看收件人的身份证件和领取邮件通知单，会同收件人验视所投邮件封装是否完好，查核无误后，将邮件投交收件人。需要收件人向驻局海关当面办理验关手续的，应在海关加盖验放戳记以后，才能办理投递手续。

③ 待领邮件自通知单发出三天后未来领取时，应进行催领。

2. 国际特快专递承诺服务

1) 收寄处理

寄往承诺服务通达范围内的所有使用承诺服务基本条件的邮件均应视为承诺服务邮件。寄件人要求了解交寄邮件的承诺时限标准时，收寄人员应主动提供时限查询服务或协助寄件人进行查询。收寄人员应明确掌握本剧当日邮件承诺时限计算的有效收寄截止时间，并在邮件收寄时向寄件人做好必要的说明。

邮件收寄时间应由收寄人员填写在邮件详情单上收寄时间栏内，所填注的收寄时间应为收寄局受理邮件的实际时间。对于上门揽收的邮件，揽收人员同样应在详情单上填注邮件的实际收寄时间,不得在揽收回局后再统一填注收寄时间,避免因收寄截止时间与揽收人员回局时间出入,造成计算邮件承诺时限时出现误差及进行赔偿查询时引起问题。

收寄信息的采集与处理:

(1) 需要录入的收寄信息包括邮件号码、寄达国(地区)名、收件人姓名、收件人地址、收件人邮编、寄件人姓名、寄件人地址、寄件人邮编、邮件重量、邮件资费、保价金额、内件名称等信息。退回的邮件还需要在系统中录入相关退还邮费信息。

(2) 收寄信息的基本采集单位是各国际特快专递业务开办局。各开办局应及时将所属收寄局(点)当日收寄的国际特快专递邮件收寄信息录入后于当晚24时前发送上网,最迟应确保在次日上午9时之前将前一天收寄的邮件收寄信息全部发送上网。对业务量较少且也不具备计算机通信网络的开办局或所属收寄局(点),应采用传真、电话等最快方式将收寄信息传报至信息录入站点局或相应采集点,保证相关信息在规定的时间内及时采集传送。

2) 投递处理

进口EMS承诺服务邮件必须按照邮件处理流程第三环节(LEG3)的时限要求及时组织有效投递。

投递信息的采集与处理:

(1) 各投递局按要求录入投递信息,投递信息包括邮件号码、邮件种类、投递时间、投递状态、投递机构代码、收件人姓名、收件人签收情况等信息。第一次投递不成功的邮件,当日下班前应录入未妥投信息,同时录入无法投递的原因代码和下一步将采取的行动代码;邮件妥投后,应于当日录入邮件妥投信息,记录投递日期、时间和收件人姓名。

(2) 邮件投递时如发现收件人地址不完整或收件人邮政编码与收件地址不符的情况,应由投递员在邮件详情单上加盖"邮政编码有误"的戳记或类似内容的批条。邮件信息录入时必须先录入未妥投信息,并标注原因"收件人名址有误或不完整"后再录入妥投信息。此类邮件不再列入承诺范围内。

(3) 如果邮件转为窗口投交,应先录入未妥投信息以记录试投时间和日期,待邮件妥投后录入妥投信息。存局候领邮件的投递也按照此程序处理。

3. 中国速递国际快件业务

中速国际快件业务即"China International Express"(以下简称"中速快件")。中速快件业务是中国邮政与荷兰TNT邮政集团合作办理的一项国际快件业务,通达全球220多个国家和地区。中速快件根据重量、运递时限和服务方式的不同,分为"标准快件""经济快件""重货快件"等;同时提供门到门、门到港、港到港以及增值服务(收件人付费、代垫关税等)。

中速-TNT快件业务具有较强的商业化性质,在收寄规格、业务处理和通关方式,以及运递渠道等方面的要求与国际特快专递业务产品有所不同。中速-TNT快件业务在中国境内的收寄和运递,全部利用中国邮政的服务网点和网路,并通过中国邮政与TNT公司合作设在北京、上海的"中速快件直发处理中心"或"TNT香港处理中心"处理后,进入TNT公司的快递运营网络,按照TNT商业快件的处理方式、时限标准和运递渠道办理。

1) 收寄处理

(1) 检查是否属于通达范围。

(2) 检查规格。

① 文件类快件是否使用"中国速递"快件袋封装。

② 重量、尺寸、禁限寄是否符合规定。

③ 物品类是否随附了英文填写的商业发票。发票放置在装有发递单的塑料袋内,随快件发往前程。

④ 物品类快件是否随附了相关材料,如需正式报关每票货件必须附上,正本装箱单、外汇核销单、报关单、报关委托书,有些特殊货物还应提供"商检证""报检委托书""合同"等。

(3) 按要求填写中速快件发递单。

(4) 中速快件的封装。

中速快件的封装按照特快专递邮件封装要求办理,封装完毕,将发递单第五联和第七联撕下,其余联装入带有"CHINA EXPRESS"红色字样的封套内,粘贴在封装好的快件上。

2) 报关处理

中速快件业务属于纯商业性快递服务业务,在报关方面,与 EMS 邮件的报关是不同的。中速快件(尤其是超大、超重、一票多件的物品型快件)在进出境时,需要向口岸所在地海关以商业报关形式通关。因此,在收寄中速快件邮件时必须按照海关对商业清关的要求填写报关单和提供相关报关文件等材料。

内装物品类的中速快件必须用英文在详情单报关栏内详实填写清楚物品的名称、件数、重量、原产地、价值(以美元为单位),并必须随附由寄件人签认(单位或公司寄发的快件要盖公章)的形式发票一式四份。

材料一

邮件的保价:此项服务以自愿为原则。寄件人选择此项服务时,应确定保价金额与每个邮件内件实际价值一致,每个邮件保价金额最高限额为 10 万元人民币,保价费按申报的保价金额的 1‰ 收取,每件最低收取 1.00 元人民币。未按规定交纳保价费的邮件,不属于保价邮件。

保价邮件如发生丢失、损毁或短少,按实际损失价值赔偿,但最高不超过相关邮件的保价金额;未保价邮件如发生丢失、损毁或短少,按实际损失赔偿,最高不超过所付邮费的两倍;邮件如发生延误,按邮政部门规定的标准予以补偿;对其他损失或间接损失,邮政部门不承担赔偿责任。

【案例】

跨境快递:国内快递企业未来的新战场

近年来,国家不断在贸易跨境领域做出开展跨境试点、便利通关政策、进口税收降低等调整动作。在国家政策推行下,跨境电商发展速度猛增,中国跨境电商零售市场在 2012—2016 年的交易总额由 2 937 亿元人民币激增至 12 801 亿元人民币,年增长率高达 44%。据阿里研究院预计,2020 年全球电商交易量将达 3.4 万亿美元,跨境电商用户数量将高达 21 亿个,以物流费用率 30% 为标准预测,2020 年全球 B2C 电商交易量为 3.4 万亿美元,则物流费用将高达 1.02 万亿美元。

跨境电商崛起的同时,中国传统制造零售业,正积极地探索全球化的转型,2016 年制造业领域的中资跨境并购交易共152宗,总金额约578.35亿美元,同比2015年上升约62%,网络零售额增速如图4-37所示,这为跨境业务增长提供了新的动力。

在此背景下,快递物流在跨境市场上潜力十足。国家邮政局数据显示,2017年10—11月国际及港澳台业务量累计完成1.7亿件,同比增长36.1%,比同期行业整体增速高11.5个百分点。

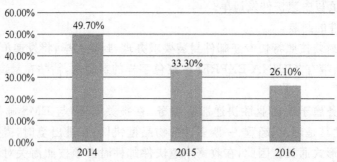

图4-37 网络零售额增速

在快递国内市场增长趋缓而跨境市场昂头的情况下,中国快递业向跨境领域的扩张是大势所趋。目前国内快递企业相继加强跨境快递市场的战略重视,从各大快递企业的布局来看,未来跨境领域将会成为各大快递企业的必争之地。

作为A股第一家快递上市公司,圆通速递首创发起"全球包裹联盟",首批成员为来自全球25个国家和地区的50家快递及产业链企业,并投入逾10亿港币收购在港上市的先达国际物流。

顺丰在亚太地区跨境快递业务成熟的情况下,又与UPS联手在香港成立合资公司——环球速运控股,开始由亚太向全球覆盖服务网络。

中通国际联合宁波英才科技有限公司,与匈牙利国家邮政股份有限公司签署相关协议,合资成立中欧供应链管理股份有限公司,在通过一系列线路清关等测试后,将于2018年第一季度正式运行。

整体来看,跨境业务虽然存在着市场分散、通关难度大、政策风险高的阻力(2016年实行的"四八新政",对跨境电商零售(B2C)进口商品实行了新税制,一定程度上影响了跨境电商的发展),但是跨境市场发展潜力大、动力足的优势不可忽视。

蛋糕虽大,但想吃到并不容易。跨境市场与国内市场有着明显的差异,中国企业进入跨境市场,不仅会有国内快递企业之间的相互施压,同时还要面临DHL、UPS、FedEx等跨境市场经验丰富的国际快递巨头的压力。

回顾国际三大快递巨头的发展历程,我们可以总结出快递物流业在由本土向跨境扩张过程中制胜的三要素。

(1)业务范围扩张

国际快递巨头并非在初期就是具备完整业务链的公司,而是通过并购合作扩大自身业务范围、区域。例如,UPS在上市之后并购了超过40家的大型公司,这些公司在其国内皆是在货运、航运、零售、商业服务等领域的领导者。

FedEx 在上市后就相继完成 20 多项重大并购交易,成为一家业务覆盖 220 余国家和地区的大型企业,包括了"服务、快递、地面、货运"四大业务板块,分别由四家公司展开运营,以"联合竞争、独立运营、协同管理"为经营管理理念。例如,联邦快递服务公司会为其他三个运输类服务公司提供销售、营销、信息技术、通信和其他后台支撑服务,形成一条完整的业务链。

(2) 服务方案定制

国际快递巨头最强大的能力就是针对不同的平台、货物的物流需求,定制出不同的物流配送一体化解决方案。例如,UPS 提供包括汽车、卫生保健、高科技、工业制造等不同的物流解决方案,零售企业就需要无误差的订单履行、便捷的退换与快捷的交付,高科技企业需要可见度高、运输安全和快速交付等。

快递行业已不再是当初简单的门对门运输功能了,而是网络零售业和制造业企业提升用户满意度、忠诚度的一个重要途径,只有用户满意,客户才会满意,快递企业只有服务好供应链中的每个接触点,才能为企业带来良好的口碑。

(3) 技术创新加强

经过全球快递市场多达几十年的竞争,各巨头企业的时效差距已经变得很小,同时在时效性上投入的边际效益也愈发明显,转而将成本投入到收益期长、效果明显的技术提升上。例如,具有自主知识产权的公路运输优化和导航 ORION 是 FedEx 最引以为豪的技术,系统中含有 2.5 亿条名址的数据库和定制地图数据,为快递员提供优化的投递线路。数据显示,这项技术在为 FedEx 大幅提升效率的同时,每年还可以节省 5 000 万美元的成本。

结合国际巨头的发展经验与当下的时代背景,国内快递企业需要积极与境外本土企业展开并购合作,吸取先进经验、技术与管理理念,针对不同行业的客户,进行供应链地图绘制,深入理解客户的基本物流需求和独特需求,积极主动探索、提供独特到位的增值服务,确保客户满意。

"中国制造 2025""一带一路"和"互联网+"等发展举措为中国快递企业跨境发展提供了难得的机遇,中国快递企业应把握机会,提高效率,加强质量控制并扩大服务范围,来满足客户不断发展的业务需求,帮助中国电商企业以及制造企业进军全球市场。

资料来源:中国物流与采购网 http://www.chinawuliu.com.cn/zixun/201801/18/327976.shtml。

【案例】

圆通 50 亿加码跨境业务　发起国际物流快递联盟

10 亿港元控股香港上市公司先达国际物流控股有限公司之后,圆通国际化再次加码 50 亿元人民币。圆通速递在其年会上宣布建设以中国小商品集散地义乌为中心的物流枢纽,并联合 50 家国外物流公司成立国际物流快递联盟,国际化更进一步。

圆通速递未来在海外其他市场是否具有并购计划,以及是否会与顺丰一样选择与国际物流巨头合作,圆通速递副总裁郝文宁首先表示对一切合作持开放态度,又表示:"光靠频繁的收购不能快速满足我们的需求,所以我们推出圆通式的联盟。共同服务海内外的华人群体。"

圆通称,将在义乌搭建"物流枢纽＋商贸＋全球集运网"平台,投资建设圆通浙江总部、电商产业园、区域航空枢纽以及多式联运物流集散中心等项目,总投资额超过50亿元人民币。

圆通提出了"圆通国际化从义乌出发"的口号。事实上,圆通是希望借助义乌作为世界小商品之都的集散地优势,为跨境业务提供场景。正如菜鸟网络的海外布局依托阿里巴巴全球速卖通和天猫国际的跨境电商业务。此外,义乌作为国家"一带一路"的重要节点城市,已有"义新欧"铁路、"义甬舟"大道等对外运输通道,圆通也希望借势拓展业务。

在此基础上,圆通速递发起成立"全球包裹联盟"(global parcel alliance,GPA)。首批加入的物流企业包括土耳其国际快递行业中排名居首的 PTS Worldwide Express,阿联酋创建时间最早、规模最大的快递企业 Universal Express Group,以及韩国的 CJ 公司、日本的 Seino、台湾的速达等。

圆通称,此次参与联盟的各个物流企业此前与圆通已有业务合作。该联盟与"万国邮联"类似,旨在联合各自资源优势,打造全链路产品,形成覆盖全球主要市场的国际包裹服务网络。不过万国邮联由各个国家的国家邮政局组成,主发邮政包裹,而圆通希望在快递快运领域进行拓展。

圆通董事局主席兼总裁称,既然已经达成联盟,那么未来就会推广信息统一、服务统一以及品牌统一,包括实现信息的标准化、结算的标准化。"如果达不到这些标准,可能就不是加盟,而是一个短期的内容。"他以国内圆通的运营管理类比,称加盟模式只是在经营上放开,标准管理和运营都是总部管理。与此类似,GPA 也会有这些标准。

圆通速递总裁助理兼海外公共关系部总监称,已经有多个企业达成共识,将建立 GPA 工作委员会,负责对标准和业务对接的推进,在一年内把相应的内容尽快落地。他还透露 2016 年已经完成了 GPA 在香港和马德里条约在内的商标的注册。

中国的快递企业在 2016 年密集上市,在资本助力下,大规模上线信息化和全自动分拣系统,大力扩充运力,同时也开始向国内快递之外的其他领域延伸业务,突出的就是国际市场。目前在出口和进口零售市场都引发追捧,有资源有实力的快递企业也开始抢夺跨境市场。

顺丰控股与国际物流巨头 UPS 宣布将在香港成立合资公司,双方共同开发和提供国际物流产品,布局跨境贸易。

圆通总裁表示,中国的快递发展,已不再是挑战期而是机遇期。他称全球化,要抓住三个点:一是要在国内有实力;二是要建立新体系、引进人才;三是发展要靠科技。

资料来源: 财新网 http://companies.caixin.com/2017-05-29/101095958.html.

【案例】

UPS 和顺丰成立合资公司，联手称霸国际快递

UPS 与顺丰宣布将在香港成立合资公司，拟分别对合资企业投资 500 万美元，双方共计投资 1 000 万美元，助力双方共同开发和提供国际物流产品，聚焦跨境贸易，拓展全球市场。目前，合资公司的成立正等待有关监管部门的批准。

公告称：合资企业将经营、推广和开发联合品牌的国际快递服务，助力顺丰和 UPS，提供更具竞争力的国际贸易物流产品，聚焦 B2B 和 B2C 客户的跨境贸易，拓展全球市场。合资公司的成立将让中美两家知名的物流企业在网络、规模等方面取长补短，提升效率，为客户提供更优质、更多样的服务。

"新成立的合资公司将为国际贸易客户提供更有竞争力的服务，"UPS 亚太区总裁 Ross McCullough 表示，"我们将致力于推出更具优势的物流产品和服务，助力 B2B 和 B2C 客户的跨境贸易。"

顺丰控股副总裁黄德麟表示："随着中国电子商务市场以及移动互联网的高速发展，用户对跨境物流服务的需求复杂多变，需要迅速响应、灵活处理。基于这些变化，现代物流企业必须快速迭代、协同创新，才能帮助我们的商业伙伴成长，在新形势下取得竞争优势。"

合作方之一 UPS 作为世界上最大的快递承运商与包裹递送公司，同时也是专业的运输、物流、资本与电子商务服务的领导者，如今已经构建了一张覆盖 220 多个国家的全球一体化服务网络。

顺丰作为中国快递市场的领导者，拥有丰富的网络资源优势。根据其 2016 年财报显示，顺丰拥有近 13 000 个服务网点，覆盖中国大陆 331 个地级市，2 620 个县区级城市，覆盖率达 97%。

当前，各国之间、各区域之间基础设施建设和互联互通亟待升级。面对挑战，各国需要集众智、汇众力，共同搭建合作新平台，开辟增长新动力，探索发展新路径。

在业内人士看来，UPS 与顺丰两家中美领先的快递物流企业的合作，一方面可以为"一带一路"框架内的各方提供互联互通的物流服务；另一方面可以为中国民营快递企业在全球经济中开辟一条开放共赢的发展新路径。

资料来源：雨果网 http://www.sohu.com/a/143690115_115514。

4.2.2 国际邮政快递报关作业与管理

海关依法对进出口国际特快邮件实行监管。此项监管分为对进出口国际特快邮件的监管和对进出口及过境国际特快邮件总包的监管两种形式。进出口国际特快邮件（特快信函除外）须经海关部门查验放行后方可投递或转发。寄自或寄往设关的经转局的特快邮件以及由其转发的特快邮件，由该局驻局海关查验放行。寄自或寄往非设关经转局的特快邮件以及由其转发的特快邮件，应由最后出口互换局或第一进口互换局海关查验放行。

国际特快专递邮件采用代理报关办法。设关局速递部门应根据有关规定向当地海关申请代理报关资格,办理代理报关业务。报关局速递部门根据海关监管工作的需要和邮局的现实条件,向海关部门提供办公用房和查验场所。特快邮件的海关监管查验时间,应根据特快邮件的时限要求和作业时间予以确定。

快递报关是指快递营运公司在特定时间内,对以快速的商业运输方式承运进出境的货物(分 A、B、C、D 四类货)向海关递交快件报关单(KJ1、KJ2、KJ3 类报关单等)、以快件形式进行货物清关的通关方式。

根据《中华人民共和国海关进出境快件监管办法》确定的分类标准,进出口快件分为以下四类。A 类快件:文件类快件。B 类快件:现行法规规定予以免税的快件。C 类快件:超过现行法规规定的免税范围,但不超过人民币 5 000 元的应税物品(禁止、限制进出口的物品除外)。D 类快件:上述三类以外的快件。

快递一般也采用代理报关的办法。快件报关作业流程如图 4-38 所示。

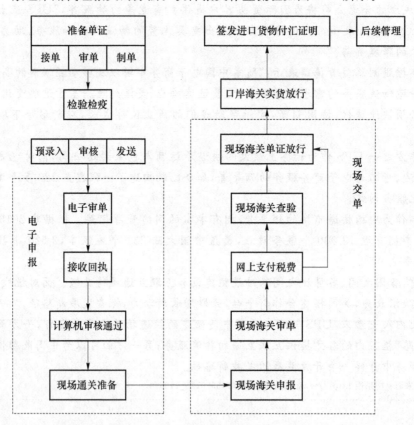

图 4-38 快件报关作业流程

1. 报关作业流程

1) 报关

(1) 接单、送单

需要将准备好的所有报关资料,连同货站的"可收运书",航空公司的正本运单及时交给报关行,以便于及时报关,方便货物及早通关以及运输。

报关资料和信息包括:箱单、发票、合同、核销单、通关单或凭条货物名称、商品编码。货物规范申报内容包括:运费、保费等相关内容和文件。

(2) 预录入 EDI

报关行将根据以上文件，整理并完善所有报关文件。根据报关文件上的信息，会和发货人确定该批货物的品名、件数、重量、尺寸、货物价值等信息。将数据录入海关系统，进行预先审核。各快递公司以 EDI 方式、终端预录入方式向海关传输的报关电子数据具有法律效力。

(3) 申报

预录通过后，可进行正式申报程序，并将打印出来的报关单和所有单证交由海关审核。

海关收到快件公司传输的电子数据后，系统对快件报关数据自动进行审核，根据快件基本分类标准进行逻辑判断，确定每一票分运单放行、查验或报关。然后将审核结果存盘，反馈给各快件公司，由各公司根据审核结果自行打印各种通知单。

(4) 海关查验

如海关对货物有质疑或海关认为货物有必要进行查验时，海关会将货物通知报关行查验，由报关员与海关关员预约时间，到仓库去开箱查验货物，货物没有问题的情况下海关会放行，但货物查验后海关仍然质疑的时候，需要向海关提供必要的文件证明货物。常见文件有：货物工作原理说明、货物成分含量等。

(5) 放行

海关审核单据和报关信息无误后，会将货物放行，在报关单上加盖放行章。

(6) 送单及送单时间

根据航班时间：需在中午报关通过的货物单证最迟需要在上午 10：00 点前交接给报关行；需在下午报关通过的货物单证最迟在下午 15：00 点前交接给报关行。否则将加重报关行报关的负担，影响报关速度还可能导致货物不能进入预计航班，或因情况紧急而造成货站收取超时费用。

2) 海关

(1) 审单中心审单

海关根据报关行录入的 EDI 系统的信息对货物进行审核，主要审核的内容包括：货物归入的商品编码是否正确，货物的规范申报内容是否齐全，货物的规范申报内容是否正确，EDI 系统中是否数据填写正确等相关内容。

(2) 海关前台审单

海关将根据纸质报关资料和 EDI 电子报关数据审核货物以及单证。主要审核内容：单证是否一致，提供单据是否齐全，申报价格是否合理等相关内容。

(3) 查验

一般为抽查，为了提升海关的服务，原来的海关查验率控制在 3%～5%，由于今年海关实行对进出口货物的严格管理，目前海关的查验率控制在 8% 左右，其目的是控制走私以及侵犯知识产权等行为。

(4) 征税

海关根据货物的类别，按照国家法律的规定进行税收，并填写核销单（以便货物出口后，货主退税用）。

(5) 放行

以上手续完备后，海关将对货物进行放行，在核销单和报关单上加盖海关放行章，交给相关的报关行。

2. 申报要求

报关局对所收寄国际特快邮件办理代理报关手续。对物品类特快专递邮件应在详情单 CN22 相关栏目内使用英文详细填写,如实申报邮件内物品名及件数,如"一双皮鞋""两件棉质衬衫""5件羊绒衫"等。正确合理地申报价值。同时随附以英文填写的邮政 CN23 报关单或形式发票(商业发票)一式两份。非个人邮递的物品、货样、广告品、礼品需要提交形式发票(invoice),形式发票的内容应包括收件人姓名、寄件人姓名、公司名称、地址、品名、数量、价值、产地等,并提供收件人、寄件人的电话号码。"文件资料"和"物品"类邮件由海关部门依规定查验放行。报关局速递部门应将"信函"类特快邮件剔出,海关复核无误后予以放行。

海关涉及特快邮件验关事宜的通知(扣留通知、补办手续通知等),由速递部门登记后利用"国内特快邮政公事"(函件、电传或传真)发出,并定期催复。海关不准出口的特快邮件,应在邮件正面或 CN23 报关单上加盖"海关不准出口"字样的戳记,退回寄件人。海关对部分内件予以扣留没收时,经海关放行的部门内件可根据寄件人的要求随附一份 CN13 扣留邮件通知单发往寄达国,一份通知单通过速递部门寄送寄件人。整件被扣留没收时,也应缮发通知单寄送寄件人。

速递部门代理报关业务可收取代理报关服务费。报关局应根据业务成本和市场竞争的需要确定代理报关服务费的标准,并征得当地物价部门的同意。非报关局收取代理报关服务费的标准也由速递部门确定并公布实行。非报关局收寄的、经海关查验不准出口的国际特快邮件在退交寄件人时应于原收资费中扣除同重量的国内特快邮件资费后,多余部分退还寄件人。已收取的揽收服务费等不予退还。

3. 海关对个人邮递物品的规定

个人邮递物品是指:按我国海关的规定属于自用、合理数量范围内的进出境旅客分离运输的行李物品、亲友间相互馈赠的物品和其他个人物品。进出境个人邮递物品应以自用、合理数量为限。海关对进出境个人邮递物品的管理原则是:既要方便正常往来,照顾个人合理需要,又要限制走私违法活动。据此原则,海关规定了个人每次邮寄物品的限值和禁止、限制邮寄物品的品种对邮寄进出境的物品,海关依法进行查验,并按章征税或免税放行。

(1)个人邮寄进境物品,海关依法征收进口税,但应征进口税税额在人民币 50 元(含 50 元)以下的,海关予以免征。

(2)个人寄自或寄往港、澳、台地区的物品,每次限值为 800 元人民币;寄自或寄往其他国家和地区的物品,每次限值为 1 000 元人民币。

(3)个人邮寄进出境物品超出规定限值的,应办理退运手续或者按照货物规定办理通关手续。但邮包内仅有一件物品且不可分割的,虽超出规定限值,经海关审核确属个人自用的,可以按照个人物品规定办理通关手续。

(4)邮运进出口的商业性邮件,应按照货物规定办理通关手续。

1)禁止进境物品

(1)各种武器、仿真武器、弹药及爆炸物品;

(2)伪造的货币及伪造的有价证券;

(3)对中国政治、经济、文化、道德有害的印刷品、胶卷、照片、唱片、影片、录音带、录像带、激光视盘、计算机存储介质及其他物品；

（4）各种烈性毒药；

（5）鸦片、吗啡、海洛因、大麻以及其他能使人成瘾的麻醉品、精神药物；

（6）带有危险性病菌、虫害及其他有害生物的动物、植物及其产品；

（7）有碍人畜健康的、来自疫区的以及其他能传播疾病的食品、药品及其他物品。

2）禁止出境物品

（1）列入禁止进境范围的所有物品；

（2）内容涉及国家秘密的手稿、印刷品、胶卷、照片、唱片、影片、录音带、录像带、激光视盘、计算机存储介质及其他物品；

（3）珍贵文物及其他禁止出境的文物；

（4）濒危的和珍贵的动物，植物（均含标本）及其种子和繁殖材料。

3）限制进境物品

（1）无线电收发信机、通信保密机；

（2）烟酒；

（3）濒危的和珍贵的动物、植物（均含标本）及其种子和繁殖材料；

（4）国家货币；

（5）限制进境的其他物品。

4）限制出境的物品

（1）金、银等贵重金属及其制品；

（2）国家货币；

（3）外币及有价证券；

（4）无线电收发信机、通信保密机；

（5）贵重中药材；

（6）一般文物；

（7）限制出境的其他物品。

材料一　海关对印刷品、音像制品的监管

个人携带或邮寄进出境印刷品、音像制品，应以自用合理数量为限，超出的予以退运。经海关查验在规定范围内且无违禁内容的予以放行。海关监管的进出境印刷品、音像制品主要指：

（1）印刷品——图书、报纸、杂志、印件、函件（私人信件除外）、复印件、绘画、手稿、手抄本等。

（2）音像制品——录音带、录像带、唱片、激光唱片、激光视盘、电影胶片、摄影底片、幻灯片以及计算机磁盘、光盘、磁带等各种信息存储介质。

1. 禁止进境的印刷品、音像制品

有下列内容之一的印刷品、音像制品，禁止进境：

（1）攻击中华人民共和国宪法的有关规定；污蔑国家现行政策；诽谤中国共产党和国家领导人；煽动对中华人民共和国进行颠覆破坏、制造民族分裂；鼓吹"两个中国"或"台湾独立"的；

(2) 具体描写性行为或淫秽色情的。
(3) 宣扬封建迷信或凶杀、暴力的。
(4) 其他对中华人民共和国政治、经济、文化、道德有害的。

2. 禁止出境的印刷品、音像制品

有下列内容之一的印刷品、音像制品，禁止出境：
(1) 有禁止进境内容的。
(2) 涉及国家秘密的。
(3) 出版物上印有"内部资料""国内发行"字样的。
(4) 供大专院校内部使用的参考书籍；国家地质、地形测绘资料。
(5) 国内非法出版的书、刊、报纸等印刷品和非法出版的音像制品；侵犯他人知识产权、盗印境外出版机构出版的印刷品和音像制品等。
(6) 国家颁布的《文物出口鉴定参考标准》规定禁止出境的古旧书籍以及其他具有文物价值的书籍。

材料二　海关对货物类快件的监管

货物类快件是指除文件类和个人物品类以外的快件。货物类快件又细分为第一类、第二类和第三类。

第一类快件分进境、出境两种。

进境：指关税税额在《中华人民共和国进出口关税条例》规定的关税起征数额以下的货物和海关规定准予免税的货样、广告品。

出境：指出境的货样、广告品（法律、法规规定实行许可证管理的、应征出口关税的、需出口收汇的、需出口退税的除外）。

此类快件进出境时，运营人应提交《中华人民共和国海关进出境快件 KJ2 报关单》，每一快件的分运单、发票和海关需要的其他单证。

第二类快件仅指进境快件，是应予征税的货样、广告品（法律、法规规定实行许可证管理的、需进口付汇的除外）。进境时，运营人应提交《中华人民共和国海关进出境快件 KJ3 报关单》，每一进境快件的分运单、发票和海关需要的其他单证。

第三类快件是指第一类、第二类以外的货物，此类货物进出境时，按照海关对进出口货物通关的规定办理。

【案例】

青岛海关全面实现报关单电子放行

为配合丝绸之路经济带海关区域通关一体化改革，实施区域海关统一的电子放行模式，简化企业通关手续，自 2015 年 4 月 15 日起，青岛海关对关区各口岸直接进出口货物全面实施报关单电子放行模式，海关不再进行纸面签章放行。

报关单电子放行模式是指口岸监管场所直接凭海关报关单电子放行信息办理进口货物提货、出口货物发运预作业手续。与传统的人工加盖放行章相比，该模式取消了纸质交付、在发运凭证上加盖海关放行章等一系列作业环节。

"有时候领取放行凭证时不巧遇上人满为患的时间点,有很多时间都耗在了等待上。"提起报关单电子放行新模式,青岛顺通捷运国际物流有限公司的业务员张伟期待不已,他表示待新模式正式实施后,企业不用再派专人到通关现场等候、领取放行凭证,将节约大量人力和时间成本。

"今年5月份,青岛海关将牵头开展丝绸之路经济带海关区域通关一体化改革。"青岛海关监管通关处处长王锡刚称,电子放行是配合这项改革的重要措施之一。

企业可根据实际需要,自主选择接口预定模式或网页查询模式两种电子放行实现方式。对于具备联网传输条件的监管场所可使用接口预定模式,通过数据接口发送进出口报关单放行数据;不具备联网传输条件的,可选择网页查询模式,登录"放行信息管理系统"网页,单票查询监管场所对应关区的进出口放行数据。

资料来源:海关总署网站 http://www.customs.gov.cn/publish/portal0/tab49564/info736875.htm。

【案例】

进口报关的误区

大家都清楚,进口货物向海关申报是必要流程。然而在进口报关中,有这样一些误区,可能是正在进行进出口贸易的外贸、货代都深以为然的误区。

误区一:只要把货物进口到国内就行,其余什么都不管。

理论上,很多货主都是希望把所有的事宜都交由进口货代,就万事大吉了。这种想法肯定是有一定的偏差。

货物进口的方式有很多,比如一般贸易进口,以快件的方式进口,以及保税进口等。一般货代都会根据货主的需求,为其选择适合的进口方式,而不同的进口方式,所需要提供的资料各不相同。委托进口货代后便什么都不管,这样肯定是不行的,毕竟货代只是协助货主完成进口货物的运输,真正的货权是在货主手上的。

误区二:报低货值就能少缴纳税款。

进口货物在报关时,往往都需要提前填写报关单(可以提前申报的),并且还需要提供海关规定的相应单证,最后由海关审核。在报关的过程中,切记要做到"单单相符,单货一致"。在申报的过程中,海关有专门的审价部门进行审核,得出货主进口的货物应当缴纳多少税费,而不是只根据报关单的一纸而定。

国内大部分普通货物的进口关税都在10%左右,增值税是17%,这一点希望大家能有所了解。

误区三:国外客户给的免费样品进口,不需要缴纳关税。

有客户曾经走过快件进口不需要报关,后来换成一般贸易进口后,却发现免费样品不仅要报关而且还需缴纳关税。客户认为是货代公司欺骗性的收费。其实不然,样品的进口和一般贸易进口是一个性质,都需要缴纳关税。而快件进口一般是不需要缴纳税费,也不需要进行报关的。如果需要缴税,一般国际快递也会提前告知的。所以样品进口时,是否需要缴纳税费,主要取决于进口的方式。

资料来源:锦程物流网 http://info.jctrans.com/newspd/qyrw/2018352386006.shtml。

思考与讨论

1. 国内邮政业务的四个基本作业环节和作业流程图。
2. 国内邮政和快递在中转流程上有什么不同?
3. 请画出国际邮政快递的作业流程,并阐述各环节基本作业内容。
4. 请画出国外邮政快递的报关流程图,并写出需要的材料。

第 5 章　邮政与快递组织流程分析与管理

【本章学习目标】

1. 掌握使用律特法则进行邮政快递组织流程分析的方法；
2. 掌握流程能力评估的方法；
3. 掌握流程劳动力成本的计算与评估的方法；
4. 了解生产批量与运营管理绩效的关系；
5. 了解排队的类型及其根本原因；
6. 了解变动性的来源与计量方法。

【本章学习重点】

1. 律特法则的使用；
2. 流程瓶颈的寻找、流程能力的评估和单位时间产出的计算；
3. 流程利用率、资源利用率、隐含利用率的计算；
4. 平衡流水线的改进策略；
5. 考虑准备时间的情况下确定批量规模的方法。

【本章学习难点】

1. 律特法则的灵活使用；
2. 寻找流程的瓶颈；
3. 流程利用率、资源利用率、隐含利用率的计算；
4. 流程劳动力成本的改进方法；
5. 选取合适的批量规模的方法；
6. 流程排队时间的预测。

【引例】

> **各地邮速"双 11"业务发展、客户服务创佳绩**
>
> 今年"双 11"期间，各地邮政速递（简称"邮速"）物流全力"挑战不可能，实现新跨越"，在业务发展、客户服务、时限质量等方面均创出佳绩。据统计，11 月 11—19 日，邮政速递物流电商快包收寄量是去年同期的 1.67 倍，快包城市及时妥投率达 93.8%，超过去年同期水平。

(1) 业务发展有突破

"双11"期间,中邮长三角云仓商家备货量超500万件。为此,江苏省邮政速递物流分公司除自有库区外,增设丰树、安博外挂库区及淮安下沉仓满足商家备货需求。他们开展定制化客户服务,为大客户在"双11"期间主打的促销产品提供"预包装"服务,包裹从打单、出单到出库全流程效率提高30%。11月11—14日,长三角云仓库区接单90万单,淮安下沉仓接单16.5万单,总计106.5万单,订单数同比增长38%。

随着"双11"走出国门,越来越多的海外消费者通过线上跨境电商平台购买中国商品,河南邮政出口跨境电商业务也取得新突破。"双11"当天,河南邮政郑州跨境电商产业园寄发国际小包裹15万件。郑州跨境电商产业园于今年1月15日正式开园,通过搭建产销对接平台,为传统的制造商、品牌商提供创业孵化、仓储物流等一站式跨境电商服务。目前,该园入驻跨境电商客户30多家,在跨境电商平台运营的店铺超过600个,日寄发国际小包裹近2万件。

11月11—19日,湖北省邮政分公司"双11"快递包裹收寄量达773.9万件,同比增长112.9%。为实现服务新提升,湖北各市(州)邮政分公司组建"双11"营销专班,自10月起就深入走访电商大客户,全面掌握客户需求,及时做好人员、车辆、设备、场地等方面的准备。"双11"当天,各市(州)邮政分公司组建揽收小组进驻主要电商、厂家仓库现场,协助客户分单贴单、扫描邮件、包裹出库、堆货搬运,以高效组织和贴心服务赢得市场和客户的认可。

11月11—16日,广东省邮政速递物流分公司收寄"双11"邮件1 181万件,同比增长84%,业务收入居全国速递物流第一。今年8月,广东省速递物流分公司就开始部署"双11"营销工作,在规模与效益并重、整体可控的原则下,采取精准营销、资费管控、短平快、选择性发件的经营管控模式。他们统筹全网运作能力,优先接入以快进快出、驻仓服务模式为主的客户,为客户提供免费临时仓储及发货、配送全流程服务。根据"双11"第一大客户膜法世家的订单情况,广东省速递物流电商分公司调整库位设置,优化流程,提高拣货效率,永和仓新增4条12m生产流水线,设置批量作业区。11月11—15日,接收膜法世家订单81.2万单,同比增长35%。

截至11月15日24时,菜鸟系统显示,西南邮政仓出库达成率为100%。今年"双11",四川省邮政速递物流分公司菜鸟项目组结合菜鸟西南、西北大区要求和物流实际,实行"创新思维,优化流程,前置分拣,够量直发"的运作模式。11月11—15日,四川速递物流菜鸟项目共计完成业务量102.32万件。

(2) 邮件处理提效率

截至11月14日24时,河北省邮政速递物流电商分公司提前24小时完成菜鸟廊坊仓"双11"旺季物流任务。为应对"双11"期间百倍于平时的订单量,河北省速递物流电商分公司针对仓内生产主要环节,重新设计调整质检包装作业流程。他们在每条流水线上增加两个质检台,提升出库效率,并要求外包管理人员24小时驻场,协助物流现场管理。通过增强现场管理,物流效率明显提升,11月13日达到平均每小时出库11 231单,最快时每小时出库18 500单。

随着"双11"邮件处理量大幅增长,浙江省杭州市邮区中心局开辟了坎山第二处理场地,有效地化解了场地邮件积压问题。杭州市邮政分公司将大客户的货物预先运进仓,在发货当天将面单按路向预分拣,加快邮件处理速度。金华市邮政分公司在处理中心上线了交叉带分拣机,处理能力得到迅速提升。

"双11"期间,江西省南昌市邮区中心局2万平方米的作业场地整洁有序,皮带传输机、双层智能包裹分拣机全速运转,全自动化的流程使每件邮件从卸车到落格装车全程仅需2分钟。据了解,今年该局完成工艺流程二期改造工作,新增"6+4"个装卸垛口,大大提高了包分机效率,目前80%的邮件实现全自动分拣。尽管"双11"邮件处理量同比翻番,但却没有出现邮件堆积的情况,确保了邮件快进快出、不落地。

11月11—15日,云南省邮政速递物流分公司邮件处理量同比增长10.7%,做到了零积压、零延误、零丢失。云南省邮政速递物流分公司合理调配资源,新增临时邮件处理场地1.2万余平方米,并投入自动化分拣设备进行邮件分拣。他们对邮件处理的每个节点安排专人负责调度、协调和质量把关,进出口邮件实施分拣封发错峰作业,确保邮件快进快出。

新疆维吾尔自治区邮政速递物流分公司着重从提升能力入手,精心安排内部分拣处理作业,确保邮件及时处理。对于邮件交寄量较大的客户,将邮件出口处理前移至收寄场地,就地组织发运,缓解了处理中心场地作业压力。11月11—15日,乌鲁木齐市邮件处理中心累计处理邮件55.5万件,同比增长16%。11月16日,乌鲁木齐市出现雨夹雪天气,新疆区速递物流分公司及时启动应急预案,确保邮运安全畅通。

(3) 终端投递增渠道

"双11"期间,河南省郑州市邮政速递分公司承担了全省速递物流近30%的投递量,投递量同比增长40%。郑州市速递分公司提前制订了详细的保障措施,在广大揽投员的辛勤工作下,该分公司做到各揽投部现场邮件日进日清,邮件及时妥投率达到90%以上。

11月11—16日,广东速递物流妥投邮件超110万件,及时妥投率超过90%。他们积极推进中邮速递易、"蜜蜂箱"等快递包裹柜渠道,实现每天10万~15万件的投递量。各市速递物流积极与当地日报社、送水公司等合作,利用其终端资源,增强投递能力。茂名市速递物流分公司还与"饿了么""百度外卖"等平台合作,利用其送餐人员的上午空闲时间进行邮件配送。全省速递物流还在校园、大型商业街、大型小区等人员密集区域,设立邮件自取点1 117个。

11月14日,海南省海口市普降暴雨,多条道路积水严重。海口市邮政分公司提前为各投递部购置了雨衣、遮雨布等应急物资,并于11月15日投入一批租赁电动汽车,确保了"双11"投递服务质量。

作为陕西省邮政全省投递的"龙头",西安市邮政分公司提前增加投递用车300余辆、扩建投递场地15处。同时,他们利用自提点、菜鸟驿站、智能包裹柜,进一步优化了"最后一公里"的投递工作。11月11—18日,陕西省邮政分公司全省邮件投递量同比增长122.9%。

宁夏回族自治区邮政速递物流分公司在"双11"期间增加了5辆货车,按照频次,准时向各营业部运送邮件。同时,网控部每天按频次向各营业部预告邮件数量,各营业部合理排班,及时组织投递。为做好网购"学生军"的服务工作,西夏营业部在各大院校建立代投点,每天专人负责邮件投送,并向学生发送相关信息。每天中午,学生们就可以在代办点方便地取件。

资料来源:中国邮政报 http://www.chinapostnews.com.cn/html1/report/17114/2879-1.htm。

5.1 组织流程分析的基本方法

5.1.1 流程绩效的三个度量指标

流程可以被看作一个"黑箱",它使用资源(劳动力和资金)将投入(待配送的订单、原材料、待服务的顾客)转换为产出或服务(配送完成的订单、产成品、接受完服务的顾客),如图 5-1 所示。类似于图 5-1 的图被称为流程图(process flow diagram)。

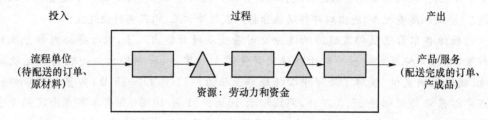

图 5-1 组织的流程

为了分析供应产品和服务的流程,首先需要定义要分析的流程单位。流程单位,顾名思义,就是在整个流程中流动的对象——从投入开始并且最终转化为产出而结束流程。流程单位的选择一般是根据流程所提供的产品或服务的类型来确定的,如汽车厂的车辆、航班的乘客数、酿酒厂生产的啤酒等。在邮政快递组织的例子中,选择快递的包裹作为流程单位(flow unit)。

在给流程单位下了定义之后,可以根据流程绩效的三个基本度量指标来评估一个流程。三个度量指标分别是:**库存、流程时间、单位时间产出**。

(1) 库存:在一个流程中正在处理的流程单位的数量称为库存(inventory,在生产中就是指在制品)。在邮政快递组织中,库存是指一批正在处理的订单。

(2) 流程时间:一个流程单位通过流程所需的时间称为流程时间(flow time)。流程时间包括流程单位可能的等待加工或者等待处理的时间,因为其他在同一个流程步骤中的流程单位(库存)也在争夺同样的资源。流程时间是一个非常重要的绩效度量指标,尤其是在服务环境或者其他对延迟很敏感的业务情形中。例如,按订单生产,生产流程是根据顾客下达的订单随即启动。在邮政快递组织中,流程时间是顾客关心的重点,它度量了顾客从下达订单到收到快递包裹、完成订单的时间。

(3) 单位时间产出:指的是在一个生产或者服务流程中,生产产品(以流程单位数量/时间单位来度量,如每天生产或处理的单位数量)的速度称为单位时间产出(flow rate)或者生产率(throughput rate)。流程所能达到的最大生产能力称为流程的能力(capacity)。在邮政快递组织的案例中,单位时间的产出对应订单完成率,如某日快递点完成了 156 件快递包裹的配送。

表 5-1 给出了几个流程的例子和它们对应的单位时间产出、流程时间以及库存。

表 5-1 单位时间产出、流程时间以及库存的例子

组织	配送中心	肿瘤医院	大学	手机零售商
流程单位	配送中心快件	肿瘤医院病人	大学本科生	手机零售商销售的手机
单位时间产出/生产率	每月配送5 000万件	每年100万人	每年1 000个学生毕业	每天5 000台
流程时间	平均处理时间：0.1个月	治疗一个病人平均时间：1年	4年	10天
库存	待处理案件：500万件	正在治疗的人数是100万人	4 000个学生	50 000台

单位时间产出、库存水平以及流程时间这三个流程度量指标充分反映了企业的运营绩效。

提高单位时间产出（能力）的最大值可以避免出现供不应求的局面，有助于企业获得更大收益。例如，对邮政快递企业来说，如果有足够多的订单等待配送，那么提高单位时间产出（订单完成率）就会直接带来更大的收益（能够更快地完成一个订单的配送，所以可以配送更多的订单）。

缩短流程时间可以减少从需求产生到完成相应供给之间的延迟时间。因此，缩短流程时间也有利于减少供需不平衡。在很多行业中，缩短流程时间也会带来更多的销售量和或者更高的价格，对于邮政快递行业而言，缩短流程时间的收益更为明显。

库存水平是供需不平衡最直观的表现。削减库存可以降低对企业资金的需求，也可以扩大产品或者服务的质量优势，而且库存的增加会直接延长流程时间，也即库存的减少可以缩短流程时间（下文会予以解释）。

5.1.2 流程分析的基本法则——律特法则

长期来看，平均库存、平均单位时间产出、平均流程时间在任意稳定的流程中的关系如下：

$$平均库存 = 平均单位时间产出 \times 平均流程时间$$

这种联系被称为"律特法则"（根据John D. C. Little的名字命名）。

在一般情况下律特法则的证明过程相当复杂（包括流程中具有变动性的情况），而且直到最近，它的数学公式推导过程才被证明成立。

律特法则是运营管理中重要的法则，只要平均库存、平均单位时间产出、平均流程时间以一致的方式测度，律特法则就适用于整个生产线、工厂、仓库或任何其他行业的流程的运营分析。

律特法则不受流程单位（如订单）接收和完成的顺序（如先进先出和后进后出原则）的影响。但是，这些顺序可能会影响某一个特定流程单位（如第一批订单中的货物）的流程时间，但是并不会影响所有流程单位的平均流程时间。此外，律特法则也不受随机因素的影响：订单数量的变化或者完成时长的变化都不会对其产生影响，而唯一会影响它的是订单的平均单位时间产出（订单完成率）和平均流程时间。

显然，律特法则可用于已知绩效度量的两个指标，求另一个指标。例如，要估计快递企业完成一个快递订单的平均时间，可以按照以下步骤进行：

（1）统计平均库存，可以通过观察每天的在处理的订单数量获得，如平均每天大约6 000个订单处于配送当中。

（2）计算每天平均完成的订单数量，如本周的订单完成率为1 857个/天。

（3）采用律特法则计算流程时间：

平均流程时间＝平均库存/平均单位时间产出＝6 000/1 857＝3.23 天

因此，该快递企业完成一个快递订单，即从收件直到将快件送到目标客户的平均时间是3.23 天。而通常这个平均流程时间是需要收集表5-2的数据才能计算得到的。

表5-2 平均流程时间

快递订单序号	流程时间/天
1	2.2
2	2.2
3	2.8
4	4
5	3.5
6	2.9
7	2.8
8	4.2
9	3.8
10	2.2
11	2.5
12	3.7
13	3.1
平均流程时间/天	3.069

5.1.3 邮政快递流程分析案例

某快递点从上游快递组织接收订单，通过运输中转，将其转入下一级快递组织或者客户手中，其流程如图5-2所示。

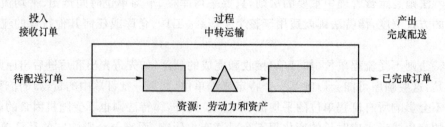

图5-2 快递组织的流程

已知该类快递点某一周其快递订单数量信息如表5-3所示，求这周快递点的平均库存量、订单完成率，并利用律特法则计算其平均流程时间。

表 5-3 某快递点一周订单信息

时间	周一	周二	周三	周四	周五	周六	周日
累计接收订单量/个	1 870	3 400	5 503	6 483	7 379	8 584	9 478
累计完成订单量/个	1 300	2 358	3 321	4 353	5 428	6 380	7 272

由表中数据,累计接受订单和完成订单的数量之差即可得到该快递点的每日库存量,如表 5-4 和图 5-3 所示。

表 5-4 某快递点一周库存量

时间	周一	周二	周三	周四	周五	周六	周日
累计接收订单量/个	1 870	3 400	5 503	6 483	7 379	8 584	9 478
累计完成订单量/个	1 300	2 358	3 321	4 353	5 428	6 380	7 272
库存量/个	570	1 042	2 182	2 130	1 951	2 204	2 206

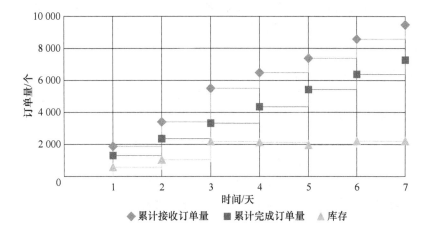

图 5-3 某快递点一周的订单情况

图 5-3 为某快递点一周的订单情况,则
- 平均在处理的订单数(平均库存)=1 755 个;
- 订单完成率=7 272 个/周=1 039 个/天;
- 根据律特法则,平均流程时间=平均库存/订单完成率=1 755/1 039=1.69 天。

5.2 流程能力评估

通常会对两种类型的流程进行流程分析、能力评估,一是具有单个种类流程单位的流程分析;二是具有多个种类的流程单位的流程分析。一个流程可能处理单一种类的流程单位,比如服务 VIP 客户的流程,也可能处理多种产品和客户类型。这需要两种不同类型的流程分析方法,下面分别予以介绍。如图 5-4 所示为某电商企业的订单处理流程,包括接收订单—仓库出货—分拣—运输—配送等业务环节,可以处理多种类型的订单和客户,也可以处理单一类型的客户或者订单。

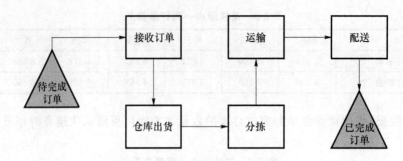

图 5-4　某电商企业的订单处理流程

5.2.1　具有单一种类流程单位的流程能力评估

具有单一种类的流程单位的流程分析的基本步骤如下：

（1）找出每个资源的能力，如果多个资源进行相同的活动，把这些活动加起来。

（2）找出流程的瓶颈，具有最低能力的资源称为瓶颈，它的能力决定了整个流程的能力（流程能力）。

（3）计算单位时间产出，公式如下：

$$单位时间产出 = \min\{可得输入，需求，流程能力\}$$

（4）计算流程利用率：

$$流程利用率 = 单位时间产出/流程能力$$

类似地，计算每个资源的利用率：

$$资源利用率 = 单位时间产出/资源能力$$

下面对流程分析各个步骤所涉及的相关绩效指标和术语的概念和计算方法进行介绍。

1. 流程能力

流程能力是指一个流程能够生产/完成的流程单位的数量。流程能力并不是指流程实际完成的数量。以邮政快递公司的分拣中心为例，某分拣中心能够每小时分拣 5 000 个订单（流程能力），但是一般每小时只分拣 3 000 个订单（实际的单位时间产出）。

流程能力不但可以从整体流程的层面来度量，还可以从构成流程的个别资源或者业务环节的层面来度量。类似于流程能力的定义，一个资源的能力定义为资源在给定时间单位里的最大产出数量。

一个流程单位的处理完成要经过流程中所有的资源处理。因此，整体流程能力由资源中最小的资源能力决定。这个最小的资源被称为瓶颈，它是全部流程链中最薄弱的环节。因此，流程能力的计算公式如下：

$$流程能力 = \min\{资源 1 的能力，\cdots，资源 n 的能力\}$$

其中，流程中共有 n 种资源。显然，流程的实际产出不仅取决于其生产供应能力（流程能力），还与市场对流程单位产出的需求以及输入物流的可获得性有关。

因此，单位时间产出（产出率）可以表示如下：

$$单位时间产出 = \min\{可得输入，需求，流程能力\}$$

如果需求小于供给(也就是有充足的可得输入且流程具有足够的能力),流程就按照需求的速度生产/完成,而与流程能力无关。这种情形为需求约束型(demand-constrained)。注意在这个定义中,需求也包括库存积累的潜在要求。例如,在12月,某邮政快递公司的订单需求就可能低于流程能力,流程就不是需求约束型。因此,当前所分析的需求指的是在给定时间内要求流程产出的任何数量。

如果需求大于供给,则称流程为供给约束型(supply-constrained)。根据产品供给的不同限制,供给约束型流程分为输入约束型和能力约束型。

图5-5总结了流程能力和单位时间产出以及需求约束与供给约束这些概念。在供给约束型运营中,如果有充足的输入,则供给约束体现为能力约束。

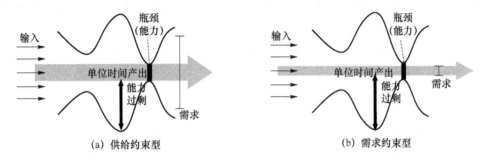

图 5-5 供给约束型和需求约束型

下面介绍一个典型的流程能力分析算例。

假设图5-4的自营型电商订单处理的统计数据如下:

(1) 接收订单流程步骤可以每天处理1 200个订单。

(2) 仓库出库流程步骤可以每天处理1 100个订单。

(3) 分拣流程步骤为可以每天处理1 000个订单。计算过程简要介绍如下:已知在任一给定时间内,有最大数量为4 000个订单在分拣中心,平均处理4天。根据律特法则可计算得出,分拣流程最大的单位时间产出(分拣率)为

$$4\,000 \text{个} = 单位时间产出(分拣率) \times 4 \text{天}$$

$$单位时间产出(分拣率) = \frac{4\,000 \text{个}}{4 \text{天}} = \frac{1\,000 \text{个}}{\text{天}}$$

(4) 运输流程步骤每天可以处理1 120个订单。计算过程如下:已知运输流程最大可进行280个订单的运送,耗时0.25天,则

$$280 \text{个} = 单位时间产出 \times 0.25 \text{天}$$

$$单位时间产出 = \frac{280 \text{个}}{0.25 \text{天}} = 1\,120 \text{个}/\text{天}$$

(5) 配送流程步骤可以每天处理1 650个订单。计算过程简要介绍如下:每个配送人员具有每天处理550个订单的能力,共有3个配送人员。假设配送人员一起构成一个资源,则配送流程步骤的能力为$3 \times 550 \text{个}/\text{天} = 1\,650 \text{个}/\text{天}$。

表5-5总结了每个流程步骤的能力计算。

表 5-5 每个流程步骤的能力计算

流程步骤	计算	能力
接收订单		1 200 个/天
仓库出货		1 100 个/天
分拣	律特法则:单位时间产出=4 000 个/4 天	1 000 个/天
运输	律特法则:单位时间产出=280 个/0.25 天	1 120 个/天
配送	组合:3×550 个/天	1 650 个/天
整个流程	瓶颈:分拣	1 000 个/天

根据上述分析,可知分拣步骤为流程的瓶颈。整体流程能力是流程中每个资源的能力的最小值(单位为:个/天)

$$流程能力 = \min\{1\,200, 1\,100, 1\,000, 1\,120, 1\,650\} = 1\,000$$

2. 单位时间产出

如前所述,单位时间产出的计算公式如下:

$$单位时间产出 = \min\{可得输入, 需求, 流程能力\}$$

接上面的例子,假设由于电商企业促销,每天的订单增加到 2 000 个订单,同时假设各环节能力的可得性满足最大流程能力要求,显然这时的系统属于供给约束型,单位时间产出为 1 000 个/天。

如果电商企业的销售处于淡季,订单减少到 800 个/天,则这时的系统属于需求约束型,单位时间产出为 800 个/天。

3. 流程利用率和资源利用率

在企业实践中,市场需求与潜在供给(流程能力)通常是不匹配的。例如,某自营型电商企业的订单完成能力为每年可以实现 365 000 个订单(1 000 个/天×365 天/年),而客户每年的订单只有 257 000 个。此时,存在订单处理需求和流程能力的不匹配,即供需不平衡。

量化这种供需不匹配的常用度量指标是流程利用率,流程利用率的定义如下:

$$流程利用率 = 单位时间产出/流程能力$$

因此,为了计算流程利用率,除了要了解流程在全力运转时能够生产的数量,还需要知道流程真正生产了多少,从而知道利用了多少潜在能力。在自营型电商企业的案例中,流程利用率如下:

$$流程利用率 = \frac{257\,000 \text{ 个/年}}{365\,000 \text{ 个/年}} = 0.70 = 70\%$$

这表明利用了电商企业 70% 的潜力。

一般来说,流程无法达到 100% 的利用率的原因如下:

(1) 如果需求小于供给,流程一般就不能全力运转,而只是以需求的速度进行生产。
(2) 如果流程的输入没有充足的供应,流程就不能全力运转。
(3) 如果一个或几个流程步骤只有限的资源可得性(如维护保养和设备故障),流程难以全力运转;特别是当有些流程步骤不运转时,流程就会进入没有任何产出的时期。

类似定义整个流程的利用率,也能定义单个资源的利用率,单个资源的利用率定义如下:

$$资源利用率 = 单位时间产出/资源能力$$

由于瓶颈是能力最低的资源,而且通过所有资源的单位时间产出相同,因此瓶颈就是具有最高利用率的资源。

在自营型电商企业的案例中,对应的利用率如表5-6所示。注意流程中的所有资源(流程步骤)只处理一种类型的订单,而且具有相同的单位时间产出。也即等于整体流程的单位时间产出。这个案例中,单位时间产出是每年257 000个。

表5-6 某电商企业流程步骤的利用率(含停工期)

流程步骤	计算	利用率
接收订单	257 000个/年/[1 200个/天×365天/年]	58.7%
仓库出货	257 000个/年/[1 100个/天×365天/年]	64.0%
分拣	257 000个/年/[1 000个/天×365天/年]	70.4%
运输	257 000个/年/[1 120个/天×365天/年]	62.9%
配送	257 000个/年/[1 650个/天×365天/年]	42.7%
整个流程	257 000个/年/[1 000个天×365天/年]	70.4%

度量人员或设备的利用率在资本密集行业中最为普遍。考虑到有限需求和资源可得性问题,电商企业流程的瓶颈没能达到100%的利用率。需要特别指出的是,大多数商业目标是最大化利润,而不是最大化利用率,因而利用率这个绩效指标应该谨慎地对待。图5-6用柱形图总结了利用率。

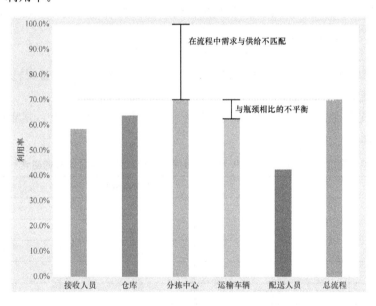

图5-6 电商企业流程的利用率柱状图

电商企业流程的利用率柱状图指出了各种资源之间的不平衡,如图5-6所示。从图5-6中发现有两个原因,使得单个资源的利用率不能达到100%,从而出现能力过剩。两个原因如下:

(1)瓶颈资源利用率最高,除瓶颈之外的所有其他流程步骤与瓶颈相比有一个利用率差异。

(2) 由于输入约束或者需求约束,甚至瓶颈也不能达到100%的利用率。

如果有充足的市场需求和全部的资源可得性,第二个原因就不存在了。而此时瓶颈才能达到100%的利用率水平。如果电商企业案例中瓶颈利用率为100%,即整个流程的单位时间产出为365 000个/年,或者等价于1 000个/天。则相应的利用率水平会发生改变,如表5-7所示。

表5-7 需求无限和无停工时间下的某电商企业的流程利用率

流程步骤	计算	利用率
接收订单	1 000/1200	83.3%
仓库出货	1 000/1 100	90.9%
分拣	1 000/1 000	100.0%
运输	1 000/1 120	89.3%
配送	1 000/1 650	60.6%
整个流程	1 000/1 000	100.0%

4. 隐含利用率

前文所述的利用率计算方式(单位时间产出和流程能力的比率)表明,利用率不会超过100%。因此,利用率只能包含能力过剩的信息,即利用率严格小于100%,故而无法从利用率中推断出需求超出流程能力的多少。

隐含利用率(implied utilization)就是衡量需求超出流程能力的多少的度量指标。一个资源(流程步骤)的隐含利用率的计算公式如下:

$$隐含利用率 = 需求要求的能力/可能能力$$

隐含利用率度量了对一个资源的需求所要求的能力(又称为工作量)与资源现有可得能力之间的不匹配。

假设对前文电商企业的需求增加到每年441 650个(1 210个/天),则相应的隐含利用率如表5-8所示。

表5-8 需求1 210件订单/天和无停工时间下的邮政快递公司流程的隐含利用率

流程步骤	计算	隐含利用率	利用率
接收订单	1 210/1 200	100.8%	83.3%
仓库出货	1 210/1 100	110.0%	90.9%
分拣	1 210/1 000	121.0%	100.0%
运输	1 210/1 120	108.0%	89.3%
配送	1 210/1 650	73.3%	60.6%
整个流程	1 210/1 000	121.0%	100.0%

从表5-8可以发现一些隐含利用率的特点:

(1) 隐含利用率不像流程利用率,它可以超过100%。超过100%体现了一个资源没有足够的可得资源来满足需求。

(2) 隐含利用率超过100%的资源并不一定是瓶颈。从表5-8可以看出,可能会有多个资源的隐含利用率超过100%,但是在流程中只有一个瓶颈,就是那个隐含利用率最大的资源。在电商企业的案例中,瓶颈就是分拣中心。一个流程有多个瓶颈并没有意义。假设订单以每小时1 000个订单的速度流经流程中的每一个资源。尽管许多资源具有超过100%的隐含利用率,但除了分拣中心之外的所有资源却有过剩能力(它们的利用率小于100%,如表5-8所示),这是不能称它们为瓶颈的原因。

(3) 如果流程能力允许拓展,不仅增加瓶颈的能力有价值,增加隐含利用率超过100%的资源的能力也是有价值的。即一旦增加了现有瓶颈的能力,瓶颈能力改善后的流程可能还是能力约束型的流程,这说明增加其他资源的能力也是合理的。

5.2.2 具有多种类流程单位的流程能力评估

具有多种类流程单位的流程具有以下两个特点:

(1) 有多个种类的流程单位,即流程流动的对象有多个种类。例如,快递流程中,要处理的订单有特快订单、普通订单等。

(2) 流程过程中流程单位分解成多个流。例如,在一个分拣中心里,分拣无误的订单将继续进入下一个流程步骤进行处理,而分拣有误的流程单位则需要重新分拣。

具有多个种类的流程单位的流程分析不同于具有单个种类流程单位的流程分析,其根本原因在于产品混合(product mix),即不同种类的产品流经同一个流程,这使得流程分析变得更为复杂。实际上,流程能力主要取决于产品混合,即产品混合可以决定哪一个资源(流程步骤)是瓶颈。例如,图5-7的多订单类型的快递处理流程中,"转发境外目的地快递公司"这一步骤具有很长的处理时间,使得这一步骤的处理能力相对较低,可能会成为快递流程的瓶颈。但是如果100个快递订单中只有1个订单是境外订单,则处理境外订单的低能力将不会成为瓶颈。也即不同生产订单的数量组合可以决定哪个资源是瓶颈。

下面举例说明如何进行具有多个种类的流程单位的基本流程分析。

假设一个邮政快递公司有多种快递订单和服务类型,其快递订单处理流程如图5-7所示,主要有同城、境内和境外订单三种类型的订单,这三类订单共享流程中的第一步(邮件分拣)和最后一步(订单配送完成确认),但其他步骤各不相同。

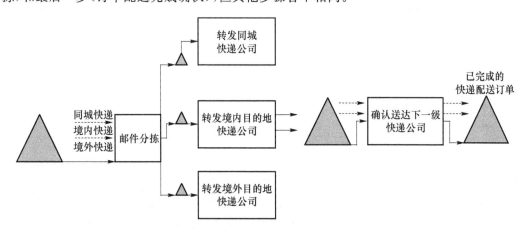

图5-7 多订单类型的快递处理流程

(1) 对于同城快递的订单,邮政快递公司派遣配送员投递至目的地或目的地邮政快递组织即可。

(2) 对于境内快递的订单,邮政快递公司需按照目的地分拣,将同一目的地的邮件整理封发至目的地快递公司,再由目的地的快递公司进行最后的分拣配送。

(3) 对于境外快递的订单,邮政快递公司需要将不同地区的快递分拣,封装并经出境等步骤后发送至不同的目的地,然后由目的地公司再进行分拣配送工作。

假设需求是该邮政快递公司每天有1 520个订单要处理,分类如下:1 000个同城快递的订单,500个境内快递的订单,20个境外快递的订单。

假设一个工作日10小时,需求为每小时100个同城快递订单、50个境内快递订单和2个境外快递订单,如何对多订单类型的快递流程进行分析,即如何计算确定流程的瓶颈、流程的利用率,找出流程变革的切入点?

基本流程分析过程如下:

(1) 搜集、统计数据,计算每个流程步骤的可得能力

以快递分拣为例,收集的数据表明,每人平均处理能力是0.05小时/个,即每人每小时20个订单,共有工作人员10人从事分拣工作。因此,可以求出可得能力:

$$可得能力 = 10 \times 1/0.05 = 200 个/小时$$

其他流程步骤的可得能力的计算结果如表5-9所示。

(2) 计算能力需求

以快递分拣流程步骤为例,快递分拣的能力需求为每小时100个同城快递订单、50个境内快递订单和2个境外快递订单:

$$快递分拣的能力需求 = 100 + 50 + 2 = 152 个/小时$$

其他流程步骤的能力需求的计算结果如表5-9所示。

(3) 计算隐含利用率

以快递分拣流程步骤为例,隐含利用率按照以下公式计算:

$$隐含利用率 = 能力需求/可得能力 = 152/200 = 76\%$$

其他流程步骤的隐含利用率的计算结果如表5-9所示。

表5-9 在多订单类型下的瓶颈

流程步骤	活动时间/(小时·个$^{-1}$)	工作人员数/人	可得能力/(个·小时$^{-1}$)	能力要求/(个·小时$^{-1}$)				隐含利用率
				同城快件	境内快件	境外快件	合计	
快件分拣	0.05	10	10/0.05=200	100	50	2	152	152/200=76%
投递同城	3	360	360/3=120	100	0	0	100	100/120=83%
投递境内	24	960	960/24=40	0	50	0	50	50/40=125%
投递境外	72	180	180/72=2.5	0	0	2	2	2/2.5=80%
确认订单	0.05	10	10/0.05=200	100	50	2	152	152/200=76%

隐含利用率是衡量需求超出流程能力的多少的度量指标,因此通过隐含利用率,就可以找出"最忙"的资源。在这个案例中,"最忙"的资源是投递境内订单的这一处理环节。由于这个资源利用率超过100%,因此这个流程是能力约束的,除非可以加班(即在当天工作时间之外增加额外时间,这样就可以增加可得能力),否则不可能对所有订单进行处理。

上述分析是对多流程单位进行流程分析的第一步。该分析计算了每种资源的隐含利用率,因此可以很快地确定流程是否具有足够的能力。但是,该分析并没有计算出流经该流程的实际产出率,因为这种分析更为复杂。该分析也并未显示在什么情况下扩大资源潜在能力是最有效的。

5.2.3 邮政与快递流程能力评估案例分析

为了考察多流程单位流程中对瓶颈和单位时间产出的完整分析,本小节讨论下面的例子:

某邮政快递公司每分钟有1500个客户快件需要接收转运并投递,其中有1000个为境内快件,另外500个为境外快件。

包裹接收是按以下情况组织的,送达的包裹被接收后经由入口至临时库存区,每分钟可处理10 000个快件。

被接收的快件需经过分拣封装后再次投递。对境内快件(每分钟可受理1 000个快件)和境外快件(每分钟可受理300个快件)有单独的处理人员。快件按照不同目的地经过分拣后进行总包封装。封装流程每分钟可处理1 000个快件。最后,所有的快件装车发运,每分钟能处理2 000个快件。

可以计算出隐含利用率水平(如表5-10所示)。基于以前的分析,可知快件分拣为瓶颈。但是,对快件流和等待队列的累计分析更为复杂。考虑以下信息:

(1) 每分钟有300个快件和每分钟1 000个境内快递进入快件分拣区,每分钟共有1 300个快件处于快件分拣阶段。

(2) 快件分拣阶段每分钟只能受理1 000个快件,表明尽管不清楚该队列中是否包括原来的境内和境外快递,但是在快件分拣区总有等待队列。

表5-10 邮政快递案例中隐含利用率的计算

流程步骤	境内快件/(个·分钟$^{-1}$)	境外快件/(个·分钟$^{-1}$)	能力/(个·分钟$^{-1}$)	隐含利用率
到站接收	1 000	500	10 000	1 500/10 000=15%
分拣(境内快递)	1 000	0	1 000	1 000/1 000=100%
分拣(境外快递)	0	500	300	500/300=167%
总包封装	1 000	500	1 000	1 500/1 000=150%
装车发运	1 000	500	2 000	1 500/2 000=75%

邮政快递公司需要决策的问题是在每种资源下应该处理两种类型的快件各多少个,才能使得系统能力处理达到最大。令 N 为每分钟处理的境内快件数量,M 为每分钟处理的境外快件数量,则有优化模型如下:

$$\max\{N+M\}$$
$$\text{s.t.} \quad N\leqslant 1\,000, M\leqslant 500 \text{(需求约束)}$$
$$N\leqslant 1\,000, M\leqslant 300 \text{(分拣)}$$
$$N+M\leqslant 1\,000 \text{(总包封装)}$$

因此,最优解为满足 $N+M=1\,000$ 的任意 N 和 M 的组合,可以是 $N=700, M=300$ 或

者 $N=1\,000, M=0$。

假设独立于资源能力和订单需求的邮政快递公司,考虑以下两种情况:

(1) 若该邮政快递公司对境内快件采取优先措施,则在这种情况下解为 $N=1000, M=0$。

(2) 若该邮政快递公司想达到平衡的流量,即处理的快件订单总数应等于快件订单到达数。在这种情况下,最优解为 $M=333.33, N=666.67$。由于 $M=333.33$ 不可行,因此增加境内快件的处理数量($N=700$)并减少境外快件的处理数量至 $M=300$。

可以看出,流程的单位时间产出不仅取决于需求和能力,而且还依赖于系统的目标。本节的案例是基于网络流问题的最优流量的计算,是线性规划的一种特殊形式,可在需求和资源约束计算流量以最大化利润。

5.3 流程劳动力成本评估和改进

流程的目标是创造价值(产生利润),而不是最大化流程中每个资源的利用率。因此不应该只是为了提高利用率而生产比市场需求或者流程中下游资源的需求还要多的产品。资源(如劳动力和资本设备)的低利用率为企业提供了改善流程的机会。流程改善的形式可以有多种:(1)在保证产出不变的情况下,如果可以降低某个流程步骤的能力,则整个流程将变得更有效率(产出相同而成本更低);(2)将利用率低下的流程步骤的能力用来提高瓶颈步骤的能力,整个流程的能力就会提高。如果流程是能力约束的,将会促成更高的单位时间产出。

本节讨论如何实现这些流程的改善。具体来说,主要是通过劳动力成本及利用率的计算,发现流程改善的机会,并提出基于流程劳动力成本的改进策略,其中将讨论流水线平衡的概念,即通过流水线平衡努力避免一个流程步骤的供给与对接的流程步骤的需求之间的不匹配问题,使得一个流程内部的供给与需求相匹配。

5.3.1 流程劳动力成本的计算、评估

本节首先给出一引例,然后介绍劳动力成本计算中涉及的主要概念及相关计算方式,再给出劳动力成本的计算步骤,最后通过引例的问题求解详细介绍劳动力成本的计算。

1. 引例

某配送中心的某分拣生产线所面临的分拣需求曲线如图 5-8 所示。订单量受到季节影响需求波动很大,在 3 月时每周的需求只有约 100 个订单,但是到秋天时增加到了 1 200 多个订单。3 月,该配送中心的该分拣生产线面临每周 125 个订单的分拣需求,而作业流程由 3 个工人(资源)组成,如图 5-9 所示。这 3 个工人分别负责订单处理、货物拣选、包装出库等任务。假设这 3 个活动分别需要 13 分钟、11 分钟和 8 分钟。已知每小时 12 美元的工资率,流程每周运营时间为 35 小时。

那么,(1)从空的流程开始到完成这周的 125 个订单一共需要花多长时间?(2)每个订单花费的直接劳动力成本是多少美元?(3)3 个工人各自的劳动力利用率和分拣线的平均劳动力利用率是多少?

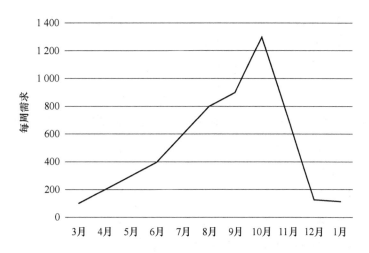

图 5-8 某配送中心的某分拣生产线所面临的分拣需求曲线

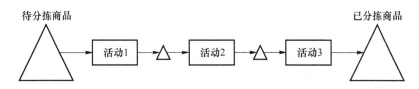

图 5-9 某分拣生产线流程

2. 劳动力成本计算的相关概念

(1) 资源的能力

一个资源或者一组资源进行某项活动的能力按照以下公式定义:

$$能力 = \frac{资源数量}{活动时间}$$

显然,引例中第一个活动订单处理由1个工人进行,其能力可计算得到

$$能力 = \frac{资源数量}{活动时间} = \frac{1}{13 \text{分钟}/\text{个}} = 0.076\,9 \text{ 个}/\text{分钟}$$

(2) 生产 x 数量的产品或服务的时间

① 人工控制的流程

每个工人都按照自己的节奏进行工作,如果第一个工人在第二个工人准备好接收他完成的部件之前就完成了工作,那么第一个工人就把完成好的部件放在两个工人之间的库存中,这种系统称为人工控制的流程。

显然,在工人控制的流程中,工人需要遵照瓶颈的速率进行作业,否则会导致瓶颈环节前出现在制品堆积,造成过量库存。

一般情况下,通过一个空的工人控制的流程时间按以下公式计算:

$$通过一个空的工人控制的流程时间 = 流程中各个活动时间之和$$

② 机器控制的流程

机器控制的流程是指所有的流程步骤必须按照相同的速度进行,包括第一个产品的生产。显然,自动化分拣系统就属于机器控制的流程,汽车自动化装配生产线也属于机器控制的流程。

通过一个空的机器控制的流程时间＝流程中资源的数量×瓶颈步骤的活动时间

因此，从空的流程开始完成 x 数量产品的时间如下：

$$从空的流程开始完成 x 数量产品的时间 = 通过空的流程的时间 + \frac{x-1}{流程的单位时间产出}$$

计算步骤 5-1 总结了从空的流程开始完成 x 数量产品所需要的时间的计算。

计算步骤 5-1 从空的流程开始完成 x 数量产品所需要的时间的计算

(1) 计算流程单位经过空系统的时间。

(2) 计算流程能力：

$$单位时间产出 = 流程能力$$

（因为要尽快处理 x 单位产品，所以是能力约束的流程，流程能力即为单位时间产出。）

(3) 完成 x 数量产品的时间＝通过空的流程的时间＋$\frac{x-1}{流程的单位时间产出}$

（注：如果是连续流程，则可以用 x 替代 $x-1$。）

---

(3) 流程劳动成本的计算

① 劳动量的计算

定义劳动量为劳动力的活动时间的总和，即：

$$劳动量 = 劳动力的活动时间的总和$$

这个公式所计算出的劳动量体现了完成 1 个产品的劳动力投入量。注意劳动力成本并不是劳动量×平均工资，原因在于劳动量是一个从流程单位的角度考虑的绩效度量指标，并没有反映流程实际运作的任何信息，例如，工人的空闲时间并没有被考虑。

② 直接劳动成本的计算

为了正确地计算直接劳动力成本，需要下面两个绩效度量指标：

- 每个单位时间处理的订单数量或生产的产品数。
- 支付给工人的单位时间的工资。

现在，可以计算直接劳动力成本如下：

$$直接劳动力成本 = \frac{单位时间的总工资}{单位时间产出} = \frac{每周的工资}{每周生产产品或处理订单的数量}$$

通常来讲，这个工资高于基于直接劳动量计算出的工资。这两个数字之间的差别反映了流程的利用率低下，即闲置时间过长。如引例中就有两种类型的闲置时间：

- 流程不可能比瓶颈生产得还要多，这个案例中工人每 13 分钟处理完 1 个订单，但是第三个工人的作业只需要 8 分钟，这意味着每处理 1 个订单就要闲置 5 分钟。
- 如果流程是需求约束的，甚至瓶颈也不是按照它的全部能力进行运作的，因此也会产生闲置时间。给定需求为每周 125 个订单，也就是每小时处理 3.57 个订单或者每 16.8 分钟处理 1 个订单，3 个工人每处理 1 个订单就会有 3.8 分钟的闲置时间。

以上讨论假设劳动力成本是固定的，如果可以将每天的工作时间缩短，就可以消除第二种类型的闲置时间。

③ 劳动力利用率的计算

为了计算劳动力生产率，首先定义周转时间和计算劳动力闲置时间。

周转时间的计算公式如下：

$$周转时间 = \frac{1}{单位时间产出}$$

周转时间是体现流程处理订单或者生产产品的速度的另一个绩效度量指标。如果每16.8分钟处理1个订单，周转时间就是16.8分钟。

类似地，定义1个工人的闲置时间为

$$1个工人的闲置时间 = 周转时间 - 这个工人的活动时间$$

注意，这个公式假设每个活动只配置了1个工人。闲置时间度量了1个工人处理1份订单或者生产1个产品的非生产性时间是多少。把所有工人的闲置时间加起来可以得到每处理1个订单或者1个产出的总闲置时间。

要计算最后一个流程效率的绩效度量指标，即平均劳动力利用率，可以通过劳动量和需要支付工资的劳动量（劳动量和所有工人闲置时间之和）之比得到：

$$平均劳动力利用率 = \frac{劳动量}{劳动量 + 所有工人闲置时间之和}$$

另一种计算平均劳动力利用率的方法是计算流程中各个工人的利用率的平均值。则显然引例中的平均劳动力利用率如下：

$$平均劳动力利用率 = \frac{1}{3} \times (利用率1 + 利用率2 + 利用率3)$$

计算步骤5-2总结了与分析劳动力成本相关的一些计算，包括由多个工人完成同一个活动的可能。

综合上述计算过程，则劳动力成本计算可参见计算步骤5-2。

计算步骤5-2 劳动力成本的计算

(1) 计算所有资源的能力，最低能力为瓶颈并且确定流程能力。

(2) 计算单位时间产出=min{可得输入，需求，流程能力}，然后计算：

$$周转时间 = \frac{1}{单位时间产出}$$

(3) 计算单位时间需要支付的总工资（所有的工人）：

$$直接劳动力成本 = \frac{单位时间的总工资}{单位时间产出}$$

(4) 计算资源i的所有工人的闲置时间：

$$资源i的所有工人的闲置时间 = 周转时间 \times (资源i的工人数量) - 资源i的活动时间$$

(5) 计算流程单位的劳动量，即涉及直接劳动力的活动时间的总和。

(6) 加总所有工人的闲置时间（总闲置时间），然后计算：

$$平均劳动力利用率 = \frac{劳动量}{劳动量 + 所有工人闲置时间之和}$$

---

3. 引例的求解

根据上述计算步骤，可以回答本节开头提出的如下三个问题。

(1) 从空的流程开始到完成这周的125个订单一共需要花多长时间？(2) 每个订单花费的直接劳动力成本是多少？(3) 3个工人各自的劳动力利用率和生产线的平均劳动力利用率是多少？

① 处理订单总时间的计算

第1个工人运作第一个活动的能力：

$$能力 = \frac{资源数量}{活动时间} = \frac{1}{13\ 分钟/个} = 0.076\ 9\ 个/分钟$$

即

$$0.076\ 9\ 个/分钟 \times 60\ 分钟/小时 = 4.6\ 个/小时$$

同样可以计算出第二个工人的能力为 5.45 个/小时，第三个工人的能力为 7.5 个/小时。瓶颈是第一个资源，导致流程能力为 4.6 个/小时。第一个订单整个处理流程的总时间为 13+11+8=32 分钟。

从空的流程开始完成 125 个订单分拣的时间

$$= 通过空的流程的时间 + \frac{125-1}{流程的单位时间产出}$$

$$= 32\ 分钟 + \frac{124\ 个}{0.076\ 9\ 个/分钟}$$

$$= 1\ 613\ 分钟 = 26.87\ 小时$$

② 直接劳动力成本的计算

$$直接劳动力成本 = \frac{单位时间的总工资}{单位时间产出} = \frac{每周的工资}{每周处理订单的数量}$$

$$= \frac{3 \times 12\ 美元/小时 \times 35\ 小时/周}{125\ 个/周} = \frac{1\ 260\ 美元/周}{125\ 个/周} = 10.08\ 美元/个$$

③ 劳动力利用率的计算

劳动量＝劳动力的活动时间的总和＝13 分钟/个＋11 分钟/个＋8 分钟/个＝32 分钟/个

对工人闲置时间的相关计算罗列在表 5-11 中。

表 5-11 闲置时间的相关计算

工人	工人 1	工人 2	工人 3
活动时间	13 分钟/个	11 分钟/个	8 分钟/个
能力	1/13 个/分钟＝4.61 个/小时	1/11 个/分钟＝5.45 个/小时	1/8 个/分钟＝7.5 个/小时
流程能力	流程能力＝min{4.61 个/小时,5.45 个/小时,7.5 个/小时}＝4.61 个/小时		
单位时间产出	需求＝125 个/周＝3.57 个/小时 单位时间产出＝min{需求,流程能力}＝3.57 个/小时		
周转时间	1/3.57 小时/个＝16.8 分钟/个		
闲置时间	16.8 分钟/个－13 分钟/个 ＝3.8 分钟/个	16.8 分钟/个－11 分钟/个 ＝5.8 分钟/个	16.8 分钟/个－8 分钟/个 ＝8.8 分钟/个
利用率	3.57/4.61＝77%	3.57/5.45＝65.5%	3.57/7.5＝47.6%

把所有工人的闲置时间加起来可以得到每处理 1 个订单的总闲置时间：

$$3.8 + 5.8 + 8.8 = 18.4\ 分钟/个$$

$$平均劳动力利用率 = \frac{劳动量}{劳动量 + 所有工人闲置时间之和}$$

$$= \frac{32\ 分钟/个}{32\ 分钟/个 + 18.4\ 分钟/个} = 63.4\%$$

或者： 平均劳动力利用率 $=\frac{1}{3}\times$（利用率1＋利用率2＋利用率3）$=63.4\%$

5.3.2 基于流程劳动力成本的改进策略

现在已经知道了如何计算流程中的劳动力成本和劳动力利用率，那么，如何改进流程以减少劳动力成本呢？下面通过一个例子来回答这个问题。实际上，有很多的方法可以改进流程以减少劳动力成本，但其主要的核心是平衡流水线。

比较表 5-11 中的利用率水平，会发现工人之间的利用率存在很大的不平衡：工人 1 的利用率达到 77%，而工人 3 的利用率只有 47.6%。流程的不平衡体现了微观层面的不匹配，即一个流程步骤的供给和下一个步骤的需求之间的不匹配。流水线平衡是减少这种不平衡的一种技术，这种技术可以提供下列改进机会：

- 通过更好地利用各种资源增加流程的效率，这个案例指的是劳动力。
- 通过重新配置工人从低利用率的资源到瓶颈资源，或者重新配置瓶颈资源的部分工作到低利用率的资源以增加流程能力（而不增加其他资源）。

1. 案例描述

仍然以前述配送中心的分拣生产线为例，通过前文的计算知道此时的分拣线是需求约束的，那么：1）当需求增加，例如，由 125 个/周增加到 200 个/周，分拣线变为能力约束时，工人的劳动利用率和劳动力成本将如何变化？2）如何配置流水线使得处理每个订单的劳动力成本最低？在完美状态下，即工人的利用率为 100% 时，所能达到的最低劳动力成本是多少？3）假设工人 1 的订单处理作业的最后一个任务是安排车辆，用时两分钟；工人 2 货物拣选作业的最后一个任务是扫码确认捡货，用时两分钟。将安排车辆转移给工人 2，扫码确认给工人 3，此时的劳动力成本变为多少？4）订单量在接下来的 6 个月里面有大幅增长，在 7 月达到了每周 700 个的水平，为了维持供求的合理匹配，该配送中心应该如何进一步增加流程能力（供给）？

2. 问题 1) 求解

事实上，对于一个需求约束的流程来说，当需求快速增长时，自然地就能降低直接劳动成本。考虑现在是 5 月的某一周，订单的分拣需求达到 200 个订单的水平，此时流程不再是需求约束的，而是能力约束的：

工人 1 的利用率达到了 100%，单位时间产出为每分钟 1/13 个订单。

工人 2 的利用率为

$$单位时间产出/能力=\frac{1}{13}/\frac{1}{11}=84.6\%$$

工人 3 的利用率为

$$单位时间产出/能力=\frac{1}{13}/\frac{1}{8}=61.5\%$$

直接劳动力成本为

$$直接劳动力成本=\frac{单位时间的总工资}{单位时间产出}=\frac{每周的工资}{每周处理订单的数量}$$
$$=\frac{3\times 12\text{ 美元/小时}\times 35\text{ 小时/周}}{161.5\text{ 个/周}}=\frac{1\,260\text{ 美元/周}}{161.5\text{ 个/周}}=7.80\text{ 美元/个}$$

3. 问题2)求解

实际上,流水线越平衡,工人的利用率越高,劳动力成本越低。流水线平衡是要均匀配置流程中为处理一个订单的三个流程步骤的工作量。

理想状态下可以得到一个完美的流水线平衡,即每个工人的工作量为32/3分钟/个,这意味着每个工人具有相同的10.66分钟/个的活动时间。此时的流程能力为197个/周,在需求为200个/周的5月,每个工人的利用率都达到了100%,直接劳动力成本为

$$直接劳动力成本 = \frac{单位时间的总工资}{单位时间产出} = \frac{每周的工资}{每周处理订单的数量}$$

$$= \frac{3 \times 12 \text{美元/小时} \times 35 \text{小时/周}}{197 \text{个/周}} = \frac{1\,260 \text{美元/周}}{197 \text{个/周}} = 6.40 \text{美元/个}$$

可见,流水线平衡对降低直接劳动力成本、提高劳动力利用率有不可忽视的积极的意义。但是在大多数流程中,工作时间不可能这么均匀地分配,特别是由一系列任务组成的流程的活动并不是很容易就能拆分的。但是,仍然可以将细小的任务重新分配来进一步平衡流水线。

4. 问题3)求解

假设工人1的订单处理作业的最后一个任务是安排车辆,用时两分钟;工人2货物拣选作业的最后一个任务是扫码确认捡货,用时两分钟。将安排车辆转移给工人2,扫码确认给工人3,则新的活动时间如下所示:

- 工人1:11分钟/个
- 工人2:11分钟/个
- 工人3:10分钟/个

此时工人1和工人2都为流程的瓶颈,流程能力为1/11个/分钟 = 5.45个/小时 = 190.91个/周,仍然考虑每周需求为200个订单的5月,此时流程为能力约束,劳动利用率和直接劳动力成本变为

$$平均劳动力利用率 = \frac{劳动量}{劳动量 + 所有工人闲置时间之和} = \frac{32}{32+0+0+1} = 97\%$$

$$直接劳动力成本 = \frac{单位时间的总工资}{单位时间产出} = \frac{3 \times 12 \text{美元/小时} \times 35 \text{小时/周}}{190.91 \text{个/周}} = 6.60 \text{美元/个}$$

这是最优选择了吗?答案是否定的,因为只要三个工人之间还存在类似的任务转移以接近理想状态,流程就还有优化的空间。

5. 问题4)求解

如图5-8所示,订单量在接下来的6个月里面有大幅增长,在7月达到了每周700个订单的水平,因此,为了维持供求的合理匹配,该配送中心不得不进一步增加流程能力(供给)。

为了使流程能力从190.91个/周(见上面平衡的流水线)增加到700个/周,必须增加额外的工人,而订单分拣的基本流程不变,有多种方法来布置新的、高产量的流程:

- 使用完全相同的流程布置和员工匹配计划,可以复制当前的流水线;
- 在三个流程中增加工人,这会提高每个流程步骤的能力,并因此提高整个流程的能力;
- 对现在由三个工人开展的工作进行拆分,由此来提升每个流程步骤的能力。

下面简单介绍这三种方法的计算,图5-10是对应流程图的总结。

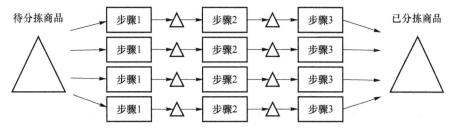

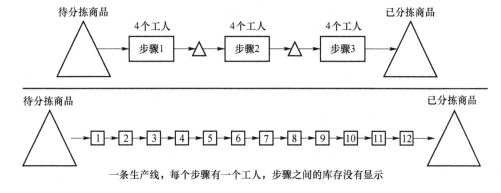

图 5-10　三种流程改进方法

(1) 通过复制流水线增加能力

既然整体运营的能力随着复制生产线的数量而呈现线性增长趋势,那么可以简单地增加三条复制的流水线,新的流程能力为 $4\times 190.91=763.64$ 个/周。

这种方法的优点是企业可以利用从初始的流程布置中获取的经验,不足之处是这种方法需要保证三个流程步骤的工人比例为常数,而这不一定是安排工人的最有效的方式。

另一种方案是只增加两条复制的生产线使流程能力达到 572.73 个/周,余下的 127.27 个在三条生产线上分摊,每条生产线将要处理 $127.27/3=42.42$ 个/周,对应的加班时间是每周 7.8 小时(42.42/5.45)。

在假设可以加班的情况下,平均劳动力利用率将保持 97% 不变。

(2) 通过选择性地增加工人来增加能力

第一种方法假设每个流程步骤的工人数相同,这种员工计划不一定是最优的。具体来说,可以观察到平衡之后第一个和第二个流程步骤是瓶颈,因此,也许应该增加这两个流程步骤的人数。

将每个资源的能力定义为这个资源上的工人数量除以活动时间,由此得到:

$$要求的能力=\frac{工人数量}{活动时间}$$

对于第一个流程步骤,要求的能力的计算结果为(每周 700 个订单,每周 35 小时,0.33 个/分钟):

$$0.33 个/分钟=\frac{工人数量}{11 分钟}$$

因此,为了满足当前的需求,需要的工人数量为 $0.33\times 11=3.43$ 个。由于工人数量必须为整数,所以第一个流程步骤需要雇用 4 个工人,同样的,需要为第二个流程步骤雇用 4 个工人,为第三个流程步骤雇用 4 个工人。

现在需要为每一个流程步骤雇用 4 个工人,说明上面的流水线平衡较好,如果基于原始的数据做相似的计算,可以得出:

- 在流程步骤 1,0.33 个/分钟=工人数/13 分钟/个;因此,工人数=4.29;
- 在流程步骤 2,0.33 个/分钟=工人数/11 分钟/个;因此,工人数=3.43;
- 在流程步骤 3,0.33 个/分钟=工人数/8 分钟/个;因此,工人数=2.64。

因此发现将更多的资源分配给活动时间较长的工人的计划是流水线平衡的另一种方法(第一个流程步骤 5 个工人,第二个流程步骤 4 个工人,第三个流程步骤 3 个工人)。

值得注意的是,如果只是复制了不平衡的流水线,将需要增加四条不平衡的流水线,而不是三条平衡的流水线(此时需要 5 个流程步骤 1)。因此,流水线平衡,从单个工人的层面是探讨工作时间的增减,但对整个生产线而言,则可以很大程度地节约直接劳动力成本。

(3)通过进一步使任务专业化增加能力

前面两种方法是增加能力的方法,而此处讨论的第三种方法是从根本上改变分配给工人各项任务的方式来改善流程,降低劳动力成本。每个活动可以视为不同任务的集合,因此,如果提高了工人的专业化程度,现在每个工人只对一两项任务负责,就可以减少作业时间,增加流水线的能力。

首先基于需求决定目标周转时间,以此作为分析的开始。在这个案例中,每周需要处理 700 个订单,那么每 3 分钟就要处理 1 个订单,每 3 分钟需要多少个工人才能处理 1 个订单呢?为了解决这个问题,首先得到人员安置计划,以此开始分析,为整个分拣生产线配备 12 名工人。表 5-12 列出了处理 1 个订单时给 12 名工人分配的任务。

表 5-12 增加了专业化程度的活动时间和任务分配

工人	任务	任务时间/(分钟·个$^{-1}$)
工人 1	接收订单	3
工人 2	订单信息确认	3
工人 3	查询库存及订单库存分配	2.2
工人 4	打印拣选/配送单据	2.8
工人 5	安排车辆	2
工人 6	捡货	3
工人 7	分类集中	3
工人 8	将拣选的物品移至出货暂存区	3
工人 9	扫码确认捡货完成	2
工人 10	出货检查	2.2
工人 11	货物包装	2.8
工人 12	装货	3
总工作量		32

按照这个方法,每个工人所做的工作的最大值降低到了 3 分钟,这个数称为"控制范

围"。这个数比之前方法中的11分钟要小,那么意味着工人通过很短的培训就可以开展工作了。工人还可能更快地改进他们的活动时间,因为专业化能够提高学习的速度。

这种方法的不利之处在于对劳动力利用率所产生的负面效果。此时的劳动利用率为

$$平均劳动力利用率 = \frac{劳动量}{劳动量 + 所有工人闲置时间之和}$$

$$= \frac{32}{32+0+0+0.8+0.2+1+0+0+0+1+0.8+0.2+0} = 88\%$$

注意,流水线平衡后三个工人在流程中的平均劳动力利用率是97%,因此专业化(更小的控制范围)使流水线平衡具有非常大的复杂性。

如果反过来推理,也许更容易理解专业化程度增加的情况下,流水线平衡的难度加大这一结论:专业化程度降低时,流水线平衡更简单。如果1个工人完成流程中所有的任务,相应的劳动力利用率会达到100%(假设需求足够大,至少能保证1个工人一直忙于工作),根据定义,这个工人也将是瓶颈。

显然,之前的讨论、分析表明,平衡流水线是提高利用率,降低劳动力成本的关键。

5.4 运营管理绩效分析

5.4.1 生产准备与运营管理绩效

理想的生产流程是平稳的、不间断的。但在实践中几乎是存在的,导致平稳流程中断的原因是有多种,但是最重要的原因是生产准备、质量问题和变动性。本节重点介绍生产准备问题,这是批量生产或者服务类型运营系统的一个重要特征。与流程变动性相关的问题和质量问题将在后续的章节中讨论。

不像高度专业化的大规模生产系统,批量生产一般使用通用设备和技术生产多种产品。由于生产技术的一般性和产品的多样性,在开始生产特定的一批产品之前,要对生产运营系统中的生产资源进行生产准备,这通常会花费时间并导致生产中断。

一个生产批量是指在资源或者生产设备进行下一次生产准备前,所生产产品的总量或者所提供的服务总量。这种生产准备通常要改变设备的设置。例如,从生产A产品转换到生产B产品(所花费的时间又称为转换时间),需要重新调整、设置相关设备,这在多品种小批量的生产中尤为普遍。此外,还有一些其他原因使得流程反复中断,从而需要重新进行生产准备,如工人操作出错或者是机器故障等。

显然,当资源处于准备状态时没有任何产出,因此,可以很直观地发现频繁的生产准备会导致生产能力低下,如图5-11所示。

下面通过典型配送中心案例分析生产准备对流程能力的影响,以及在考虑生产准备时间时如何确定生产批量来应对生产准备带来的问题。

1. 生产准备对能力的影响——以配送中心流通加工为例

本小节以配送中心流通加工的包装环节为例说明生产准备是如何影响生产能力的。某配送中心采用包装设备对一批商品进行流通加工,共包括包装、栓标签两个作业环节。具体的加工时间/准备时间如下:

(1) 每件商品需要 1 分钟的包装时间。
(2) 包装设备从包装模式切换到栓标签模式(准备时间)需要 60 分钟。
(3) 每件商品需要 1 分钟的栓标签时间。
(4) 包装设备从栓标签模式再切换到包装模式也需要 60 分钟。

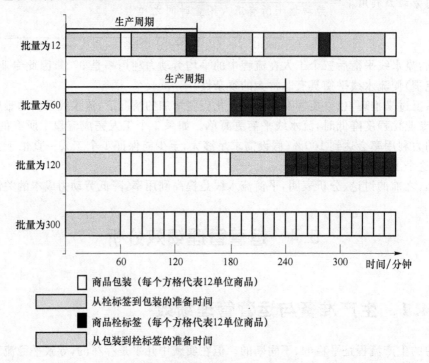

图 5-11 准备时间对能力的影响

下面考虑变动批量规模对能力的影响。能力是指一个流程最大的单位时间产出。显然,批量规模的改变会导致生产准备频繁度不同,从而导致能力的变化。图 5-11 显示了生产准备是如何影响流程能力的。表 5-13 所示是批量为 12,60,120,300 的能力。

表 5-13 生产准备对能力的影响

批量规模	完成一批的时间/分钟	能力/(个·分钟$^{-1}$)
12	60(准备装箱)	12/144=0.083 3
	+12(包装商品)	
	+60(准备栓标签)	
	+12(栓标签)	
	144	
60	60(准备包装)	60/240=0.25
	+60(包装商品)	
	+60(准备栓标签)	
	+60(栓标签)	
	240	

批量规模	完成一批的时间/分钟	能力/(个·分钟$^{-1}$)
120	60(准备包装)	120/360=0.333
	+120(包装商品)	
	+60(准备栓标签)	
	+120(栓标签)	
	360	
300	60(准备包装)	300/720=0.4166
	+300(包装商品)	
	+60(准备栓标签)	
	+300(栓标签)	
	720	

显然,如表 5-13 所示,批量规模为 12 属于小批量生产,则那么每处理 12 件商品要花 2 小时的准备时间(为切换包装模式准备 1 小时,为切换栓标签模式准备 1 小时),而没有任何产出。而增大生产批量可以明显增加资源能力。例如,批量为 60 时,每生产 60 件产品才需要一次生产准备,60 件商品分摊 2 小时的生产准备时间。因而随着生产规模的增大,生产准备对能力的影响变小,单位时间产出增加。

根据表 5-13 的计算方法,可以把具有生产准备的资源能力表示成批量规模的函数:

$$给定批量规模的能力 = \frac{批量规模}{准备时间 + 批量规模 \times 单位产品生产时间}$$

上述公式中,批量规模、准备时间和单位产品生产时间的定义如下:

(1) 批量规模是在一个生产周期内加工的商品的数量,本例中记为 $B=100$ 件商品。

(2) 准备时间包括生产周期内所有与准备有关的时间。本例中,准备时间为 $S=60$ 分钟+60 分钟=120 分钟。

(3) 单位产品生产时间是完成一个单位产品需要的所有加工时间。本例中,包括包装的 1 分钟/个位和栓标签的 1 分钟/单位。即单位产品生产时间

$$p=1 分钟/单位+1 分钟/单位=2 分钟/单位。$$

显然,根据上面的公式,可以计算生产规模等于 100 时的包装设备的能力:

$$能力(B=100) = \frac{批量规模}{准备时间 + 批量规模 \times 单位产品生产时间}$$

$$= \frac{100 单位}{120 分钟 + 100 单位 \times 2 分钟/单位} = 0.3125 单位/分钟$$

显然,无论选取的批量规模多大,都不可能比单位产品生产时间 p 更快。因此,$1/p$ 是流程能达到的最大能力,如图 5-12 所示。

需要指出的是,加大批量规模可以增加能力,但并非批量规模越大越好。其根本原因在于批量越大,则要求的库存水平越高。高水平的库存要么是流程中的在制品或在途库存,要么是成品库存。若保持单位时间产出固定不变,则按照律特法则高库存水平会导致很长的流程时间,这也是批量生产运营方式通常对客户订单的反应不快的原因。因此,生产规模(能力)和库存之间需要做一个合理的权衡。

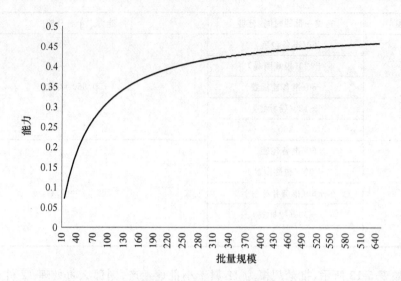

图 5-12 不同批量规模下的能力

2. 考虑准备时间的情况下批量规模的确定——以配送中心流通加工为例

选取适当批量规模存在一个两难冲突,即需要平衡能力和库存这两个相冲突的目标。大批量规模导致较多的库存,而小批量规模则导致能力损失,优选批量规模至关重要。

在平衡能力和库存这两个互相冲突的目标时,注意以下两点:

(1) 瓶颈步骤的能力是特别有价值的(只要需求大于能力),因为瓶颈约束整个流程的单位时间产出。

(2) 非瓶颈步骤的能力是没有价值的,因为它没有限制当前的单位时间产出。

基于以上两点,选取合适的批量规模时应考虑以下两个原则:

(1) 如果生产准备发生在瓶颈步骤(并且流程是能力约束的),则应该扩大批量规模,提升流程能力,进而实现更大的单位时间产出。

(2) 如果生产准备发生在非瓶颈步骤(或者流程是需求约束的),则应该缩小批量规模以减小库存,同时缩短流程时间。

下面以图 5-13 所示的配送中心流通加工为例说明如何确定适当的批量规模。图中的流程图只有两个活动:包装作业和堆垛作业。堆垛作业是最慢的步骤(瓶颈),每 3 分钟处理完成一个产品(此处的包装作业涵盖了栓标签活动)。其中,B 为批量规模,S 为准备时间,p 为单位产品生产时间。

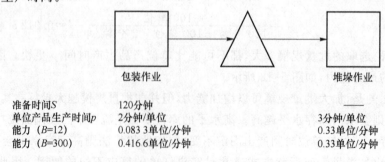

图 5-13 流通加工案例的相关数据

当批量规模为 12 时,包装环节的能力计算如下:

$$能力(B=12) = \frac{批量规模}{准备时间+批量规模\times 单位产品生产时间}$$

$$= \frac{B}{S+B\times p} = \frac{12}{120+12\times 2} = 0.0833\ 单位/分钟$$

堆垛作业的能力为每分钟 1/3 单位,因此,当 $B=12$ 时,包装作业是瓶颈。

当批量规模从 12 增加到 300 时,堆垛作业能力不变,但是包装作业的能力是:

$$能力(B=300) = \frac{B}{S+B\times p} = \frac{300}{120+300\times 2} = 0.4166\ 单位/分钟$$

显然,批量规模为 300 时瓶颈作业由包装作业变为堆垛作业。

批量规模 12 和 300 哪一个更好呢?具体分析如下:

(1) 批量规模为 300 明显偏大。这是由于堆垛作业能力约束整个流程能力的产出,包装作业环节出现闲置时间(实际上,即使批量规模 $B=200$,包装作业环节也会有闲置时间)。因此,这个大的批量规模很可能产出不必要的库存。

(2) 从库存角度看,批量规模为 12 使得库存更少,但流程能力已降至每分钟 0.0833 单位,使得堆垛作业环节很空闲。

显然,适当的批量规模在 12~300 之间,应该是不影响流程能力的最小批量规模。因此,令有生产准备的流程步骤的能力(本例中为包装作业)和后续流程有最小能力的流程步骤的能力(本例为堆垛作业)相等:

$$\frac{B}{120+B\times 2} = \frac{1}{3}$$

显然,$B=120$,即 120 为适合的批量规模。

由此,可以得到适合的批量规模的计算公式:

$$建议的批量规模 = \frac{单位时间产出\times 准备时间}{1-单位时间产出\times 单位产品生产时间}$$

计算步骤 5-3 所示为有准备时间时的适当批量规模的计算过程。

计算步骤 5-3 有准备时间时的最优批量规模的计算

(1) 计算单位时间产出 = min{可得输入,需求,流程能力}。

(2) 定义生产周期,包括在资源开始再次处理第一个流程单位之前的所有处理和准备时间。

(3) 计算资源处于准备状态下的一个生产周期的时间,准备时间是与批量规模无关的那些时间。

(4) 计算一个生产周期中资源进行活动处理的时间;这包括单位产品上所有活动时间的加总(即批量中每个单位的活动时间的重复)。

(5) 计算给定批量规模下具有生产准备时间的资源能力:

$$能力(B) = \frac{B}{准备时间+B\times 单位产品生产时间}$$

(6) 要寻找的是不影响单位时间产出,且有最小库存的批量规模。可以通过下面的等式寻找批量规模 B:

$$能力(B) = 单位时间产出$$

这里可以直接应用下面的公式求得:

$$建议的批量规模 = \frac{单位时间产出\times 准备时间}{1-单位时间产出\times 单位产品生产时间}$$

显然,为流程选取一个合适的批量规模能改进流程绩效。因此,当一个流程中某个流程步骤有很长准备时间时,作为流程经理,需要平衡下列相互冲突的目标:

(1) 使用小的批量规模实现对客户的快速响应(短流程时间,根据律特法则,对应于低库存水平)。

(2) 使用大的批量规模获得成本收益。原因在于大批量规模使得流程具有高产出率,因而使得工厂固定成本可以在最大数量的流程单位上进行分摊,但代价是高的库存水平。

图 5-14 阐述了这两个目标之间的矛盾关系,与流水线平衡的案例相似,批量规模的调整不是在两个绩效指标间相互妥协,而是通过减少流程中的无效的生产准备时间来改善流程。

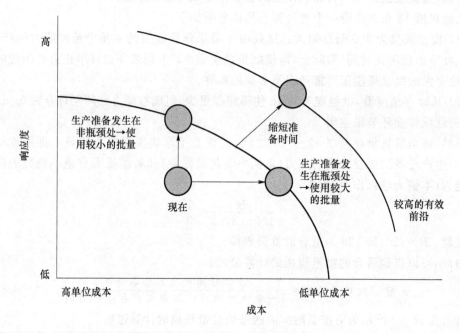

图 5-14 选取一个批量规模

尽管可以通过选取批量规模来缓和库存(响应度)和成本之间的矛盾,但最终只有一个办法来处理生产准备——只要有可能就消除它或者至少要缩短准备时间。由于生产准备不增加任何价值,因此是一种浪费。

5.4.2 排队问题与运营管理绩效分析

排队是一种典型的供求不匹配的形式,是运营系统绩效低下的表现,无论是实际队列(超市、机场安检、在飞机场换登机牌)还是虚拟队列(听呼叫中心的音乐、等待高铁售票网站查询回复),都会使消费者体验明显降低。

通常有两种类型的排队:

(1) 第一种类型的排队是某些时间段,期望的需求速度大于期望的供给速度时出现的排队现象,其根本原因在于能力问题。特别是当运营系统能力水平固定,而需求呈季节性变化时这种由于能力不足而导致的排队现象就会经常发生,此时隐含利用率水平在某些时期超过100%。典型的代表是登机口出现的排队现象。

（2）第二种类型的排队是由于变动性而导致的排队现象，即平均而言有足够的能力来迎合需求，但由于变动性的存在而导致排队。此时尽管隐含利用率小于100%，也还是会出现排队现象。

这两种类型的排队可能对消费者来说没有什么区别，但从运营管理的角度来看，区别这两种类型的排队很重要。第一种类型的排队的根本原因是能力问题；变动性只起到次要的作用。第二种类型的排队的根本原因是变动性。无论是从消费者的角度还是从运营管理的角度来看，变动性使我们无法预测是否会出现排队现象。有时是消费者（需求）等待服务（供给），有时是服务等待消费者。在这些情形下，供给和需求都不能匹配。

本节重点讨论排队与变动性之间的联系，并介绍一些分析工具来分析变动性如何影响排队时间从而影响运营系统的绩效。本节的主要的目标是：

（1）预测排队时间和掌握评价客户服务质量的一些绩效指标。

（2）掌握缩短排队时间的方法，包括选取合适的能力水平、重新设计服务系统和降低变动性。

1. 变动性的概念、来源与度量

如前所述，变动性是第二种类型的排队现象的根本原因，那么什么是变动性，有哪些变动性的来源，以及如何度量变动性变得至关重要。

变动性是指一组实体的不均匀性。例如，一组体重完全相同的人在体重上就不存在变动性，然而体重差异很大的一组人在这方面则是高度变动性的。在一个邮政快递运营系统中存在着多方面的变动性。例如，包裹的物理尺寸、分拣机的运行时间、机器失效/修复时间、生产准备时间、运输时间、每天的配送订单数等都易于产生不均匀性。

为什么在一个流程中会出现变动性？变动性的来源主要有四种，如图5-15所示，具体如下：

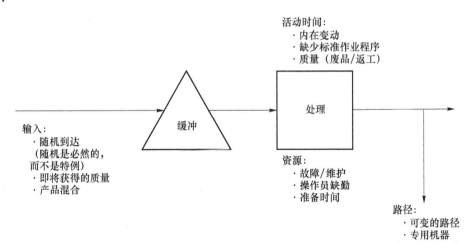

图 5-15　变动性及其根源

（1）流程单位输入的变动性。服务机构的变动性的最大来源在于市场本身。虽然有些客户到达流程的模式是可以预测的（例如，晚上8点到9点网上购物的顾客比较多，则快递订单会比较多），但下一个客户何时到达总是不确定的。

(2) 活动时间的变动性。无论如何安排，员工的业务处理总是会存在变动性，比如某个配送中心的某一时间长度的同一种类型的订单拣选，总会有几次操作比其他要快或者慢；活动时间的另一种变动性来源与服务环境有关，比如每个医生看病时处理一个病人的时间存在变动性，病人本身的活动时间也构成了活动时间。

(3) 资源的随机可得性。如果资源受制于随机性故障（例如，制造环境中的机器故障或者服务运营中的员工缺勤），就会产生变动性。

(4) 流程中多个流程单位随机排序。如果一个流程单位通过流程的路径本身就是随机的，那么每个资源的到达过程就具有变动性。例如，一家医院的急救室，在挂号处遵循初始的筛选，到达的病人被安排到不同的资源处，护士负责处理病情简单的病人，病情复杂一些的病人交给医生，严重的病人交给医院中特定的部门（如肿瘤中心）。在这种情况下，到达时间和服务时间都是确定的，只是随机排序会产生变动性。

一般来讲，变动性用标准差来度量。这种方法存在的问题是标准差只提供了变动性的一个绝对度量。标准差为5分钟就表明有很高的变动性吗？在配送中心，分拣时间长度（活动时间）有5分钟的标准差，看上去是很大的数字，但是在肿瘤中心两个小时的手术中，5分钟的标准差似乎不大。

基于这个原因，用相对的术语来度量变动性更为合理。具体来说，把一个随机变量的变差系数（coefficient of variation）定义为

$$\text{变差系数} = CV = \frac{\text{标准差}}{\text{均值}}$$

由于标准差和均值的度量单位相同，所以变差系数是一个没有单位的度量指标。

通常度量一个需求到达过程的变动性的公式如下：

$$CV_u = \frac{\text{间隔到达时间的标准差}}{\text{间隔到达时间的均值}}$$

如果间隔达到时间服从指数分布，则变差系数等于1，因为指数分布中均值等于标准差。

类似地，度量服务时间的变动性的公式如下：

$$CV_p = \frac{\text{活动时间的标准差}}{\text{平均活动时间}}$$

在本节所介绍的模型要求静态服务过程（在服务过程有季节性的情况下，只要把时间分割成更小的区间即可，与到达过程的做法类似），不要求其他特征（如服务时间为指数分布）。因此，所要知道的只是服务时间的均值和标准差。

2. 单队列、单服务器的运营系统的排队问题分析

本节重点研究第二类排队现象，即能力大于需求的情况下，由于变动性而出现的排队现象。在对变动性进行度量的基础上，本小节针对单队列单服务器的排队系统展开分析，介绍一个简单的公式来预测流程绩效度量指标，如库存、单位时间产出、流程时间。

如图 5-16 所示的系统为单队列和单服务器的运营系统，是只有一个资源和具有无限空间缓冲的流程系统。下面讨论如何计算此类系统的队列中的平均等待时间和平均排队时间。

(1) 主要假设和相关计算公式

① 假设流程单位到达系统的需求模式呈现变动性，平均每隔 a 时间单位就有一个流程单位到达，则 a 为平均间隔到达时间。显然，也可以通过计算得到间隔达到时间的变差系

数,假设记为 CV_a。

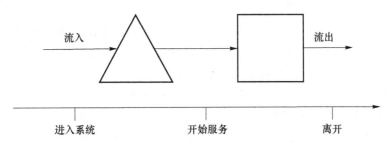

图 5-16 单队列和单服务器的运营系统

② 假设平均 p 单位时间服务一个流程单位,因此流程的平均服务时间为 p,其变差系数 CV_p。由于只有一个资源来处理流程单位,故而服务器的单位时间的处理能力为 $1/p$。

③ 图 5-16 所示的运营系统为需求约束型的系统,即能力大于需求,单位时间产出 R 就是需求率。具体来说,由于货物平均每隔 a 时间单位到达,单位时间产出 $R=1/a$,则服务器的利用率小于 100%,计算过程如下:

$$利用率 = \frac{单位时间产出}{能力} = \frac{1/a}{1/p} = \frac{p}{a} < 100\%$$

④ 一个流程单位在系统中平均花费的时间,可按照以下公式计算(如图 5-17):

$$流程时间 = 排队时间 + 活动时间$$
$$T = T_q + p$$

其中,T_q 表示在队列中花费等待时间,即平均的排队时间,不包括真正的服务时间;p 是处理一个流程单位的平均时间。

⑤ 把系统看作一个整体,则系统的总库存为 $I = I_q + I_p$,其中,I_q 为在队列中的库存(流程单位数量),I_p 为在流程中接收服务的流程单位数量。

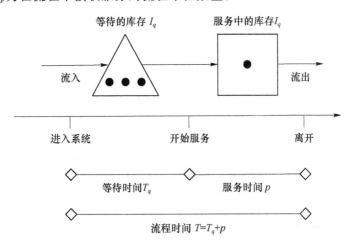

图 5-17 单队列和单服务器的简单过程

⑥ 一个流程单位在队列中的平均等待时间

基于活动时间 p、利用率及间隔到达时间的变差系数 CV_a 和处理时间的变差系数 CV_p,我们可以使用下面的公式来计算队列中的平均等待时间:

$$\text{队列中的等待时间} = \text{活动时间} \times \left(\frac{\text{利用率}}{1-\text{利用率}}\right) \times \left(\frac{CV_a^2 + CV_p^2}{2}\right)$$

需要指出的是,这个公式并不要求服务时间和间隔到达时间服从某个特定的分布。然而在非指数间隔到达时间的情形下,这个公式只是近似于队列中的期望等待时间,而不是百分之百准确。这个公式可以用在静态过程的情形下。

上述等式表明,队列中的等待时间是三个因素的乘积:

- 等待时间表达为活动时间的倍数。此外,活动时间还直接影响利用率(利用率=活动时间/间隔到达时间)。因此,等待时间并不是随活动时间呈线性增长关系。
- 第二个因子反映的是利用率效果。需要指出的是,利用率要小于100%。如果利用率等于或大于100%,队列将无限增长,这不是由变动性导致的,而是由于不具备所需能力导致的。此外,利用率因子是非线性的并且随着利用率水平接近100%变得越来越大。例如,利用率=0.8,利用率因子=0.8/(1-0.8)=4;利用率=0.9,利用率因子=0.9/(1-0.9)=9;利用率=0.95,利用率因子=0.95/(1-0.95)=19。
- 第三个因子反映了系统中的变动性,这个变动性水平由间隔到达时间的变差系数 CV_a 和活动时间的变差系数 CV_p 来度量。由于 CV_a 和 CV_p 既不影响平均活动时间 p,也不影响利用率 μ,故而等待时间随着系统中变动性的增加而延长。

(2) 邮政快递收件网点的排队分析案例

考虑某快递收件网点 A 是一个相对较小的网点,只有一个员工负责收件。根据统计数据,在早晨 10 点的平均收件活动时间为 100 秒,即活动时间 $p=100$ 秒。同样地,根据统计数据,可以计算出收件服务时间的标准差为 130 秒。根据收集到的到达数据可知,在早晨 10 点有 3 个寄件的客户在 18 分钟内到达,因此,间隔到达时间是 $a=6$ 分钟=360 秒。那么,收件网点一个客户的平均等待时间是多少呢?平均而言,投递网点中总共有多少寄件的客户(包括正在处理和等待寄件处理的客户),其中又有多少正在等待的客户?

显然,根据统计数据和已知条件,可计算出活动时间的变差系数是:

$$CV_p = \frac{130 \text{ 秒}}{100 \text{ 秒}} = 1.3$$

至于间隔到达时间的变差系数,可以使用下面两种方法中的一种。第一,考虑观察到的间隔到达时间并且计算经验标准差。第二,可以视到达过程为随机的,由于收集到的数据与指数分布拟合得很好,假设到达过程是泊松过程(间隔到达时间服从指数分布),这意味着变差系数 $CV_a=1$,利用率可通过以下公式计算得到:

$$\text{利用率} = \text{活动时间}/\text{间隔到达时间} (=p/a) = \frac{100 \text{ 秒}}{360 \text{ 秒}} = 0.28$$

因此,将上述数据带入以下公式,则每个快递订单平均的等待时间是:

$$\text{队列中的等待时间} = \text{活动时间} \times \left(\frac{\text{利用率}}{1-\text{利用率}}\right) \times \left(\frac{CV_a^2 + CV_p^2}{2}\right)$$

$$= 100 \times \frac{0.28}{1-0.28} \times \frac{1^2 + 1.3^2}{2} = 52.3 (\text{秒})$$

这表明,在这个收件网点,每个寄件的客户在开始接受服务之前需要等待的平均时间是 52.3 秒。

一个客户寄件平均花费的总时间应该包括等待时间和服务时间,因此,客户寄件平均花

费的总时间(即流程时间)为
$$T = T_q + p = 52.3 + 100 = 152.3(秒)$$

需要说明的是,用上面方法计算等待时间需要从长期平均的角度来看,如果在一个给定的时间区间内观察系统,那么在这段时间内观察到的平均等待时间不可能正好等于计算得到的平均值。但是我们观察系统的时间越长,等待时间 T_q 与经验平均值一致的可能性就越大。

由于计算出了等待时间 T_q 或者流程时间 T,又知道单位时间产出为 $1/a$,则可以用律特法则计算投递网点的平均库存 I,即平均的寄件客户人数:

$$I = R \times T = \frac{1}{a} \times (T_q + p) = \frac{1}{300} \times (52.3 + 90) = 0.42$$

因此,平均来说,投递网点中正在等待和正在处理的客户之和大约是半个客户。

类似地,可以通过应用律特法则得到 I_q,即平均等待的客户数:

$$I_q = \frac{1}{a} \times T_q = \frac{1}{360} \times 52.3 = 0.14$$

显然,正在处理的平均客户人数是:

$$I_p = 0.42 - 0.14 = 0.28$$

3. 单队列、多个服务器的运营系统的排队问题分析

本小节要分析由一个排队区域(队列)和多个相同资源组成的流程的排队问题,重点预测平均等待时间。在业务繁忙时段,只允许一个队列,但配备 m 个收件员的快递收件网点就是一个典型的单队列、多服务器系统,如图 5-18 所示。

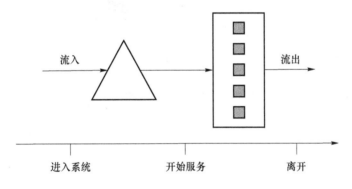

图 5-18 单队列、多个平行资源的流程($m=5$)

(1) 主要假设及相关计算公式

① 假设 m 为可得的平行服务器数量。由于有 m 个在平行工作的服务器,p 是服务器处理一个流程单位的平均时间。此处假设平均服务时间可能要比平均间隔到达时间长得多的情况。显然,m 个资源的能力为 m/p,而需求率仍是给定的 $1/a$,则服务过程中的利用率 μ 如下:

$$利用率 = \frac{单位时间产出}{能力} = \frac{1/间隔到达时间}{资源数/活动时间} = \frac{1/a}{m/p} = \frac{p}{a \times m}$$

与单资源情形相似,此处也只考虑利用率水平小于 100%。

② 总流程时间

假设流程单位将平均花费 T_q 单位时间等待后,开始接受服务,接受服务的时间为 p 单

位时间。因此,总流程时间为等待时间和服务时间之和:

$$流程时间 = 排队时间 + 活动时间$$
$$T = T_q + p$$

③ 平均等待时间

每个流程单位的平均等待时间 T_q,可按照以下公式计算:

$$队列等待时间 = \left(\frac{活动时间}{m}\right) \times \left(\frac{利用率^{\sqrt{2(m+1)}-1}}{1-利用率}\right) \times \left(\frac{CV_a^2 + CV_p^2}{2}\right)$$

显然,对于 $m=1$ 的情况,上面的公式正好就是单队列单服务器系统下的平均等待时间的公式。另外,只要间隔到达时间服从指数分布,单资源下的等待时间公式就能准确量化等待时间。在多资源情形下则不同,多资源下的等待时间公式只是一个近似公式。这一公式在大多数情况下预测效果都很好。具体来说,当利用率 μ 与服务器数量 m 之比很大时,公式的预测效果就很好。

④ 其他的绩效指标计算

计算了等待时间,还可以应用律特法则来计算队列区域中排队的平均流程单位数量 I_q、服务中的平均流程单位数量 I_p 和整个系统的平均流程单位数量 $I = I_q + I_p$,如图 5-19 所示。

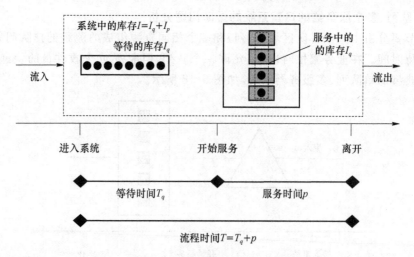

图 5-19 关键绩效指标的总结

当有多个资源服务于流程单位时,可能会有多个流程单位同时接受服务。如果 μ 为流程的利用率,它也是 m 个资源中每个资源的利用率,因为这些资源处理同样速率的需求。我们可以计算 m 个资源中任意一个单独的期望流程单位为

$$\mu \times 1 + (1-\mu) \times 0 = \mu$$

加总 m 个资源得到:

$$流程中的库存 = 资源数量 \times 利用率$$
$$I_p = m \times \mu$$

(2) 具有单队列、多个服务器的邮政快递收件网点的排队分析

假设考虑某快递收件网点 A 在业务繁忙时段,安排 13 个员工负责收件。每个员工单个快件的平均收件处理时间为 100 秒,即活动时间 $p=100$ 秒。同样地,根据统计数据,可以计算出收件服务时间的标准差为 130 秒。根据收集到的到达数据可知,在上午 10:45 开始

进入业务繁忙时段,有100个寄件的客户在15分钟内到达,因此,间隔到达时间是 $a=900$ 秒/$100=9$ 秒。假设间隔到达时间服从指数分布,即变差系数 $CV_a=1$。那么,在单队列、多个收件员的收件网点一个客户的平均等待时间是多少?平均而言,投递网点中总共有多少寄件的客户(包括正在处理和等待寄件处理的客户),其中又有多少正在等待的客户?

① 计算利用率 μ:

$$\mu = \frac{p}{a \times m} = \frac{100 \text{ 秒/次}}{13 \times 9/\text{次}} = 0.85$$

② 计算平均等待时间:

$$T_q = \left(\frac{p}{m}\right) \times \left(\frac{\mu^{\sqrt{2(m+1)}-1}}{1-\mu}\right) \times \left(\frac{CV_a^2 + CV_p^2}{2}\right)$$

$$= \left(\frac{100}{13}\right) \times \left(\frac{0.85^{\sqrt{2(13+1)}-1}}{1-0.85}\right) \times \left(\frac{1^2 + 1.3^2}{2}\right) = 36.30 (\text{秒})$$

③ 其他主要的系统绩效指标
- 流程时间:

$$T = T_q + p = 36.30 + 100 = 136.30 (\text{秒})$$

- 正在接受服务的总客户数:

$$I_p = m \times \mu = 13 \times 0.85 = 11.05 (\text{个})$$

- 排队等待的客户人数:

$$I_q = T_q / a = 36.3 / 9 = 4.03 (\text{个})$$

- 收件网点中寄件的总客户人数

$$I = I_p + I_q = 4.03 + 11.05 = 15.08 (\text{个})$$

以下计算步骤总结了由变动性导致的与等待时间相关的一些最重要的计算。

计算步骤 5-3 单队列、多服务器的运营系统的排队分析步骤

1. 收集下列数据:
- 服务器数量 m;
- 活动时间 p;
- 间隔到达时间 a;
- 间隔到达时间的变差系数 CV_a 和处理时间的变差系数 CV_p。

2. 计算利用率:

$$\mu = \frac{p}{a \times m}$$

3. 计算期望等待时间:

$$T_q = \left(\frac{\text{活动时间}}{m}\right) \times \left(\frac{\text{利用率}^{\sqrt{2(m+1)}-1}}{1-\text{利用率}}\right) \times \left(\frac{CV_a^2 + CV_p^2}{2}\right)$$

4. 基于 T_q,计算其他的绩效度量指标如下:
- 流程时间

$$T = T_q + p$$

- 服务中的库存

$$I_p = m \times \mu$$

- 队列中的库存

$$I_q = T_q / a$$

- 系统中的库存

$$I = I_p + I_q$$

【案例】

国家邮政局通报2017年上半年邮政行业经济运行情况

2017年上半年,全行业紧紧围绕党中央、国务院决策部署,牢固树立和贯彻落实新发展理念,坚持稳中求进的工作总基调,坚持深化行业供给侧结构性改革,坚持目标导向和问题导向,按照"打通上下游、拓展产业链、画大同心圆、构建生态圈"的发展思路,聚焦重点、突破难点,主动作为,真抓实干,主要经济指标继续保持高位增长,邮政新产品拓展不断发力、快递新动能集聚不断增强、行业新技术应用不断加快,行业运行整体呈现出稳中有好、稳中有进、稳中有新的良好态势。

1. 总体运行情况

(1) 全行业情况

2017年上半年,邮政行业业务收入(不包括邮政储蓄银行直接营业收入)累计完成3 060.3亿元,同比增长23.6%;业务总量累计完成4 297.6亿元,同比增长32.7%。

(2) 邮政寄递服务情况

2017年上半年,邮政寄递服务业务量累计完成116.9亿件,同比下降0.5%;邮政寄递服务业务收入累计完成175.2亿元,同比增长11.2%。其中,邮政函件业务累计完成16.5亿件,同比下降15.5%;包裹业务累计完成1 312.1万件,同比下降9%;报纸业务累计完成88.8亿份,同比下降1.8%;杂志业务累计完成4.2亿份,同比下降6.2%;汇兑业务累计完成2 067.5万笔,同比下降32.7%。

(3) 快递服务情况

2017年上半年,全国快递服务企业业务量累计完成173.2亿件,同比增长30.7%;业务收入累计完成2 181.2亿元,同比增长27.2%。其中,同城快递业务量累计完成40.4亿件,同比增长24.2%;业务收入累计完成312.8亿元,同比增长28.2%。异地快递业务量累计完成129.2亿件,同比增长32.9%;业务收入累计完成1 109.9亿元,同比增长19.9%。国际及港澳台快递业务量累计完成3.6亿件,同比增长29.2%;业务收入累计完成240.8亿元,同比增长22.2%。

2. 总体运行特点

(1) 全行业增速符合预期,二季度呈现提升上扬

2017年上半年,邮政全行业完成业务总量4 297.6亿元,同比增长32.7%,实现业务收入3 060.3亿元,同比增长23.6%。6月当月,全行业业务总量同比增长34.6%,全行业业务收入同比增长27.6%,分别较4月份提升1.2和1.9个百分点。具体如图5-20所示。

(2) 邮政寄递服务降幅收窄,传统业务企稳回升

2017年上半年,邮政普遍服务紧紧围绕邮政业更贴近民生实事,深入推进创新发展。邮政网络经济运行整体态势良好,新兴业务持续高速增长,邮政传统业务开始企稳回升。开放合作、提质增效成为当前邮政服务的主要特征。邮政寄递服务业务量完成

116.9亿件,同比下降0.5%,实现业务收入175.2亿元,同比增长11.2%。函包汇发四项业务降幅收窄。

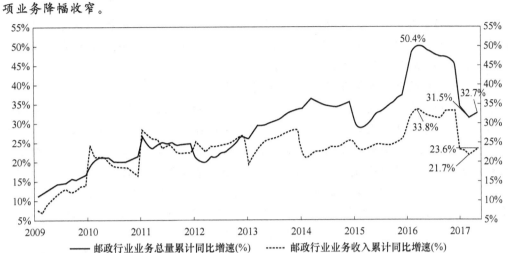

图 5-20　邮政行业业务总量和业务收入累计同比增速变化情况

(3) 快递业务快速增长,区域功能有所分化

2017年上半年,快递业务量完成173.2亿件,同比增长30.7%,快递业务收入实现2 181.2亿元,同比增长27.2%,如图5-21所示。从区域发展情况来看,业务量排名前12的省份占全国的比重超过8成,数据显示,广东、浙江、江苏等收寄主力省份增速符合预期,北京、上海同城快递市场增量有所收缩,山东、河北、湖北、四川、安徽等消费主力省份异地快递业务增速放缓。

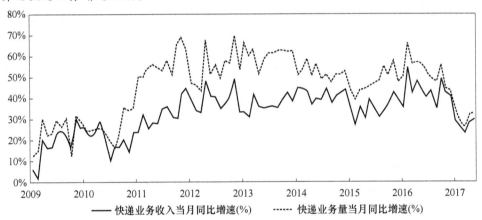

图 5-21　快递业务量和快递业务收入月同比增速变化情况

(4) 行业服务质量持续改善,快递申诉率历史新低

2017年上半年邮政业消费者申诉总量为70.6万件,其中有效申诉为12.5万件,占申诉总量的17.7%,同比下降14.5%。快递服务有效申诉率持续下降。全国快递服务

有效申诉率为 $\frac{6.6}{1\,000\,000}$，同比减少 $\frac{3.9}{1\,000\,000}$。消费者对申诉处理满意率继续稳步提升。消费者对邮政管理部门申诉处理满意率98.2%，同比增长0.7个百分点；消费者对邮政企业申诉处理结果的满意率为97.4%，同比增长1.2个百分点，对快递企业申诉处理结果的满意率为96.6%，同比增长0.7个百分点。

(5) 供给侧改革加速推进，服务质效显著提升

各地邮(快)件处理中心、集散枢纽和快递专业类物流园区建设步伐加快，末端服务能力持续提升。业内典型的"入厂物流""区域性供应链"等服务模式开始普及推广，邮政业与现代制造业协同合作不断深化。修订后《邮政普遍服务标准》贯彻实施，邮政普通包裹时效全面提高。快递企业加快发展快运、冷链等物流服务，服务品类向着生鲜农产品、易腐食品和医药等高端品易逝品扩展，业务量、业务收入增长协同性呈现走强趋势。快递企业主动渗透上、下游生产流通环节，为整个产业链降本增效做出积极贡献。

(6) 积极服务"三大战略"，稳步推进区域协同

2017年上半年，京津冀快递业务收入完成219.3亿元，业务量完成17.3亿件，占全部比例的10%。相比2016年同期，北京首都疏解效应明显，河北、天津积聚效应增强，多家企业总部已在廊坊、天津武清等地布局分拨中心和处理场所，两地快递物流园区相继投入建设运营。长江经济带区域业务快速增长。长江经济带11省市行业业务总量和业务收入分别完成2 011亿元和1 492.7亿元，同比分别增长34.7%和23.8%。快递业务量和业务收入分别完成83亿件和1 094亿元，同比分别增长31.1%和25.2%。"一带一路"沿线业务稳定增长，国际邮件周转效率明显提升。邮件、快件进出境通道更加顺畅，各类口岸国际邮件互换局(交换站)和国际快件监管区作用凸显。

(7) 推动行业绿色发展，助力行业转型升级

2017年上半年，《快递封装用品》系列国标和《邮政业封装用胶带》系列行标制修订工作顺利启动，以快递环保塑料袋、环保芯片编织袋、电子面单等为主要项目的快递绿色包装开始试点。快递企业探索建立快递绿色包装产学研基地，为全面推广绿色包装工作积累经验。

(8) 畅通城乡流通渠道，服务国家脱贫攻坚

2017年上半年，邮政、快递企业聚焦农产品进城，借力政策完善升级，利用线上销售平台及社区营销方式，开展"一市一品"示范项目，助推电商创业孵化、带动农民致富增收。统计数据显示，快递服务乡镇覆盖数量超过80%。

资料来源：中华人民共和国中央政府网 http://www.gov.cn/xinwen/2017-08/01/content_5215230.htm。

思考与讨论

1. 律特法则可以来分析邮政快递系统中的哪些关键绩效指标，请通过收集数据进行计算并讨论。

2. 请对典型的邮政快递流程进行流程能力分析与评估。

3. 讨论典型的邮政快递流程的劳动力成本的计算,并给出改进方法。
4. 讨论邮政快递系统中有哪些属性的变动性会影响系统绩效。
5. 试讨论、分析邮政快递流程中常见的排队问题,试建立排队模型,计算排队时间及各项绩效指标。

第6章　邮政与快递运营质量管理与控制

【本章学习目标】

1. 了解变动性的类型；
2. 掌握流程改进的方法；
3. 掌握绘制控制图的方法。

【本章学习重点】

1. 偶然性原因变动性和系统性原因变动性的概念与区别；
2. 控制图的概念与构建。

【本章学习难点】

构建控制图的过程与方法。

【引例】

速递物流整治运行质量提升服务品质

2016年10月24日下午，中国邮政速递物流股份有限公司召开2016年9月份全国邮政速递运行质量分析电视电话会议，聚焦分析了9月邮政速递国内、国际网络运行和服务质量上存在的问题，部署运行质量整治工作，以进一步提升服务品质，为旺季生产提供有力支撑。

就各省（区、市）分公司开展运行质量整治工作，集团公司副总经理、邮政速递物流公司董事长李雄提出三点要求：一是明确运行质量改进工作机制，落实质量改进责任。总部质量分析会点出的问题，各省（区、市）分公司一把手要领回去，组织分析和落地整改，对于问题长期未解决的要落实责任追究制度，这就是新的运行质量分析会工作机制，通过总部和省（区、市）联动、生产部门和管理部门协同，实现内部精细化管理。二是坚持问题导向，落地整改运行质量问题。各省（区、市）和地市分公司一把手要做好质量分析会"第一责任人"，坚持深入生产一线、深入具体流程中咬定问题不放松的态度，并建立自身也参与其中的质量问题齐抓共管工作机制。三是当前要重点整治六个方面的问题，包括完善作业时限计划、提升邮件信息质量、狠抓时限计划执行、提高投递服务质量、强化跟单处理和管理改进、治理虚假信息和邮件丢失问题。

中国邮政速递物流股份有限公司召开迎战"双十一"及旺季生产经营工作部署网络电话会议,从业务量预测、营销策略安排、运营支撑安排、组织保障、相关支持措施等方面对旺季生产工作进行了详细部署。

速递物流公司总部要求各省(区、市)分公司在充分评估现有能力的基础上,准确测算能力缺口,提前储备生产场地和人员。2016年11月6日前,对所有主动客服人员强化培训。重点城市速递物流生产机构要充分利用跟单系统,监控各生产机构积压邮件状况,及时疏堵。速递物流公司领导强调,要继续加快实施推进"众创众享"工程,提升一线人员销售能力,大力抓好旺季营销工作;进一步严格执行生产操作规范,强化运行质量管控;增强员工的法律意识、安全生产意识,加强对电动车、机动车及设备的安全管理;严格执行收寄验视、检查制度。

资料来源:中国邮政报 http://www.chinapost.com.cn/html1/report/16106/2692-1.htm。

6.1 质量问题与变动性

在很多产品的生产和服务过程中或多或少都存在质量问题,如邮政系统丢失或者寄错顾客的信件、飞机延误、运输的货物破损、医生给病人开错药方、电商的配送中心错配商品、汽车装配生产线装错用户定制的汽车音响系统等。对于快递企业而言,典型的质量问题主要体现在快件损坏、丢件频繁、快递延误率高等方面。生产或者服务企业的这些质量问题对消费者来说显而易见的、直接的,另外一些可能在生产过程中被发现、改进和解决的,对消费者而言并不可见的质量问题,却可能严重影响企业的经济效益。因此,对质量进行有效的管理和控制变得至关重要。寻找质量问题的根源是解决质量问题的关键。

实际上,变动性是产生质量问题的根源。对于邮政快递企业而言,快件收寄、分拣、封发、运输、投递等快递服务流程的每一个环节都可能存在不确定因素,这些变动性常导致服务质量问题发生。例如,固定的配送路线,由于每次配送时道路拥堵的程度不同,出现配送时间的变动,从而影响快递送达的时间,导致服务质量下降。

变动性主要有两种类型,即偶然性原因导致的变动性和系统性原因导致的变动性。这是休哈特(W. A. Shewhart)和戴明(W. E. Deming)的研究成果。变动性的偶然性原因(common cause)指的是在流程中随机出现的变化。每个流程都存在其固有的变动性,例如,自动化机床加工同一型号的零件所花费的时间并不相同,但会在平均加工时间附近波动。对于偶然性原因的变动性来说,不能精确地预测每一个单独流程的随机性,但是可以在统计分布的基础上描述这种基本的随机性。

变动性的系统性原因(assignable cause)是由基本的统计分布参数发生变化引起的。许多致力于改进流程的项目的目的是,发现流程中的这些系统性原因并防止它们在未来再次发生。

偶然性原因和系统性原因的变动性的区别并不是一个适用于任何情况的真理,这有赖于观察者的认知程度。例如,对于外行人来说,道琼斯指数的变动看起来可能完全是随机的,但是一个专家就能很容易地指出引起变化的具体原因(利润报告、评级机构或者政府发布的信息)。因此,就像一个专家可能知道引起指数变化的具体原因一样,一个流程观察者也可能会发现引起变动性的新的系统性原因,而之前他可能会将之归于偶然性原因。

质量管理理论中统计过程控制(statistical process control,SPC)是一个发现质量问题的有效方法,也是能够测量质量改善有效性的工具。下节将重点介绍这个方法。该方法主要是通过监控流程中的变动性来发现质量问题,以便区分导致流程发生变动的是偶然性原因和系统性原因。

统计过程控制的目标如下:
(1) 向管理层预警系统性原因。
(2) 测量流程中的变动性,建立一个衡量一致性的客观方法。
(3) 变动性的偶然性原因被视为纯随机性原因,则随后就可以控制这种随机性的变化,从而减少变动性,使得服务或者生产的产品具有很好的一致性。

【案例】

国家邮政局自建"国家版菜鸟"安易递平台

对于快递实名制,国家曾先后于2014年9月26日印发《关于加强邮件、快件寄递安全管理工作的若干意见》以及2016年1月1日颁布施行的《中华人民共和国反恐怖主义法》,两项法规都明确规定,收寄快递需要进行实名认证。同时,《社会治安综合治理基础数据规范》等国家强制性标准也对实名收寄给出了具体规定。

但是,在施行快递实名制上,一方面消费者存在个人信息泄露的担忧,另一方面在快递领域里信息倒卖的事件确实存在,导致了实名制的施行困难重重。

对此,国家邮政局目前正运营着一个名为"安易递"实名寄递公共服务平台,通过该平台,将实名制上升到国家行为,以求更有效地保护消费者的个人信息,推行快递实名制。

实际上,快递信息泄露更多的是由内部人员造成,他们将消费者个人信息低价出售。而国家推出的这个平台,就是要把信息整合到官方系统,将来快递企业的系统也会与国家联网,以便更好地保护消费者的信息安全。据悉,安易递实名收寄信息系统对信息数据实行"总对总"共享模式,由企业总部将前端采集的实名信息统一上传至国家邮政局大数据监管平台,从而形成实名信息数据单向封闭流动,确保实名信息安全。

资料来源:IT之家 https://www.ithome.com/html/it/317143.htm。

6.2 统计过程控制中的控制图与质量管理

控制图是统计过程控制一系列工具中的一种,控制图是用统计学的方法描述变动性的偶然性原因和系统性原因的区别的图形工具。控制图显示了变动性,故而使用控制图便于判断所看到的变动性是由偶然性原因引起的还是由系统性原因引起的。

控制图作为一种重要的统计过程控制工具,既适用于制造业,也适用于服务业,其历史可追溯到20世纪30年代。控制图最近的再次流行,是因为它是六西格玛管理的一个组成部分。控制图最初的应用是在摩托罗拉,但却因为通用电气的成功使用而受到广泛关注。

为了区分一个具体流程变动性的系统性原因和偶然性原因,使用控制图来追踪流程结果。流程结果可能是某零件尺寸的大小,也可能是一个收派员派送一个快件所需要的时间。

1. 构建控制图

构建控制图的主要思想和步骤如下:

(1) 假设在任何情况下收集数据都是有成本的,控制图通常只是基于对流程中的数据进行抽样,而不是对所有流程单位都进行评估。控制图的样本量一般为2~10个。抽样研究的优点在于样本均值更接近正态分布。在构建控制图时,每隔一段时间抽样一次,一般来说,每次抽样间隔20~50个时间段。

(2) 控制图将数据标在图表上,如图6-1所示。X轴代表抽样的不同时间段,对于本部分我们将要讨论的两种控制图,Y轴代表下面两种情况中的一种。

情况一:在$\bar{X}$图中(又称为X-bar图),Y轴代表每个样本的均值。$\bar{X}$图可以用于记录由系统性原因引起的数据走向并识别不可预测的趋势(如机器的磨损)或者跳跃(例如,一个新手负责流程中的某一阶段)。

$$\bar{X} = \frac{x_1 + x_2 + \cdots + x_n}{n}$$

式中,n是每个时期的样本量。

情况二:在R图中,Y轴代表每个样本的极差。这个样本极差是指样本的最大值与最小值之差。因此

$$R = \max\{x_1, x_2, \cdots, x_n\} - \min\{x_1, x_2, \cdots, x_n\}$$

(3) 通常情况下,标准差被用来反映变动性。而控制图选择极差用来反映变动性。这是因为极差易于计算,也易于向组织中的所有人解释说明。

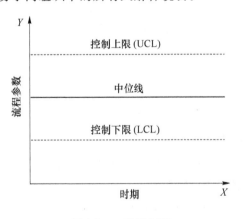

图6-1 一种控制图

2. 控制图在生产企业质量控制中的应用

(1) 收集数据

表6-1为某企业的工程师收集到的关于零件A的内径的数据。每天4个数据,持续收集22天。

表 6-1　零件 A 内径四次观察的样本值

时期	X_1	X_2	X_3	X_4	均值	极差
1	65.921	65.981	65.967	65.938	65.952	0.060
2	65.956	65.948	65.966	65.980	65.963	0.032
3	65.943	65.982	65.938	65.964	65.957	0.044
4	65.959	65.972	65.938	65.968	65.959	0.034
5	65.950	65.936	65.936	65.943	65.941	0.014
6	65.952	65.958	65.967	65.948	65.956	0.019
7	65.968	65.962	65.943	65.972	65.961	0.029
8	65.972	65.940	65.956	65.928	65.949	0.044
9	65.966	65.959	65.948	65.955	65.957	0.018
10	65.926	65.955	65.962	65.948	65.948	0.036
11	65.931	65.956	65.968	65.948	65.951	0.037
12	65.922	65.965	65.974	65.974	65.959	0.052
13	65.962	65.935	65.953	65.946	65.949	0.027
14	65.933	65.986	65.975	66.010	65.976	0.077
15	65.918	65.966	65.955	65.960	65.950	0.048
16	65.956	65.952	65.929	65.968	65.951	0.039
17	65.962	65.943	66.003	65.945	65.963	0.060
18	65.934	65.954	65.962	65.960	65.953	0.028
19	65.934	65.952	65.943	65.965	65.949	0.031
20	65.934	65.948	65.953	65.935	65.943	0.019
21	65.934	65.939	65.952	65.970	65.949	0.036
22	65.934	65.960	65.972	65.943	65.952	0.038
平均值					65.954	0.037

(2) 计算均值和极差

根据前面对 $\bar{X}$ 和 R 的定义,可以得到表 6-1 中最后两列数据。

例如,第 10 天,$\bar{X}$ 是这样计算出来的:

$$\bar{X}=(65.926+65.955+65.962+65.948)/4=65.948$$

同样,第 10 天,R 是这样计算出来的:

$R=\max\{65.926, 65.955, 65.962, 65.948\}$
　$-\min\{65.926, 65.955, 65.962, 65.948\}=0.036$

在计算每期均值和极差之后,接着计算极差的均值和 $\bar{X}$ 的均值。$\bar{X}$ 的均值通常记为 $\bar{\bar{X}}$(称为 X-double bar),代表 $\bar{X}$ 的平均值,极差的平均值记作 $\bar{R}$(称为 R-bar),如表 6-1(最后一行)所示,可以得到:

$$\bar{\bar{X}}=65.954, \quad \bar{R}=0.037$$

在构造 $\bar{X}$ 图时,将 $\bar{\bar{X}}$ 的值作为一条中位线,将每天 $\bar{X}$ 的值绘制在其周围。在构造 R 图时,我们将 $\bar{R}$ 的值作为一条中位线,将每天 R 的值绘制在其周围,如图 6-2 所示。

最后,要讨论一下置信区间(控制界限)的问题。如果 $\bar{X}$ 或 R 落在置信区间之外(高于上限或者低于下限),就可以以 99.7% 的置信度推断,流程已经"脱离控制"。表 6-2 中的数据来源于不同样本量的抽样结果。

表 6-2　99.7% 置信度的控制图参数

子组中的观测个数(N)	$\bar{X}$图的因子(A_2)	R图中的控制下限因子(D_3)	R图中的控制上限因子(D_4)	估计标准差因子(d_2)
2	1.88	0	3.27	1.128
3	1.02	0	2.57	1.693
4	0.73	0	2.28	2.059
5	0.58	0	2.11	2.326
6	0.48	0	2.00	2.534
7	0.42	0.08	1.92	2.704
8	0.37	0.14	1.86	2.847
9	0.34	0.18	1.82	2.970
10	0.31	0.22	1.78	3.078

根据下面的等式计算置信区间的上下限:

$\bar{X}$ 的上限 $= \bar{\bar{X}} + A_2 \times \bar{R} = 65.954 + 0.729 \times 0.037 = 65.981$

$\bar{X}$ 的下限 $= \bar{\bar{X}} - A_2 \times \bar{R} = 65.954 - 0.729 \times 0.037 = 65.927$

R 的上限 $= D_4 \times \bar{R} = 2.282 \times 0.037 = 0.085$

R 的下限 $= D_3 \times \bar{R} = 0 \times 0.037 = 0$

这个控制图可视化了流程中的变动性。置信区间的上下限显示了样本值以 99.7% 的置信度落于该区间内。因此,如果有样本值落于区间之外,就可以以 99.7% 的置信度推断流程"脱离控制",也就是说,产生由系统性原因引起的变动性。

除了观察 $\bar{X}$ 是否高于上限或低于下限,如果一连串的 8 个点都高于(或低于)中位线,也应该视为一种警示(如果只存在偶然性原因,那么这种情况发生的可能性就比较小,只有 0.5^8,即 0.004 的可能性)。

图 6-2 是关于零件 A 的控制图,可以看到零件 A 的生产流程控制得很好。在零件尺寸大小的精确度方面似乎存在固有的随机性。但是,不存在系统性原因,因为没有出现突然超出控制范围的情况。

3. 控制图在邮政快递企业质量控制中的应用

为了说明控制图在邮政快递中的应用,收集某快递网点 28 天的数据(如表 6-3 所示),研究收件网点的每个客户服务持续时间。显然,可以通过计算得到它们的均值和极差,从而可以得到 $\bar{X}$ 和 $\bar{R}$ 的值:

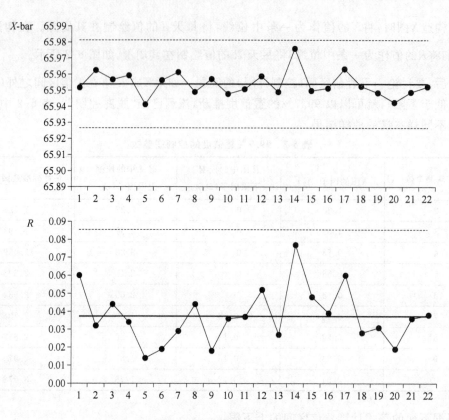

图 6-2 零件 A 的控制图（X-bar 图和 R 图）

$$\bar{\bar{X}} = 9.19 \text{ 分钟}$$
$$\bar{R} = 6.43 \text{ 分钟}$$

接着利用表 6-2 中的信息计算区间的上下限：

$\bar{X}$ 的上限 $= \bar{\bar{X}} + A_2 \times \bar{R} = 9.19 + 0.577 \times 6.43 = 12.90$

$\bar{X}$ 的下限 $= \bar{\bar{X}} - A_2 \times \bar{R} = 3.81 - 0.577 \times 6.43 = 5.48$

R 的上限 $= D_4 \times \bar{R} = 2.114 \times 6.43 = 13.59$

R 的下限 $= D_3 \times \bar{R} = 0 \times 6.43 = 0$

综合 $\bar{X}$ 和 R 的上下限，可以绘制出控制图 6-3。

正如在图 6-3 中看到的那样，持续时间长短不等，这导致了平均样本极差较大，从 R 图中可以看到上限和下限的间隔很大（图 6-3 的下半部分）。我们发现在第 26 天，$\bar{X}$ 激增到 14（图 6-3 的上半部分），高于上限，这说明那一天的服务持续时间脱离了控制。R 图还显示出，在这个流程中，还有其他一天出现了不正常的变化。

回到表 6-3 的数据，我们看到这个特别大的均值是由一个几乎持续半小时的服务引起的。虽然是由一个样本观测值引起的这种结果，但是我们可以用 99.7% 的置信度来判断，这么长时间的服务不仅仅是"坏运气"，而是反映了流程中的基本问题，因此，需要进一步调查研究。

在这个例子中,管理层发现,很多收件服务的持续时间长,是因为一个收件员接收不同类型的订单,但是进一步的数据表明,即使接收同一类型快件,持续时间也有很大的变动性(如表6-4所示)。由于所有的快件都是同一个类型,因此服务持续时间的长短可以完全归因于收件员。表6-4显示了收件员1的平均服务持续时间最短,她服务时间的标准差也是最小的,这说明她对服务时间控制得最好。事实上,对她服务行为的随机抽样调查显示,她完全遵守了相应快件类型的准则。相反,收件员3接收同样类型的快件实际服务持续时间是收件员1的3倍,她的标准差是收件员1的7倍,随机抽样调查收件员3的服务行为,她的收件缺乏一致性,大大偏离了业务准则。

表6-3 邮政快递企业寄件流程控制图的数据

时期	X_1	X_2	X_3	X_4	X_5	均值	极差
1	9	10	6	9	11	8.50	5
2	7	4	10	9	8	7.50	6
3	6	8	10	10	8	8.50	4
4	10	12	11	9	7	10.50	5
5	4	12	12	20	8	12.00	16
6	8	10	11	12	9	10.25	4
7	5	8	11	13	9	9.25	8
8	8	9	8	6	8	7.75	3
9	9	5	4	8	11	6.50	7
10	8	4	6	8	8	6.50	4
11	10	7	11	11	9	9.75	4
12	8	11	9	14	9	10.50	6
13	4	13	10	8	10	8.75	9
14	8	9	11	8	12	9.00	4
15	5	9	16	9	13	9.75	11
16	7	9	6	8	6	7.50	3
17	8	7	5	6	8	6.50	3
18	9	4	6	7	11	6.50	7
19	11	8	14	6	8	9.75	8
20	8	10	11	8	10	9.25	3
21	14	8	10	11	12	10.75	6
22	13	7	11	13	8	11.00	6
23	6	8	5	9	5	7.00	4
24	8	11	10	8	9	9.25	3
25	12	6	14	8	8	10.00	8
26	10	14	22	10	4	14.00	18
27	10	11	8	12	9	10.25	4
28	6	7	17	12	8	10.50	11
平均值						9.19	6.43

表 6-4 收件员的对比

	收件员1	收件员2	收件员3	收件员4	收件员5
均值	5.23	8.36	15.56	9.28	7.52
标准差	1.23	3.45	8.53	2.60	3.81

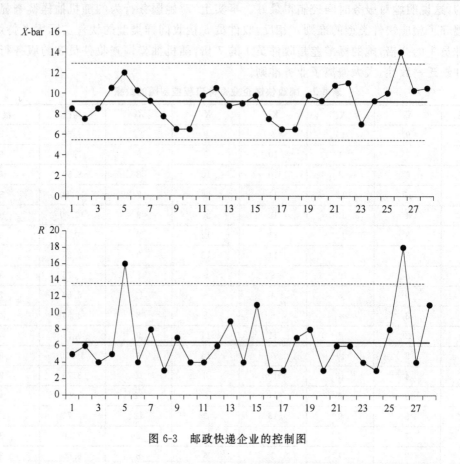

图 6-3 邮政快递企业的控制图

6.3 流程的改进

通过使用专业技术对收集到的实际数据的组合进行分析,是本章讨论的统计过程控制技术的优点。

数据收集的重要性不可低估。在许多行业中,流程绩效数据的收集是个例外而不是常态。一旦收集了数据,流程改进的目标就应转变为基于事实的和客观的,而不是主观的。虽然大部分的生产设备迄今为止都是按照常规收集流程的数据,但大部分的服务流程是滞后的。只是在过去几十年,银行或医疗卫生服务的提供者才开始系统地追踪流程的数据。由于有了电子工作流程管理系统,服务中经常会有一堆数据可以使用,这为流程改进提供了数据基础。

然而,成功的流程改进项目需要的不仅仅是数据,用统计方法分析数据很重要。否则,流程中任何一个小的随机的变化(包括偶然性原因的变动性)也可以被认为是有意义和起作用的。上述工具可以帮助把重要的和不重要的区分开。

除了统计工具,同样有必要就如何组织旨在改进流程的项目制订清楚的实施计划。可以用于任何流程改进项目的有力工具称为 WV 模型(如图 6-4 所示,名称 WV 反映了该图的几何形状)。WV 模型广泛地用于指导结构性问题的解决,该方法在质量管理领域尤为成功。

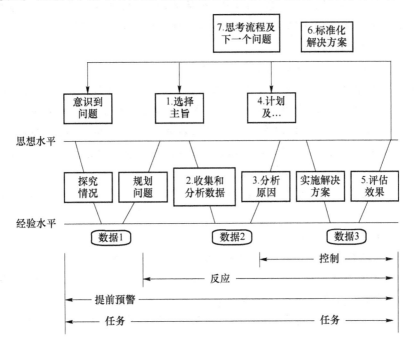

图 6-4　流程改进的一般模型

WV 模型展示了分析(思想水平)和数据收集(经验水平)的问题的解决步骤。从左到右,该项目经由下面的步骤:

- 识别一个问题并广泛地研究它。
- 阐述具体问题以制定某一具体问题的改进方案。
- 收集数据并且分析情况。
- 找到问题根源。
- 计划一个解决方案并予以实施。
- 评估该解决方案的效果。
- 标准化流程已纳入新的解决方案。
- 解决下一个问题。

【案例】

快递业的管理窘境

一个企业能否在产业红利期过后,依然不被淘汰出局和持续发展,拼的只能是管理内功。

快递的存在,大大提升了我们生活的便利性;但由于某些快递人员不遵守交通法规,在小区里乱停乱放,还将很多门禁强行拉坏,影响了公众的正常生活,同样引起了大家的吐槽。

如今,快递已充斥了大街小巷、写字楼、生活区,几乎无所不在,给大家带来便利的同时也给大家带来了无奈……深究问题可知,这与企业的管理密不可分。

没有标准,就没有管理

现在看来,这句话越来越贴近实际。纵观快递行业,尤其是快递员工,他们的工作是否有明确的行为标准,一定是可以梳理出来的。当然,这些行为标准首先是根据业务流程予以梳理,比如分单—与客户联系—配送(当然,配送过程中还有很多细节,比如车辆如何停放、如何驾车行进、如何与客户沟通等),在每一个环节中,都有很多细节的步骤,这些步骤应该如何完成,应该有明确的标准,而当这些标准足够清晰的时候,才能够真正做到有序管理,让客户感受到优质的服务。

一个企业,尤其是服务型企业,做得好坏可以从工作的流程与标准是否一致的角度评判。

绩效导向影响员工行为

通常来说,需要员工有什么样的行为,就用什么样的考核方式,考核是导向。例如,现在快递行业大多数都是计件制,即快递员配送的物品越多,绩效越高,因此,快递员更强调送得快,于是他们自己想出了很多的招数,比如:客户家里没人,把东西放门口或消防栓里;敲门后告诉客户快递在门口,马上按电梯下楼以节省时间;要求客户到站点去取货等。

这些现象的存在,其背后映射出的是管理问题、考核问题。企业太注重效率,却不注重品质,似乎快递的核心就在一个"快"字。于是,所有的管理都围绕这个字在进行。因此,员工的行为亦如此,难道这是我们所要的服务吗?

谁说培训无用

很多人遇到过类似的情况:家里装修旧了、墙面脏了、水管漏水了、墙皮掉了,想修补补,但一看到满屋子的东西,再加上回想起装修时的脏乱差及装修工人素质的低下,顿时打消了这个念头。

立邦刷新做了一套SOP和课程,培养了大批的装修产业工人,这些人必须持证上岗。从预算清单到服务标准的确认,从材料清单到装修流程的确认,从承诺书到工人进场,从建微信群到每天的进度通报……可以明显地看出立邦的统一化、标准化,尤其是客户最关注的成品保护,他们做得非常到位,就连冰箱都可以包成开口或闭口的模式。

这些装修工人虽然拿到了立邦的认证,却不是立邦的正式员工。但他们的行为方式完全按照立邦的标准在执行,在整个装修过程中立邦的工作人员都在不断地检查、沟通和验收。

这就是培训的价值!如果一项工作有标准,能衡量,则可以通过培训和管理来解决。谁说培训无用,培训真的可以改善绩效。快递企业难道不更应该加强员工的培训吗?

立邦刷新抓住了客户在老房装修过程中的痛点,即成品保护、家庭安全、材料环保、安全卫生等。他们的培训及企业流程,完全按照客户的想法在做,而不是自己的想象,因此,客户满意度高,口口相传。

现在的快递企业,也应尝试从客户体验的角度考虑如何设计工作流程、培训及考核标准,而不是从企业利益最大化的角度去进行设计。

企业需要社会责任感

很多企业都说要做一个有社会责任感的企业。什么是社会责任感?很多企业只有一个目标,就是逐利,无原则地钻空子。而忽视管理的重要性。

如前文所述,很多快递企业的考核导向就是"快"字,由此导致了快递员拼命地送件、取件,和时间赛跑。但是也造成了一个现象:很多快递配送点被设在了住宅小区里,快递员每天骑着车子在小区里横冲直撞,乱停乱放,严重影响了小区环境及居住体验。

试问,这样的企业是否有真正的社会责任感?社会责任感不是体现在给灾区捐款,而是你做的任何一件事是否关注了公众的利益。这才最能体现企业的价值观和社会使命。

我们通过快递行业透视一种社会现象,同时也在深度思考企业中的人力资源管理,无所谓对错,只希望共勉并提升。谁对于客户体验醒悟得早,谁就是这个行业最大的赢家。

资料来源:新浪财经 http://finance.sina.com.cn/roll/2017-08-10/doc-ifyixhyw6611234.shtml。

思考与讨论

1. 试着找出快递业务中两种变动性。
2. 针对邮政快递中的一个流程进行控制图的绘制,尝试讨论其质量问题。

第7章　邮政与快递客户服务管理

【本章学习目标】

1. 了解客户服务的重要性、内涵；
2. 掌握邮政快递客户服务的内涵及其特征；
3. 掌握邮政快递客户服务管理的目的及原则；
4. 掌握邮政快递客户服务评价的原则及要素。

【本章学习重点】

1. 邮政快递客户服务的概念与特征；
2. 邮政快递服务质量管理维度与评价方法；
3. 邮政快递服务补救。

【本章学习难点】

1. 邮政快递服务的特征；
2. 服务质量概念模型。

【引例】

什么是邮政快递客户服务的本质？

例1：有一位朋友，现在在做网购买卖，卖的是国外很有名的巧克力，产品只能在秋季和冬季才能销售，在网上已经卖得非常有名气，客户越来越多。前两天，她说一家几口人忙死了，到处去送货，人累得都快不行了。笔者问她：为什么不找快递公司？她说：快递公司靠不住，而且需要代收货款，不放心啊！

例2：一天，笔者的一位好朋友突然打电话给笔者："这帮快递公司的人渣！把我给女朋友寄的高档水果篮的水果吃了不说，还换上一些劣质水果送到我女朋友那里！笔者问他：快递准时吗？他说：准时！笔者又问：寄到时有没有叫你女朋友签收？他说：签了！笔者笑着说：他们肯定说是你的事并不是他们的责任！

从客户的角度来看，快递行业的本质应该是"信托责任"；从企业内部运营管理的角度来看，快递行业的本质也应该是"信托责任"；从品牌核心价值传播的角度，快递行业的本质更应该是"信托责任"。

7.1 快递客户服务概述

7.1.1 快递客户服务的概念

快递客户服务是指快递企业为了促进其产品或者服务的销售,在客户与快递企业之间开展的相互活动。快递客户服务就是了解快递客户,并尽量为他们提供优质的服务,快递客户满意是快递企业最终要达到的目标。快递的本质是服务,它本身并不创造商品的性质效用,而是产生空间效用和时间效用。

快递客户服务的理念是系统全面地掌握客户的购买倾向或者实际需求,也可称之为快递企业的"5A 战略"。"5A 战略"就是了解客户(Acquainting)、欣赏客户(Appreciating)、答谢客户(Acknowledging)、分析客户(Analyzing)和为客户满意而行动(Acting)。

(1) 了解客户。对企业来说,研究客户的行为和消费习惯是相当必要的。企业想与之建立一对一的服务关系就必须从客户的记录、客户服务系统、客户数据库等方面了解客户群,有的还可以选择并利用来自客户群、分支机构、战略合作伙伴或者第三方的数据资料,Internet 等技术使企业可以获得更多的客户信息,从而了解客户。也就是企业与客户从"素昧平生"到"久仰大名"再到"相亲相爱"的一个全面的过程。无论采用哪种办法,都要获得客户的真实、具体的身份,以便开展下一步的交流和互动。

(2) 欣赏客户。千万不要忘记对客户表示感谢和赏识,这种"欣赏"是企业修来的"福分","水能载舟,亦能覆舟",在今天被客户看中的优势,明天也许就消失或落后,客户是理性的,企业应不断努力来适应客户的不断变化。

(3) 答谢客户。通过答谢,让客户知道他们正在受到企业的重视,客户非常在意这种精神上的满足,这是维系企业与客户感情的最好手段。关键客户的名单、业务通信记录、特殊折扣、礼貌的服务以及记住他们的名字都是向客户表示感谢的好办法。此外,要向他们传递一种积极的信息,要客户知道我们企业很高兴他们选择了与我们的合作。

(4) 分析客户。客户的任何有关企业的言论和行为,哪怕只是一丝细微的行为,也会使企业获得极其有价值的信息。企业应不断地分析客户的言论和行为,注意客户变化的动向,掌握他们的需求,由此更好地为客户服务。

(5) 为客户满意而行动。仔细分析客户对企业服务的抱怨的原因,建立客户数据库,提供令客户满意的产品或服务,每一位客户都希望自己受到重视,得到优先的照顾,并期望在出现问题时及时得到帮助。当出现问题时,客户期望企业能有所行动,许多企业设立了免费的客户求助热线,确立了灵活的退货政策,在客户需要帮助时能马上提供服务。

7.1.2 快递客户服务的特征

快递客户服务要为客户提供快速、便捷的信托服务。快递客户服务的总则包括:
(1) 时效性。快件投递时间不应超出快递服务组织承诺的服务时限。

（2）准确性。快递服务组织应将快件投递到约定的快件地址和收件人。

（3）安全性。快件不应对国家、组织、公民的安全构成危害,快递服务组织应通过各种安全措施保护快件和服务人员的安全,向客户提供服务时不给对方造成危害,除依法配合国家安全、公安等机关需要外,快递服务组织不应泄露和挪用寄件人、收件人和快件的相关信息。

（4）方便性。快递服务组织在设置服务场所、安排营业时间、提供上门服务等方面应便于为客户服务。

快递服务组织为客户提供的服务主要有以下8个特点。

(1) 不可分离性

有形产品可在生产和消费之间的一段时间内存在,并可作为产品在这段时间内流通。而快递物流服务却与之不同,它具有不可分离性的特征,即快递物流服务的生产过程与消费过程同时进行,也就是说企业员工提供快递物流服务于客户时,也正是客户消费服务的时刻,二者在时间上不可分离,由于快递物流服务本身不是一个具体的物品,而是一系列的活动或者说是过程,所以快递物流服务的过程,也就是客户对服务的消费过程。正因为快递物流服务的不可分离性,不需像产品一样要经过分销渠道才能送到客户手中,快递物流企业往往将生产、消费场所融为一体,客户必须到服务场所,才能接受服务,或快递物流企业必须将服务送到客户手中,因此各个快递物流服务网点只能为某一个地区的消费者服务,所以快递物流网络的建设是快递物流企业管理人员必须做好的一项重要工作。

(2) 不可感知性

商品是有某种具体特性和用途的物品,是由某种材料制成的,具有一定的重量、体积、颜色、形状和轮廓的实物,而快递物流服务主要表现在活动形式,不物化在任何耐久的对象或出售的物品之中,不能作为物而离开消费者独立存在,客户在购买服务之前,无法看见、听见、触摸、嗅闻物流服务。快递物流服务之后,客户并未获得服务的物质所有权,而只是获得一种消费经历。

(3) 不可储存性

快递物流服务容易消失,不可储存。快递物流企业在为客户服务之后,服务就立即消失。因此,购买劣质服务的客户通常无货可退,无法要求企业退款,而且企业也不可能像产品生产者那样,将淡季生产的产品储存起来在旺季时出售,而必须保持足够的生产能力,以便随时为客户服务。如果某个时期市场需求量低,快递物流企业的生产能力就无法得到充分利用,而在市场需求量超过生产能力时,快递物流企业就无法接待一部分客户,从而丧失一部分营业收入。当然,尽管快递物流服务容易消失,但快递物流企业可反复利用其服务设施,因此,要保持持久的销售量,快递物流企业最好的方法是保持现有的老客户。

(4) 差异性

差异性是指快递物流服务的构成成分及其质量水平经常变化,很难统一界定。快递物流企业提供的服务不可能完全相同,由于人类个性的存在,同一位第一线的员工提供的服务也不可能始终如一,与产品生产相比较,快递物流企业往往不易制订和执行服务质量标准,不易保证服务质量,快递物流企业可以在工作手册中明确规定员工在某种服务场合的行为标准,但管理人员却很难预料有各种不同经历、性格特点、工作态度的员工在这一服务场合的实际行为方式,而且服务质量不仅与员工的服务态度和服务能力有关,也和客户有关,同样的服务对一部分客户是优质服务,对另一部分客户却可能是劣质服务。

(5) 缺乏所有权

货主企业的快递物流需要是伴随商流的发生而发生,是以商流为基础的,所以快递物流服务必须从属于货主企业物流系统,表现在流通货物的种类、流通时间、流通方式、提货配送方式都是由货主选择决定,流通业只是按照货主的需求被动地提供快递物流服务。

(6) 移动性和分散性

快递物流服务是以分布广泛、大多数时候不固定的客户为对象,所以有移动性和分布面广、分散的特性,这会使产业局部的供需不平衡,也会给经营管理带来一定的难度。

(7) 较强的需求波动性

快递物流服务是以数量多而又不固定的客户为对象,他们的需求在方式上和数量上是多变的,有较强的波动性,容易造成供需失衡,成为劳动效率低、费用高的重要原因。

(8) 可替代性

一般企业都可能具有自营运输户、保管等自营快递物流的能力,使得快递物流服务从供给力方面来看有替代性,这种自营快递物流的可行性使物流经营者从量和质上调整物流服务的供给力变得相当困难。

7.1.3 快递客户服务的内容

快递物流是兼有邮递功能的门对门物流活动,即指快递服务组织通过铁路运输、公路运输、空运和航运等交通工具,对客户货物进行快速投递。除了较快送达目的地及必须签收外,现时很多快递业者均提供邮件追踪功能、送递时间的承诺及其他按客户需要提供的服务。快递客户服务主要包括接单、制单、查询、托运、转运、分拣、报关、订舱、集运、多式联运、货物监管、仓储、包装、保险等。从进口单证、票据、文件,到鲜花、电影票、录取通知书,快递客户服务正逐渐从商务领域向日常生活延伸,中国快递服务市场的竞争也日益加剧。商业文件、私人物品、贸易样品、高附加值的电子产品、生物制品等,如何安全、迅速地送达客户手中,已成为市场需求的新热点。

快递客户服务作为快递物流的核心功能,其直接使物流与营销相联系,为用户提供物流的时空效用,因而其衡量标准只能看客户是否满意。

按照形式,快递客户服务可分为人工客服和电子客服。电子客服又可细分为文字客服、视频客服和语音客服三类。文字客服是指主要以打字聊天的形式进行的客户服务;视频客服是指主要以网络语音、视频的形式进行客户服务;语音客服是指主要以移动电话的形式进行的客服服务。

按照业务内容,快递客户服务在商业实践中一般会分为三类,即:售前服务、售中服务、售后服务。售前服务是指快递企业在销售服务产品之前为客户提供的一系列活动,如服务网点查询、报价时效、禁寄品须知、电子面单 API 申请、第三方 O2OAPI 申请等。售中服务则是指在服务产品交易过程中销售者向购买者提供的服务,如面单打印服务、快递查询服务、开放平台等。售后服务是指凡与所销售服务产品有连带关系的其他服务,如邮件赔偿、投诉建议等。

7.2 快递服务质量管理

服务质量是顾客评价服务的主要因素,也是决定顾客满意度的关键因素。由于服务提供的是无形的产品,其质量评价难以通过有形产品的定量指标来测定,更多的则是取决于顾客的主观感知,取决于对顾客需求的满足程度。快递服务是在承诺的时限内快速完成的寄递服务,其服务质量的构成不仅涵盖服务质量的通用维度,还应体现快递服务独有的性质。

7.2.1 服务质量的概念

1. 服务质量的概念

服务质量的实质是顾客感知质量,是基于顾客对于特定服务的期望值与实际感受到的服务的好坏之间的差距。顾客感知服务质量的概念由 Gronroos 教授于 1984 年首次正式提出,他将顾客感知服务质量定义为顾客对服务期望(expectation)与感知服务绩效(perceived service performance)之间的差异比较。顾客感知服务绩效优于服务期望,则顾客会认为服务质量好,反之则会认为服务质量差。格罗鲁斯所提出的感知服务质量评价方法至今仍然是服务质量管理研究中最为重要的理论基础。

美国的服务质量研究小组 PZB(A. Parasuraman, V. Zeithaml 和 Berry)对顾客服务质量进行了更深入的研究,并于 1985 年提出了服务质量差距模型,如图 7-1 所示。PZB 的服务质量的定义所关注的焦点是服务过程中存在的缺陷所导致的顾客期望与感知服务间的差距,顾客对于这种差距或不一致所做出的主观评价就是服务质量,并对差距产生的原因以及缩短服务质量差距的措施进行了深入探讨。在服务质量差距模型中,顾客的服务感知与服务期望之间的差距为"差距 5",其大小取决于服务传递过程相关的其他 4 个差距的大小和方向。同时,PZB 将顾客满意与服务质量研究分离开来,并认为服务质量与顾客态度紧密相关,是随着时间积累,顾客对服务质量的主观认知,而满意则是某一次特定交易的结果。服务绩效与恰当的服务质量比较的结构形成的顾客感知服务质量,也决定了顾客的满意度。

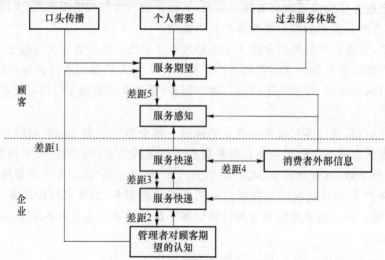

图 7-1 PZB 服务质量差距分析模型

当前对于服务质量的研究仍是以顾客感知为基础,服务质量是顾客的主观判断,它取决于顾客的服务期望和服务感知两大要素,顾客通过对期望和感知进行对比来对所接受的服务质量进行评价。具体到某一服务行业或服务类型,服务质量的本质并不会发生变化,仍然是基于顾客感知。当聚焦到快递服务时,快递服务质量同样取决于顾客的主观判断,是顾客对于期望的快递服务与实际接受的快递服务质量之间差距的主观评价。

2. 技术质量与功能质量

顾客主要从自身对技术性结果的感知与对交付这种结果的过程的感知两大方面来对服务质量进行主观评价,也即技术质量与功能质量。

技术质量是服务的结果,也称结果质量,也就是顾客在服务过程结束之后得到了什么,是服务的最终产出,顾客易于感知与评价。技术质量涉及的是服务的有形内容,顾客比较容易给以客观公正的评价。例如,顾客的快件是否交付给了正确的收件人?快件送达时是否有损坏?功能质量则是顾客对服务提供过程的感知,也即顾客是如何获取到某一服务的,因而也称为过程质量。功能质量涉及服务人员的仪表仪态、服务态度、服务行为方式等多种因素,难以被顾客客观地评价,因而更多地取决于顾客的主观感受。例如,快递服务的提供者的服务态度、快递员的沟通方式等都属于功能质量的评价范围。

此外,按照 Gronroos 的感知服务质量的理论模型(如图 7-2 所示),企业形象在感知服务质量的形成中起到了过滤作用,顾客会利用企业形象来"过滤"企业的技术质量和功能质量。如果企业的形象良好,那么企业形象就会成为企业服务的保护伞,即使技术质量或者功能质量出现了小问题,也有可能被顾客忽略。但是,如果技术质量与功能质量问题频频发生,则会危害企业的形象。

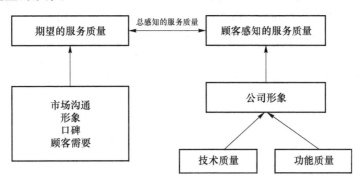

图 7-2 Gronroos 服务质量模型

7.2.2 服务质量的维度

顾客对于服务质量的感知并不是来源于单一因素,其评价包括了对多个要素的感知。只有明确了服务质量的要素,也即服务质量维度,才能够进一步的对服务质量进行评价。在顾客感知与服务质量管理中,服务质量维度的划分与界定具有十分重要的意义。

PZB 总结除了服务质量的十个要素:可靠、响应、技能、易用、情感、沟通、信誉、安全、理解和有形。之后进一步将其归纳为有形性(tangible)、保证性(assurance)、可靠性(reliability)、响应性(responsiveness)和移情性(empathy)5 个维度。绝大多数对于服务质量的研究都基本采用这五个维度,也是顾客用来评价技术质量与功能质量的标准。

以上5个维度代表了顾客主观用来组织服务质量信息的方式,针对不同的服务类型,顾客决定服务感知时所使用的维度也会有所变化。此外,文化差异也会对于以上5个维度的相对重要性产生影响。不同国家,顾客感知服务质量的方式存在差异,PZB服务质量的5个维度虽具有跨文化的适用性,但在针对具体区域的服务质量进行考察时,要结合当地具体的文化背景对各个维度的调查和评定做出相应调整。

接下来对服务质量的5个维度分别展开,并具体到快递服务,来说明顾客对每一个维度是如何判断的。

(1) 有形性

有形性是指企业外部形象上的显性条件,如服务环境、设备标识、员工统一服装等显性的可见的服务要素给顾客带来的直观感受。在企业的服务战略中强调有形展示的服务行业主要是顾客需要到企业所在地接受服务的服务类型。对于快递服务来说,顾客与快递企业的服务接触的地理位置多变,可能是快递企业自营网点、代收货点,也可能是顾客指定的送货上门地点,因而有形的工具、设备、人员和书面材料(如网点服务区、快件储存设备、签收设备、员工着装、快递面单等)的形象都能够成为顾客(尤其是新顾客)用来评价服务质量的有形依据。有形性常被服务类企业用于保持企业形象一致性或提升顾客对企业形象的感知,但多数企业还是把有形性与服务质量的其他维度综合起来考虑来确定服务质量提升的战略。

(2) 保证性

保证性是指服务企业能够按照顾客的需求顺利完成服务并且得到顾客信任的能力。保证性评价的关键在于激发信任感,在顾客感知服务中涉及高风险或不确定自己有能力评价服务的好坏的情况下,如保险、证券交易、医疗等,保证性维度尤为重要。对于快递企业来说,服务过程同样存在着不确定性和各类安全风险,赢得顾客的信任需要多方面的努力,如技术娴熟的服务人员,保证顾客快件不受损坏的能力,维护顾客隐私信息不受侵害的能力等。

(3) 可靠性

可靠性是指服务企业能够准确可靠地履行服务承诺的能力。一般意义上来说,可靠性意味着企业要按照其承诺来服务,包括提供服务、解决问题以及定价等方面的承诺。对于信守承诺,尤其是能够信守其核心服务承诺的企业,顾客会倾向更高的评价。快递服务的可靠性重点体现在准时准点送达,这也是快递企业关注的重点,并且该维度对顾客来说也非常重要。以联邦快递为例,作为国际快递巨头之一,其在可靠性维度方面的宣传与执行非常引人注目,"不计代价,使命必达"是其服务的终极目标,也反映了其服务定位。

(4) 响应性

响应性主要强调企业及相关服务人员乐意并且能够及时地回应和帮助顾客并提供服务的意愿和行为,是帮助顾客提供便捷服务的自发性。响应性维度强调处理顾客要求(如询问、投诉等)时的专注和快捷,反映为顾客在获得帮助、获得询问的答案及问题得以解决前的等待时间。企业要想在响应性上有所提升,则应站在顾客角度而不是企业角度来审视服务传递以及处理顾客要求的过程。快递企业要在响应方面表现突出,除了要在所有与顾客接触的地方配备能够积极响应顾客要求的工作人员外,还要具备快捷的收寄处理、便捷的快件信息查询、完备的顾客申诉系统等。

(5) 移情性

移情性主要强调企业及工作人员能够设身处地为顾客着想,给予顾客特别关注,并为顾客提供个性化服务的能力。移情性本质是通过个性化的服务,使每位顾客都能够感到自己是唯一的和特殊的,自己的需求能够被理解和重视。快递企业在提供服务的过程中,对于移情性维度应关注顾客的个性化配送需求,全方位地预测顾客需求,并通过增值服务等方式来满足顾客的个性化需求,提升个性化服务能力。

上述5个维度是阐释顾客感知服务质量的普遍规律,代表了在顾客心中用来组织服务质量信息的方式。顾客在评价服务感知质量时,使用的维度个数与对各个维度赋予的重要性都依据主观感受和服务类型而发生变化。对于快递服务来说,准确准时的送达是顾客最本质的需求,因此可靠性是服务质量的决定因素。

7.2.3 顾客满意与服务质量

"满意"与"质量"这两个概念在日常运用中倾向于等同,但是在质量管理中,顾客满意与服务质量是两个完全不同的概念。总的来说,顾客满意(customer satisfaction)是一个更广义的概念,而服务质量(service quality)则可看作是顾客满意的一部分。服务质量作为一个评估焦点,反应的是顾客对服务各个维度的感知,而顾客满意包含的内容则更加丰富,不仅包含顾客感知服务质量,环境因素、个人因素和价格等的感知都会对顾客满意产生影响。

"每个人都知道什么是满意,然而当问及满意的定义时,似乎没有人知道。"这句话出自理查德·奥利弗(Richard Oliver)一篇名为《消费者满意》的文章,反映了给顾客满意这一基础概念的界定难度。目前关于顾客满意比较通用的定义是营销大师菲利普·科特勒提出的:顾客通过比较产品或服务的可感知效果与顾客的预期期望,所形成的愉快或者失望的感觉状态。也就是说,顾客满意是顾客感知与期望之差的函数。

顾客满意的测量(即顾客满意度),是对顾客满意的定量描述。在具体的实践研究中,学者们倾向于将顾客满意作为一个静态的变量,但事实上满意度是一个动态的、不断变化的指标,它受到一系列因素的影响,随时可能会发生演变。在使用和体验服务的过程中,满意度可能因消费者在使用或者体验周期中的关注点不同而发生极大的变化。

顾客满意度可分为基于特定交易的顾客满意度和基于累计型的顾客满意度两种。基于特定交易的顾客满意度(transaction-specific customer satisfaction)强调的是交易的实时性,认为顾客满意是短期内对顾客购买的服务或产品的效用的即时反馈,是基于一次特定的交易形成的,可提供对特定产品或服务的绩效评估判断;而累计型的顾客满意度(cumulative customer satisfaction)则是以顾客的多次体验或消费为基础,是时间上累计的结果,是整体性态度。强调顾客对于产品或者服务的满意判断是基于多次购买或体验积累形成的,累计的顾客满意度可以作为一个评测企业时间周期内的绩效或服务质量的基本指标。从理论研究的角度来说,区分二者对于分析企业经营管理状况具有重要价值。累计型的顾客满意度能够从整体上更好地反映顾客满意程度,对于快递服务而言,累计型的顾客满意度的价值更高。

7.2.4 快递顾客感知服务质量评价方法

在理解顾客感知服务质量内涵的前提下,衡量和评价服务质量需要借助相关的评价方法。PZB 的 SERVQUAL 评价方法最为基础,应用也最广泛。SERVPERF 评价方法在 SERVQUAL 基础上发展而来,也具备一定的影响力。其他的一些评价方法,如加权绩效评价方法、非差异评价方法等,影响力远远不及 SERVQUAL 评价方法。

1. SERVQUAL 服务质量评价方法

SERVQUAL 服务质量评价方法是在 PZB 提出的顾客感知服务质量理论的基础上发展起来的,核心是服务质量差距模型,即服务质量取决于顾客所感知的服务水平与顾客期望的服务水平之间的差距。

SERVQUAL 服务质量评价方法的主体是对于构成顾客感知服务质量的 5 个维度进行衡量,即有形性、保证性、可靠性、响应性与移情性,之后再计算出顾客期望与感知之间的差距,方法的结构如图 7-3 所示。在各个维度下继续细分为若干个问题,通过问卷调查、顾客打分等形式获取顾客对于每个问题的实际感知分数以及期望的服务水平分数,然后通过综合计算得出服务质量分数。

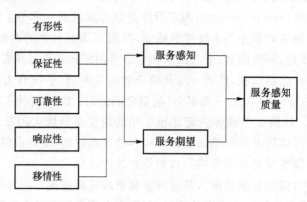

图 7-3 SERVQUAL 评价方法结构

PZB 提出的服务评价的问卷调查量表共包含 22 个问题,问卷采取 7 分制,7 表示完全同意,1 表示完全不同意,具体的量表问题如表 7-1 所示。对于每一个指标维度,在 SERVQUAL 中都要计算出顾客感知到的服务与所期望的服务之差,即 $Q_i = P_i - E_i$,其中 Q_i 表示该维度上的服务质量差距,P_i 表示顾客对于该维度指标服务的实际评价,E_i 代表顾客对于该维度指标期望的评价。总体的服务质量即为各个维度上服务质量的加权平均,即 $Q = \sum I_i \times Q_i$,I_i 为指标的权重。

表 7-1 SERVQUAL 评价量表

指标维度	问题
有形性	(1) 有现代化的服务设施; (2) 服务设施具有吸引力; (3) 员工穿着整洁,服装职业化; (4) 公司设施与所提供的服务相匹配

续表

指标维度	问题
保证性	(5) 员工是值得信赖的； (6) 在与员工的接触中，能够使顾客感到放心； (7) 员工保持礼貌； (8) 员工有能力回答顾客的问答；
可靠性	(9) 公司向顾客承诺的事情能够及时完成； (10) 能够独立处理顾客的服务问题； (11) 服务操作时，第一次就做对； (12) 按照承诺的时间提供服务； (13) 保持没有错误的记录；
响应性	(14) 不能指望员工告诉顾客提供服务的准确时间※；① (15) 期望他们提供及时的服务是不现实的※； (16) 员工并不总是愿意帮助顾客※； (17) 员工太忙以至于无法立即提供服务，满足顾客需求※；
移情性	(18) 员工不会针对不同的顾客提供个别的服务※； (19) 员工不会给予顾客个别的关怀※； (20) 不能期望员工了解顾客的需求※； (21) 公司没有优先考虑顾客的利益※； (22) 公司提供的服务时间不能符合所有顾客的需求※。

PZB 的 SERVQUAL 量表自提出以来就被管理者和研究者广泛关注，现已成为服务质量评价方法中最重要也最具代表性的方法，已被广泛地应用到各类服务业的质量评价中，同时也是其他评价方法的重要借鉴。

SERVQUAL 评价方法虽然受到了极大的关注与广泛的应用，但也存在不足之处：其一是该方法只反映了服务传递的过程，即只反映了功能质量，而未考虑技术质量。其二是顾客感知服务质量的计算，究竟是用感知绩效与期望绩效之间的差异分值，还是直接用感知绩效分值来代表顾客感知服务质量的计算还存在争议。

PZB 量表建立在对银行、信用卡公司、设备维修和养护以及长途电话公司四个行业调研的基础上，所以在使用量表时要注意两点：一是将 SERVQUAL 量表应用于不同行业时，必须对量表中的问题做出适当的调整，使其适合特定行业的服务特征，这样才能够保证 SERVQUAL 评价方法的科学性；二是如果需要的话，对服务质量的 5 个维度也可以做出适当的调整，以满足不同类型企业进行研究的特殊需要。由此可见，PZB 评价方法是一种动态的服务质量度量方法，PZB 也在之后的研究中对此方法进行了多次修正。

2. SERVQUAL 评价方法在快递行业的应用

正如前文所述，在使用 SERVQUAL 量表评价服务质量时，要综合考虑各类影响因素。测量的行业不同，服务要求可能就会产生很大的差异，因而要动态地对原有的量表做出调整，来适应具体的行业。

---

① ※表示对这些问题的评分是反向的，在进行数据分析前应转为正向得分。

以快递行业为例,表7-2讨论了SERVQUAL中的5个维度在快递服务中具体指代的含义。

表7-2　SERVQUAL量表维度在快递行业中的含义

维度	含义解释
有形性	快递企业拥有的与快递服务相匹配的各种硬件设施、专业设备、网络系统以及员工形象
保证性	快递企业员工在服务过程中的态度以及在各个服务环节中表现出的让顾客信赖的专业技能和知识
可靠性	快递企业按照承诺为顾客提供快捷、准确、失误率低的收件、投递等服务的能力
响应性	快递企业员工及时为顾客提供业务咨询、业务预约、快件跟踪与查询、投诉等相关服务的意愿
移情性	快递企业从顾客的需要出发,为顾客提供个性化、便捷性、灵活性服务的水平

《〈快递服务〉邮政行业标准》对快递服务质量评价的要求是"快递服务组织应建立以用户满意度、时限准时率和用户投诉率为核心的快递服务质量评价体系,定期评估测试快递服务水平"。同时还规定了用户服务类指标,包括:时限准时率、用户投诉率、快件丢失率、快件损毁率和信息上网及时率,并规定快递行业应当具备4项参考标准:时效性、准确性、安全性和方便性。时效性是指快件投递时间不超出快递服务组织承诺的服务时限;准确性是指快递企业应将快件投递到正确的收件地址和收件人;安全性既包括不应对国家、组织、个人的安全构成危害,也包括不应泄露、挪用寄件人的相关信息;方便性指快递企业应在服务场所、营业时间、服务种类等方面为顾客提供便利。

快递服务标准中关于服务质量的规定充分反映了快递服务的核心与重点,尤其是对于时效与安全的考虑,而在SERVQUAL中并没有完整地体现出快递服务标准中所要求的内容。因此,在利用SERVQUAL评价方法对快递服务质量进行衡量时,应结合具体的行业特征,在原有SERVQUAL量表的基础上进行相应的调整,使其能够更科学合理地应用到快递行业服务质量的实证分析与研究中。

7.3　快递服务营销与关系营销

7.3.1　快递服务营销分析

服务营销是企业在充分认识满足消费者需求的前提下,为充分满足消费者需要在营销过程中采取的一系列活动。同传统的营销方式相比较:服务营销是一种营销理念,企业销售的是服务;而传统的营销方式只是一种销售手段,企业销售的是具体的产品。在传统的营销方式下,消费者购买了产品意味着一桩买卖的完成,虽然它也有产品的售后服务,但那只是解决产品售后维修的一种职能。而从服务营销角度理解,消费者购买了产品仅仅意味着销售工作的开始而不是结束,企业关心的不仅是产品的成功售出,更注重消费者在享受企业通过产品所提供的服务的全过程的感受。这一点也可以从马斯洛的需求层次理论上理解:人最高的需求是尊重需求和自我实现需求,服务营销正是为消费者(或者人)提供了这种需求,而传统的营销方式只是提供了简单的满足消费者在生理或安全方面的需求。随着社会的进步,人民收入的提高,消费者需要的不仅仅是一个产品,更是这种产品带来的特定或个性化的服务,从而有一种被尊重和自我价值实现的感觉,而这种感觉所带来的就是客户的忠诚度。

服务营销的特点包括:

(1) 供求分散。服务营销活动中,服务产品的供求具有分散性。不仅供方覆盖了第三产业的各个部门和行业,企业提供的服务也广泛分散,而且需方更是涉及各种各类企业、社会团体和千家万户不同类型的消费者,由于服务企业一般占地小、资金少、经营灵活,往往分散在社会的各个角落;即使是大型的机械服务公司,也只能在有机械损坏或发生故障的地方提供服务。服务供求的分散性,要求服务网点要广泛而分散,尽可能地接近消费者。

(2) 营销方式单一性。有形产品的营销方式有经销、代理和直销多种营销方式。有形产品在市场可以多次转手,经批发、零售多个环节产品才到达消费者手中。由于生产与消费的统一性,服务营销只能采取直销方式,中间商的介入是不可能的,储存待售也不可能。服务营销方式的单一性、直接性,在一定程度上限制了服务市场规模的扩大,也限制了服务业在许多市场上出售自己的服务产品,这给服务产品的推销带来了困难。

(3) 营销对象复杂多变。服务市场的购买者是多元的、广泛的、复杂的。购买服务的消费者的购买动机和目的各异,某一服务产品的购买者可能是社会上各种不同类型的家庭和不同身份的个人。购买同一服务产品,有的用于生活消费,有的却用于生产消费,如购买信息咨询、邮电通信等。

(4) 消费者需求弹性大。根据马斯洛需求层次原理,人们的基本物质需求是一种原发性需求。在这类需求上人们易产生共性。而人们对精神文化消费的需求属继发性需求,需求者会因各自所处的社会环境和各自具备的条件不同而形成较大的需求弹性。对服务的需求与对有形产品的需求在一定组织及总金额支出中相互牵制,也是需求弹性大的原因之一。除此之外,服务需求受外界条件影响大,如季节的变化、气候的变化、科技发展的日新月异等对信息服务、环保服务、旅游服务、航运服务的需求造成重大影响。需求的弹性是服务业经营者最棘手的问题。

(5) 对服务人员的技术、技能、技艺要求高。服务者的技术、技能、技艺直接关系到服务质量。消费者对各种服务产品的质量要求也就是对服务人员的技术、技能、技艺的要求。服务者的服务质量不可能有唯一的、统一的衡量标准,而只能有相对的标准和购买者的感觉体会。

作为服务营销的重要环节,"客户关注"工作质量的高低,决定了后续环节的成功与否,影响服务营销整体方案的效果。就"客户关注"介绍以下 9 项原则:

(1) 获得一个新客户比留住一个已有的客户花费更大。企业在拓展市场、扩大市场份额的时候,往往会把更多的精力放在发展新客户上,但发展新的客户和保留已有的客户相比花费将更大。此外,国外调查资料显示,新客户的期望值普遍高于老客户,这使发展新客户的成功率大受影响。不可否认,新客户代表新的市场,不能忽视,但我们必须找到一个平衡点,而这个平衡点需要每个企业不断地摸索。

(2) 除非能很快弥补损失,否则失去的客户将永远失去。每个企业对于各自的客户群都有这样那样的划分,各客户因而享受不同的客户政策。但企业必须清楚地认识到一点,即:每个客户都是我们的衣食父母,不管他们为公司所做的贡献是大还是小。

(3)不满意的客户比满意的客户拥有更多的"朋友"。竞争对手会利用客户的不满情绪,逐步蚕食其忠诚度,同时在企业的客户群中扩大不良影响。这就是为什么不满意的客户比满意的客户拥有更多的"朋友"。

(4)梳通沟通渠道,欢迎投诉。有投诉才有对工作改进的动力,及时处理投诉能提高客户的满意度,避免客户忠诚度的下降。梳通沟通渠道,便于企业收集各方反馈信息,有利于市场营销工作的开展。

(5)客户不总是对的,企业必须及时发现并清楚了解客户与自身所处立场有差异的原因,告知并引导客户。当然这要求一定的营销艺术和技巧,不同的方法会产生不同的结果。

(6)客户有充分的选择权力。不论什么行业、什么产品,即使是专卖,我们也不能忽略客户的选择权。市场是需求的体现,客户是需求的源泉。

(7)必须倾听客户的意见,了解他们的需求。为客户服务不能是盲目的,要有针对性。企业必须倾听客户意见,了解他们的需求,并在此基础上为客户服务,这样才能事半功倍,提高客户忠诚度。

(8)企业在向客户推荐新产品或是要求客户配合进行一项合作时,必须站在客户的角度,设身处地考虑。如果自己觉得不合理,就绝对不要轻易尝试。企业的强迫永远和客户的抵触在一起。

(9)如果企业不去照顾自己的客户,那么其他企业就会去照顾他们。市场竞争是激烈的,竞争对手对彼此的客户都时刻关注。企业必须对自己的客户定期沟通了解,解决客户提出的问题。忽视自己的客户等于拱手将客户送给竞争对手。

圆通快递市场营销方案

(1)民营快递行业的竞争对手分析

一方面国内速递巨头中铁快运、EMS等国营快递企业与民营快递竞争激烈。而从UPS、FedEx、DHL、TNT等跨国快递巨头以高水平的服务为优势占据了国际快递业务重要的市场份额,其目标不是短期赢利,而是更看重长期回报。各类快递公司均将扩大市场占有率作为近期发展的主要目标。从市场整体健康发展角度,国际快递以及中国邮政快递的发展,为快递市场注入了活力。他们优良的服务功能、强大的国际网络以及成功的管理工作经验,为广大中外客户提供了便捷的服务,也使这些公司及其国内合作伙伴获益匪浅。

而民营快递业的服务质量可能会比以上提到的公司要差一些,这也是中国民营快递的不足之处。

(2)圆通快递的产品策略

圆通快递的核心产品是快递,如同城当天件、区域当天件、跨省时效件和航空次晨达、航空次日下午达和到付,在服务期间能保持物品完好,速度快,服务周全、时间准确等。增值产品包括代收货款、签单返还等,能在开展自己的核心产品的时同时为客户提供上述增值服务,为客户节约成本,提高效率。

圆通快递产品使用同一包装和重点客户分档包装的包装策略。

作为国内大型民营快递品牌企业,圆通的品牌已经被大多数客户所接受。在此基础上,业务员和客服人员一定要做好每一项工作,认真地对待每一个客户。每一个客户的背后都有好多的潜在客户,口碑效应是品牌的一个重要的分支,口碑好了,企业的品牌自然而然地会好。

(3) 圆通快递的价格策略

圆通快递依据客户的不同、产品服务项目的不同、地区的不同、物流条件的不同制订了不同的价格。小部分地区快递首重为8元,其他地区价格以10元、12元、15元为主,最高18元(新疆);续重价格最低为2元(江苏省),小部分地区为3元,主要以8元、10元为主,最高15元(新疆)。由此看出,快递越难送到的地方,物流成本越高,快递价格就越高;价格比较低的主要有江苏省、上海市、浙江省、安徽省等物流发达的地区。可见,圆通快递主要是根据物流成本来定价的。

圆通快递有个规定,10千克以上的物品,如是本区域发往外国的,可享受价格9折优惠,这涉及关系定价策略中的多购优惠价格策略。

(4) 圆通快递的渠道策略

圆通快递采用的是直营与加盟并存的业务模式,在全国范围内形成服务覆盖全国大部分地区的网络,并有港澳台、中东和东南亚的专线服务。物流市场的竞争具有明显的网络效应(即:网络越广,越易拓展业务,成本越低),竞争同时发生在全球层面及区域市场层面,重要区域市场的竞争具有全球特征。因此争夺每一个重要的区域市场成为企业必须面对的一个重要问题。

(5) 圆通快递的促销策略

圆通快递的促销策略主要包括人员推销、网站促销、广告促销和公共关系促销。

发达国家成熟的服务企业的营销活动一般经历了7个阶段:

(1) 销售阶段。竞争出现,销售能力逐步提高;重视销售计划而非利润;对员工进行销售技巧的培训;希望招徕更多的新客户,而未考虑到让客户满意。

(2) 广告与传播阶段。增加广告投入;指定多个广告代理公司;推出宣传手册和销售点的各类资料;客户的期望值随之提高,企业经常难以满足其期望;产出不易测量;竞争性模仿盛行。

(3) 产品开发和服务开发阶段。意识到新的客户需要;引进许多新产品和服务,产品和服务得以扩散;强调新产品的开发;市场细分,强大品牌确立。

(4) 差异化和竞争对手分析阶段。通过战略分析进行企业定位;寻找差异化,制订清晰的战略;更深层地细分市场;市场研究、营销策划、营销培训;强化品牌运作。

(5) 客户服务阶段。客户服务培训;微笑运动;改善服务的外部促进行为;利润率受一定程度影响甚至无法持续;得不到过程和系统的支持。

(6) 服务质量阶段。服务质量差距的确认;客户来信分析、客户行为研究;服务蓝图的设计;疏于保留老客户。

(7) 整合和关系营销阶段。经常研究客户和竞争对手;注重所有关键市场;严格分析和整合营销计划;以数据为基础的营销;平衡营销活动;改善程序和系统;改善措施保留老客户。

到了20世纪90年代,关系营销成为企业营销关注的重点,把服务营销推向一个新的境界。

7.3.2 快递服务关系营销分析

关系营销理论是在传统营销理论已呈现出诸多缺陷的格局下产生的。关系营销理论是20世纪80年代西方营销学者提出并发展起来的。最先是欧洲的一些学者,如 Christopher、Payne、Ballantyne,在研究服务市场与工业品市场基础上,提出了一种与传统营销不同的营销范例,当时称之为"交互营销"(interactive marketing),还称之为"交互关系"(interactive relationship)。与此同时,一些美国学者也开始对工业品市场与服务市场中关系的作用进行研究,最早提出关系营销的概念的是美国学者 Berry。

服务营销是客户与服务提供者建立的接触关系。格鲁诺斯认为:关系属性是服务的内在属性。一次服务接触(如一个客户在饭店点菜)肯定是一次关系交互的过程。在这个过程中,要么是服务提供者与客户亲自接触,为其提供服务;要么是服务提供者通过有形设施来满足客户的需求。服务消费是过程消费,而不是结果消费,消费者或使用者把服务生产过程看成是服务消费的一部分,而不仅仅是像传统的一般消费品营销中人们只是消费服务生产过程的结果。因此,服务消费和生产重叠是影响消费者的服务感知和行为的关键。一系列的服务接触的结果是服务提供者与客户某种关系的建立。如果客户在与服务提供者接触的过程中感到特殊的差异性而且有价值,客户就会与服务企业建立长期的关系。因此,客户与服务提供者的接触是服务业最根本的特征,这意味着在任何服务过程中都存在客户与服务提供者的关系,这种关系是服务营销的基础。

关系营销是服务营销的手段。Berry 在1995年总结关系营销备受关注的四大缘由时指出:服务营销的成熟之所以重要,是因为服务产品的无形性促使服务企业寄希望于关系营销来建立差别化竞争。一些研究表明:关系营销为服务营销提供了维持持续竞争优势的最佳途径。

快递市场客户关系的等级划分

快递客户群的划分,常见的有根据客户关系划分,根据客户规模大小划分,根据客户行业类别划分等。根据客户关系划分快递客户群是其中很重要的一种方法。不同的客户与企业之间的关系是不同的,区分不同的客户关系有助于掌握客户动态,为客户资源整合奠定基础。

快递企业与客户之间的关系大致可以分为四种:短期目标型、长期目标型、渗透型和联盟型。短期目标型的客户关系最主要为特征是双方的关系是交易关系,他们希望彼此能够保持比较长期的买卖关系,获得稳定的快递合作,但是双方所做的努力停留在短期的交易合同上,各自关注自己的利益。长期目标型的客户关系的特征是建立超越买卖关系的合作,双方的重点是从长远利益出发,互相配合,不断提升合作水平,共同降低成本,提高供应链的竞争力。渗透型的客户关系比长期目标型更进一步,它的主要特征是把对方公司看成自己公司的延伸,是自己的一部分,对对方的关心程度大大提高。为了能够参与对方的业务活动,有时会在产权关系上采取适当的措施,如互相投资、参股等,以保证双方利益的一致性。在组织上也采取相应措施,保证双方互派人员加入对方的有关业务活动。这种客户关系在高级物流联盟合作中较为常见,也是快递物流合作的发展趋势。联盟型的客户关系的特点是从更长的纵向链条上关心管理成员之间的关系。例如,某些从事专业配送的物流企业不仅关注自己的客户(如各大商场企业),也关注客户的客户(如商场企业的货场购买者),这种关系就是联盟型关系。

快递服务关系营销的基础是对客户进行科学合理的分类。对客户进行分类也是提高资产效益的需要。不同的客户为企业带来的利益不同。通过客户的分类管理,快递企业可以更有效地识别关键客户和重要客户,为企业资源的优化分配提供帮助。

对于关键客户:企业需要指派专门的服务人员(或客户代表)经常联络,定期走访,为他们提供最快捷、周到的服务,享受最大的实惠,甚至于企业领导要定期去拜访他们;密切注意该类客户所处行业的趋势、人事变动等其他异常动向;应该优先处理该类客户的抱怨和投诉。

对于主要客户:企业需要指派专门的服务人员(或客户代表)经常联络,定期走访,为他们提供服务的同时要给予更多的关注,主管人员也应定期去拜访他们;密切注意该类客户的快递业务量变化、资金支付能力、人事变动、重组等异常动向。

对于大众客户:由于这类客户的数量最多,具有"点滴汇集成大海"的增长潜力,快递企业应控制在这方面的服务投入,按照"方便、及时"的原则,为他们提供大众化的基础性服务,或将精力重点放在发掘有潜力的"明日之星"上,使其早日升为主要客户甚至关键客户。快递企业服务人员(或客户代表)应保持与这些客户的联系,并让他们知道当他们需要帮助的时候,企业总会伸出援助之手。

7.4 快递服务失误与服务补救

7.4.1 服务失误概述

服务失误或者服务失败是指服务表现低于顾客期望,并导致了顾客的不满意或顾客的抱怨。由于服务具有无形性、个体差异性、生产消费同步性等特性,这些特性会在与顾客进行服务接触的过程中产生各种不确定性,所以服务失误是在所难免的,是在服务过程中必然会发生的状况。部分(45%)经历过服务失误的顾客会投诉为他们服务的员工,只有非常少数的人(1%~5%)向企业总部的人员投诉。这就意味着,每一个投诉都代表背后有着20~100个经历了相似服务问题但是并没有投诉的顾客。

服务失误必然会对企业的服务质量造成负面影响,影响企业形象,导致顾客流失。但同时服务失误也能够作为企业发现服务中的问题与缺陷的契机,促进企业不断改进服务过程,提升服务质量。

7.4.2 顾客对服务失误的反应

当服务失误发生时,顾客会产生一系列的或积极或者消极的反应,顾客具体的反应如图7-4所示。采取抱怨行为的顾客往往会通过投诉等行为来期望获得公正的解决,并认为由于企业服务失误而获取相应的赔偿是理所当然的,因为他们本身应得到公正的对待和良好的服务,这种顾客的态度是积极的,能够在某种程度上帮助企业改进服务。许多顾客对于服务失误采取消极态度,只是说说而已,是否采取行动在某种程度上取决于顾客是想继续使用原有企业的服务还是转向新的服务企业。同时,失误的个人关联程度也会影响到抱怨行为。如果服务失误对顾客而言很重要,那么顾客就很可能选择抱怨行为。

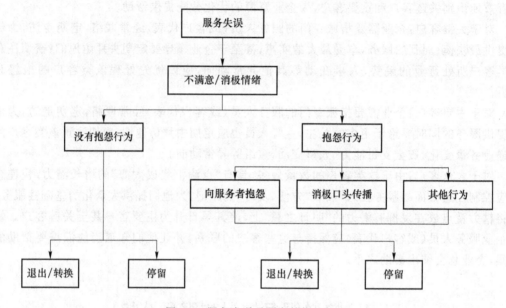

图 7-4 服务失误后顾客的抱怨行为

7.4.3 快递服务失误

快递业务主要包括收寄、分拣、封发、运输、投递,以及查询、投诉和赔偿等服务环节,各服务环节都必须符合相关的服务规范与标准。国家邮政局规定的用户服务类指标包括准时率、用户投诉率、快件丢失率、快件损毁率和信息上网及时率。按照规定的快递服务规范,快递企业应制定完备的作业流程及操作规范,确保各环节密切配合,协调作业;各环节的操作应符合业务流程及操作规范的要求,确保快递服务质量;各环节的作业信息应记录完整、清楚、准确,及时上传网络,确保快件及其相关信息协调一致;各环节作业过程中,应制定安全保障措施,确保快件寄递安全和用户信息安全。

同时,快递企业应当在营业场所公示或以其他方式向社会公布其服务承诺,服务承诺应至少包括:服务种类、服务时限、服务价格、赔偿、投诉处理、附加服务的承诺,这样可以使顾客对于快递服务的范畴有客观清晰的了解,避免产生过高的服务期待。

1. 快递服务失误的原因

在快递服务包含多个环节,在服务流程的各节点都有可能会出现问题,服务失误在所难免。快递服务失误的原因按照其产生的特点,大致可分为快递企业的原因、顾客自身主观原因与外部随机因素。

(1) 快递企业的原因

企业在服务质量管理中存在缺陷,不能提供满足顾客期望的服务,如快件人为损坏、丢失、延误等,就会造成服务失误,引起顾客不满意。这也是当前快递服务失误的主要原因。现阶段我国快递服务规模发展迅速,企业过分注重市场的拓展势必会在一定程度上牺牲服务质量。

(2) 顾客自身主观原因

顾客自身不能够准确合理地定位自己对服务的期望,对服务产生不合理的期望,如对派送时间的不合理要求等,也会造成顾客不满意。这种情况主要源自顾客自身主观的判断,但也是企业难以避免的,要做好预测和防范以减少相关情况的发生。

(3) 外部随机因素

在服务过程中,一些不可抗力或者随机原因,如自然灾害引起的运输延误等也会无形中加大服务失误的概率。随机因素往往无法预测,但企业应做好应急措施以减少对服务质量的影响。

2. 快递服务失误的类型

对于服务的评价包含对于结果的评价与过程的评价,因而服务失误的类型也基于结果失败与过程失败两个方面。

结果失误是指服务企业所提供的核心服务出现问题,没有实现基本的服务承诺,服务结果没有达到顾客期望,通常是一种功利主义的交换,主要涉及的是经济资源的损失。对于快递服务来说,结果失误意味着快件未能准确迅速地送达指定地点,如快件延误、快件丢失短少、快件损毁等。

过程失误是指服务企业在向顾客提供服务的过程中存在失误,导致整个服务过程未能达到顾客的预期,过程失误一般包括象征性的交换,涉及社会以及心理因素对于快递服务来说,过程服务失误是指顾客对快递服务的过程不满意,主要原因有:服务人员的态度问题、快件信息更新不及时、顾客的个性化需求得不到满足等。

7.4.4 快递服务的顾客抱怨行为

当顾客面临企业的服务失误问题时,可能会采取各种行为来表达自己对于服务的不满和消极情绪,顾客所选择的各类抱怨行为会对服务企业产生不同的影响。在快递服务中,顾客所采取的抱怨行为可以分为以下三种类型。

(1) 消极地向周围传播关于服务企业的负面信息

这类顾客不会直接向服务人员或者快递企业抱怨或投诉,而是向朋友、亲戚及同事等传播关于企业的负面信息。这种通过社交网络传播的负面宣传非常有害,不仅会加剧顾客的消极情绪,还会将其传播给其他人。并且随着网络社交平台的迅速普及,顾客负面的宣传和评价拥有了更广阔的受众和更快的传播速度。此种抱怨行为如果不能够得到及时的处理，会对企业服务形象产生严重的负面影响。

(2) 向快递企业投诉

当顾客遭遇服务失误时，通过电话、网络等途径来向相应快递企业进行投诉，以期得到快递企业的合理解决与赔偿。对企业来说，这往往是较好的情况，因为这给了快递企业第二次机会来满足顾客需求，如果处理得当，就可以弥补第一次服务失败带来的负面影响。

快递服务标准中对于投诉受理与处理的渠道与时限有着明确规定：快递服务组织应提供用户投诉的渠道，主要包括互联网、电话、信函等形式。国内快件的投诉有效期为1年，国际快件的投诉有效期为6个月；国内和港澳台快递的投诉有效期为30个日历天（与投诉人有特殊约定的除外），国际快件的投诉有效期为60个日历天。

快递企业接到顾客投诉之后，应对投诉信息进行分析，提出处理方案，制定补救措施，按服务承诺及时处理。投诉处理完毕，企业应在处理时限内及时将处理结果告知投诉人，如果投诉人对结果不满意，应告知其他可用的处理方式。

(3) 向政府管理部分申诉

当顾客向快递服务企业投诉得不到有效反馈，或对快递企业的处理方式不满意时，可以继续通过向国家邮政局申诉的方式来进行维权。国家邮政局规定，用户向快递服务组织投诉后30个日历天（国内快递）或60个日历天（国际快递）未做出答复的，或对快递服务组织处理和答复不满意的，可向邮政管理部门提出申诉。国内快递服务申诉时限为1年，国际快递为6个月。根据国家邮政局发布的快递市场监管报告，用户申诉的理由主要有：投递服务、延误、丢失短少、损毁、收寄服务、违规收费、代收货款等几大方面。

7.4.5 服务补救

1. 服务补救概述

服务补救是一个管理过程，发现服务失误，并分析失误产生的原因，之后在此基础上对服务失误进行评估并采取适当的管理措施予以解决。简单地说，服务补救是在企业出现服务失误的情况下，对顾客的不满和抱怨做出的补救反应，其目的是重建顾客满意与信任。服务补救也可以看作是第一次服务的重复或者延伸。关于服务补救的概念，基于不同的视角、不同的研究目的有着不同的解释，但有一点是共同的，服务补救是挽回顾客信任和企业损失的最好方法。

服务补救直接影响顾客满意度与忠诚度，当顾客对企业服务产生抱怨时，企业必须立即行动来弥补顾客不满，以期重建顾客满意与信任。尤其对于服务行业，其产品具有不可感知与验证性，购买风险与决策成本较大，顾客在认定信任的品牌后往往不会轻易更改，因而顾客的品牌忠诚度较高，若因为服务失误而造成顾客流失，将会大大地增加企业的客户管理成本。

2. 服务补救策略

有效的服务补救策略对于企业非常重要，调查表明，经历服务失误的顾客如果经过服务企业努力补救并最终感到满意，将比那些问题未被解决的顾客更加忠诚。一系列有效的服务补救措施将对企业产生多方面的潜在影响：一是能够提高顾客的满意度与忠诚度，并能够在顾客群体中产生积极的口头传播影响;二是能够作为企业改善服务质量的重要参考,企业可以在不断总结服务补救经验的基础上通过调整服务过程、系统及产出来提高总体的服务质量,提高"第一次就做对"的可能性,从而降低失误成本,提高顾客的初始满意度。

(1) 服务补救的步骤

企业必须要意识到对顾客的不满提供完美补救的重要性,优秀的服务补救是各种补救措施综合发挥作用的结果。有效的服务补救过程应当包含4个步骤(如图7-5所示):首先要发现和确认服务失误;其次要及时针对该服务失误向顾客提供解决方案,迅速解决顾客问题;再次要对服务失误进行分类和整合;最后要对获取的服务补救资料进行分析从而改进整体服务。前两个步骤是针对个别的服务失误所采取的补救措施,后两个则是在对服务补救过程中所获得的资料进行分析、研究,并用于完善服务企业的整体服务系统。

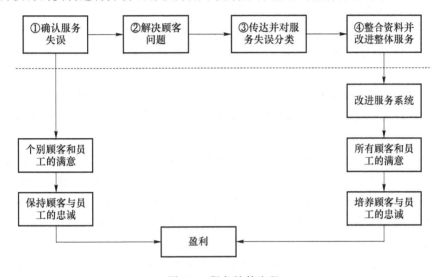

图 7-5 服务补救流程

(2) 服务补救要素

① 道歉

道歉是人与人之间重新建立情感的手段。在服务补救中,道歉不仅是指普通意义上的情感沟通,还包括对于失误的承认以及失误原因的解释等。道歉以礼貌的、好意的或者关心的方式来与顾客沟通,可以安抚顾客不满情绪,在服务补救过程中对后续的沟通和处理产生积极影响并增强顾客对于服务补救的评价。

快递企业在服务补救的过程中,首先应以真诚的态度向顾客表达歉意,并解释失误的原因,在心理上减弱顾客由于服务失误而产生的负面情绪。企业应当积极培养员工的服务意识,提升员工对待服务失误和顾客投诉的应变能力。

② 经济补偿

经济补偿属于经济资源的交换,是服务补救中最重要的一个方式,也是对顾客后续行为影响最大的一种方式,包含打折、赠送、发优惠券、赔偿等多种方式。

在快递服务中,顾客遭遇服务失误后,快递企业应及时向顾客承诺相应的有形补偿,降低顾客心理层面的不确定性。快递企业对顾客进行的直接经济补偿主要包含:减免运费,对快件损失予以经济赔偿,提供折扣等。值得注意的是,快递企业应当根据具体的服务失误的程度以及问题的责任归属来确定有形补偿的额度,尽量避免补偿过低导致顾客不满,或补偿过高导致企业额外成本过高。

③ 服务补救的反应速度

服务补救的反应速度指顾客提出抱怨或投诉后,企业对于顾客的响应是否及时,对顾客不满的处理是否高效。服务补救的反应速度对于再次获得顾客满意的影响力越来越受到学者们的重视。

为确保服务补救的及时,快递企业应当对一线员工进行适度的服务补救授权。由于快递服务失误的情况多种多样,企业难以在短时间内确定失误原因与处理方案,对于一线人员进行补救授权能够在第一时间为顾客提出合理的补救方案。一线员工能够根据顾客需求灵活地做出响应,缩短了企业对于服务失误的处理时间,及时缓解顾客的不满情绪。

④ 服务补救的主动性

服务补救的主动性主要反映补救触发是交易的哪一方发起的,服务企业应当作为主动的一方,针对潜在的或已经发生的服务失误要提前主动告知顾客,主动补救的效用极大地优于被动补救。

快递企业应当建立完善的主动服务补救响应系统,设置适当的程序和组织结构来支持顾客进行服务反馈和交流。尽可能在顾客抱怨之前预见问题,并主动灵活地向顾客提供解决方案。

服务补救是客户管理与服务质量管理的重要内容,除了企业自身的服务质量,影响顾客选择服务商的另一个重要因素是企业如何对顾客抱怨进行补救与处理,这对于企业的长期盈利意义重大。尤其是对于当前处于快速成长期的快递服务行业,顾客的满意度与忠诚度对企业长期发展至关重要,企业在注重市场扩张的同时,必须对于服务失误问题与后续的服务补救重视起来。

快递服务失误的类型不同,给顾客造成的不利影响和损失也不同,不同个体对于同一类服务失误的反应也不同。经历了服务失误的顾客会通过各种途径来表达不满和抗议,对于快递企业来说,顾客投诉或者申诉是最主要的抱怨行为。快递服务企业应当正视顾客的直接抱怨行为,并及时进行服务补救,充分发挥服务补救的积极作用,重建顾客满意并改进服务系统。

参 考 文 献

[1] 王为民.速递业务与经营管理实务[M].北京:人民邮电出版社,2014.

[2] 花永剑.快递公司物流运营实务[M].北京:清华大学出版社,2016.

[3] 梁军.快递运营管理[M].上海:上海财经大学出版社,2013.

[4] 戴维·A.科利尔.运营管理:产品、服务和价值链[M].北京:北京大学出版社,2007.

[5] 杨海荣.邮政概论[M].北京:北京邮电大学出版社,2005.

[6] 胡欣悦.服务运营管理[M].北京:人民邮电出版社,2016.

[7] 陈远高,郭燕翔.物流运营管理[M].北京:中国物资出版社,2009.

[8] 邓娴,王琳.六西格玛质量管理[J].物流工程与管理,2008,30(2):91-92.

[9] 包国宪,王学军,柯卉.服务科学:概念架构、研究范式与未来主题[J].科学学研究,2011,29(1):18-24.

[10] 刘丽文.供应链管理思想及其理论和方法的发展过程[J].管理科学学报,2003,6(2):81-88.

[11] 邱明虹.浅谈精益思想在物流中的应用——精益物流[J].商业文化月刊,2008(12):33.

[12] 严霄蕙,严霄强.供应链管理在物流业中的应用[J].中国商论,2012(2):133-134.

[13] 叶辉.快递企业客户关系管理研究[J].中国外资月刊,2013(14):111-112.

[14] Grönroos C. A Service Quality Model and its Marketing Implications. European Journal of Marketing, 1984. 18(4):36-44.

[15] Parasuraman A, Zeithaml V A, Berry L L. A conceptual model of service quality and its implications for future research. Journal of Marketing, 1985. 49(4):41-50.

[16] Jevons C, Gabbott M, Trust. Brand Equity and Brand Reality in Internet Business Relationships: An Interdisciplinary Approach. Journal of Marketing Management, 2000. 16(6):619-634.

[17] Chandrashekaran M. Customer Evaluations of Service Complaint Experience: Implications for Relationship Marketing. 1998.

[18] Bitner M J, Booms B H, Tetreault M S. The Service Encounter: Diagnosing Favorable and Unfavorable Incidents. Journal of Marketing, 1990. 54(1):71-84.

[19] Singh J. Consumer complaint intentions and behavior: Definitional and taxonomical issues. Journal of Marketing, 1988. 52(1):93-107.

[20] 瓦拉瑞尔 A 泽丝曼尔,玛丽·乔·比特纳,德韦恩 D 格兰姆勒.服务营销[M].北京:机械工业出版社,2012.

[21] 杰拉德·卡桑,克里斯蒂安·特维施.运营管理——供需匹配的视角[M].2版.北京:中国人民大学出版社,2014.